如何理解当今动荡的世界

——大变动、大重组、大博弈

张伦 著

【当代华语世界思想者丛书】

学术顾问： 黎安友
主　　编： 荣　伟
副 主 编： 罗慰年
Academic Adviser：Andrew J. Nathan
Chief Editor： David Rong
Deputy Editor： William Luo
Published by Bouden House, New York

如何理解当今动荡的世界

——大变动、大重组、大博弈

张伦　著

出版：博登书屋・纽约（Bouden House・New York）
邮箱：boudenhouse@gmail.com
发行：谷歌图书（电子版）、亚马逊（纸质版）
版次：2022 年 12 月 第一版 第一次印刷
字数：225 千字
定价：$38.00 美元

献　给

王鹤远（建勇）、何申颖兄嫂

前 言

观测大时代潮汐的涨落

呈现在读者眼前的这本文集，是近七、八年来我在国内外媒体上用中文发表的关于一些世界的重大事件、演变趋势的时评、采访及讲座的整理文稿。

这里先请读者朋友注意的是文章写作及发表日期——绝**大多数都是事件发生的次日甚至是事件还在进行时写就并被立刻发表的**。如果读者觉得文章有预见性，分析得有道理，看法有启发，当初写作的辛苦也就没有白白付出，此次由朋友建议来做这个结集出版也就有那么点意义；而后来事态的演变如与文章的分析预测有差距的话，也请读者理解：毕竟，那是一种“热”评，或许还缺乏冷分析却所需的必要的时间与心理上的距离。不过，匆匆整理这些文字，几年过去回看，还是觉得大部分预测与分析都还是站得住脚的，才有这点勇气将文章再晒出，拿来结集，同时也想给自己和历史留个证。

* * *

10 月秋阳下，有机会去了一趟西班牙美丽的塞维利亚市（Sevilla）。1519 年，伟大的航海家费南多・麦哲伦（Fernando de Magallanes）带领好几个欧洲国家不同国籍的 237 名水手从那里启程驶向大海，开始那壮阔的全球航行。三年后的 1522 年，距今整五百载，他的助手带着历尽劫难的残余的水手回到该地。站上河边展示的那按今人的标准看如此简陋狭仄的航船，远眺那向着海洋静静流淌的河水，想象着当年那些勇敢、坚毅、有想象力与信心的水手，内心已被敬佩溢满。

在麦哲伦启程前两年，在遥远的德国维滕堡，一位不知名的神学人士路德（Martin Luther）在教堂前贴出关于改革宗教的“九十五条论纲”，自那时，在欧洲，精神上的自由远航也扬起了风帆，人由此渐渐获取解放，文化的新大陆开始浮现、绵绵伸延。那之后迄今的五百年，是西方大扩张的时代，是人类相互了解对方的存在，认知彼此文化的时代，也是充满战争、杀戮、创新、合作，文明的不断解体与再造的波澜壮阔的五个世纪，全球化开始起步，潮起潮落，汹涌至今；人类作为一个整体迈入一个新时代。

今天，种种迹象显示，我们又站在全球化潮流的一个新涨落的门槛。我们该如何认识我们所处的这世界？而今后的几十年，一百年、甚至新的五百年的人类航程又将是怎样的？风帆向何处？显然我们尚没有答案。我们只能从历史深处，从当下的一些事件中去尽量一窥未来的远景。

＊　＊　＊

我一向的看法是：历史是一个涌动前行的河川，常常深藏些潜流，而事件就是曝露展现这潜流的浪峰。许多事件突然浮现，事出意外，其实并不全归偶然。所谓“风起于青萍之末，三尺之冰非一日之寒”是也。不过，事件的产生、过程及后果也永远具有偶发性，理性的概括终难全然预见。而一旦事件发生，会产生某种路径依赖效应，左右潮流的走向，影响久远。这个文集中涉及到的许多当代的事件当也可如此视之。正如麦哲伦的全球探险，路德的改革之议，显然都是有其历史的逻辑，也都有其事件的偶然。

至于如何解读事件的意涵，不同的观察者有不同的视角。就本人讲，作为时代的参与者、见证者，多年来对世界与中国的研究、思考都是围绕现代性问题展开，换句通俗的话讲，就是现代文明的形式与本质的问题。也是顺着这样一种思路，从一种现代性的角度去观察，解读造成事件下那种累积的潜流的性质及方向，事件本身的意涵及对当下和未来可能的影响；这大体是这些文章背后的主题；写下的文章不希望局限于就事论事，试图给出一个历史的幅度，思考的纵深。至于是否达到目标，就请读者自行判断了。

生活在现代历史不同阶段中的人都会觉得自己生活在某种动荡

之中，这是一种与现代性变动不居的本质特性有关的。而我们这个时代、尤其是最近几年让人感到的动荡不定，则是与我们这个时代几个特殊现象相关：一是全球化带来的诸多挑战以及其近几年的调整造成的对生活的全方位冲击；另一个是与之相关的信息高科技的发展；再有就是那种自近代发端而当下更加强化的文化及认同上主体化的世界性潮流。此外，因工业革命以来生产与生活方式变迁带来的环境与气候问题已开始引发各种现实的问题，威胁人类的正常生活甚至生存。而新型国家的发展也在造成全球地缘政治格局前所未有的巨变，人们开始在谈论后西方时代。由上述提及这些现象可见，我们处于一种文明范式、全球地缘政治结构的大调整之中，其变动之巨大或许可与十八世纪末到十九世纪前期从农业文明向工业文明的那个时代的迁变相类比。自然，那些后发展中国家，因文明的转变是几重变化叠加在一起的，割裂与跳跃尤显剧烈，其过程就更充满紧张与困难。三年前发生的新冠大疫情，更剧烈地冲击了旧世界的格局，引发、加速了各国内部诸多的变动，影响有些显明，有些隐幽，但都在以不同的形式迅猛地改变着全球。

面对这种迁变，政治的、社会的、经济、文化上的种种思潮汹涌，政治力量在国际与国家的层面都在重组，旧的国际框架、国家组织与权力运作方式都被不同程度地撼动、修正。民主政治一方面得到拓展与深化，同时也面临新的危机与挑战；而这种挑战既来自外界威权、新极权主义的威胁，也来自内部的民粹主义破坏。新的网络社交技术在提升人民的政治参与，信息的获取与交流的能力的同时，也产生了其威胁到民主正常运作的负面力量。区域主义的先行者欧盟在一系列内外挑战下，一步步强化整合，正在成为世界地缘政治中重要一极，尽管依旧面临诸多难题需要解决。

是在这种背景下，一场新时代的大博弈徐徐拉开大幕，为未来一段世界的格局定下基调。作为博弈主角的中美双方，因经贸的联系、全球性的议题会有些必要的协调与合作，但彼此双方全方位的角力也是势在必然。“新冷战”只是一种囿于过往经验的提法，但历史从来都是不断地重复却也每每具有新意，而这种不同，可能就体现在笔者所说的一种持续的“温战”状况：双方不断地展开直接的各种博弈，政治的、经济的、科技的、军事的，意识形态与文化上的博弈，处理不当，有上升为热战的可能，如彻底经济脱钩，则有可能回复到“冷战”。与雷蒙·阿隆（Raymond Aron）六十多年前那经典的关于“冷战”的定义，“和平不可能，战争也难以发生”（Paix impossible, guerre improbable）不同，“温战”是一种“和平是可能的，战争也有可能发生”的持续的不稳定状况，有多种可能性。恰恰是全球化与信息高科技在造就博弈双方的强势、彼此的连带的同时，也造就了各自潜在的力量上的脆弱，提供了这种“温战”的条件与可能。维持和平，捍卫人的尊严与自由，人类共同的利益，这是笔者的价值立场，而尽量理性客观，则是本人分析上的自我要求。

文集的最后一部分是几篇谈这个时代的全球文化现象的文章，不属于严格的政治时评文章。

* * *

需要说明的是，这文章中的绝大多数都是应约而写，因身在法国，自然涉及法国的篇幅略多。当然，对某一国家稍作更深一些的刨析，对避免泛泛而谈，借此更深入、细致了解一些普遍的趋势自然也有其便宜之处。有些遗憾的是，除去北非之外，文集里缺少谈及非洲、拉美的文章，虽然事实上笔者对这些地区也都保持着某种程度的关注，只是限于约稿方的需要，国内外中文读者的兴趣，这方面文章阙如，也是事出有因，希望读者理解。希望将来有机会多做了解，撰写一二，略作补充，也借此更好地扩展自己的视野。至于关于中国的一些事件的观察评论，过去已经有过两本，如果朋友们觉得有必要，有价值，或会择机再编辑一部。

谈当下的世界，自然无法回避俄国侵乌战争带来的巨变。从一月底到战争爆发，笔者就一直高度关注此事，曾在微信中以各种方式表达过两个基本判断：一是从理性、为俄罗斯民族的利益计，普金该不会发动战争，那是自杀；但有点不敢确认的是那种对苏联、俄罗斯帝国的怀恋会让他怎样迷失，在一个权力独大没有制衡的体制中是否由此会做出非理性的抉择；对此一直也是隐隐不安。二是如果战争真的爆发，俄国则最终一定惨败。……历史再一次展示预测历史的困难，在估计普金是否发动战争上，是小概率估计成为事实，非理性、偶然、抗拒常识的一面占据上风；但就乌克兰、欧洲、美国、世界的反应，俄罗斯的败绩，我以理性做的评估又总体正确。这些长短不一的评论散落在自己的朋友圈贴文、与朋友的看法交换中，遗憾的是一直没得空成文详加阐述。事实上，也不是没有过做这种努力的企图：3 月间，战争爆发后一个月整，曾动笔计划写一篇题为“民族对抗帝国——乌克兰战争评议”的一两万字长文，结果只写成两千字左右的文句迄今作为残片躺在电脑中，在那里等待我去把它激活最终串辍成文，但不确定是自己是否会找到这样做的时间与动力；但有一点可以确定：不管如何，乌克兰战争后的世界已注定不再是战前的世界了。

为维持原文写作时的氛围，看法，此次整理文章，基本全部保持原貌，只对个别的文字、错句加以很少的修改。文章按主题做了一粗略的大概分类，当然许多内容显然是交织的；排列秩序按发表时间之前后，后者在前，前者置后，因此在阅读同类主题的多篇文章上或有地方有重复之感，亦请理解。不是谦虚，要特别申明的是，因自己的学力，见识有限，加之写作时间上的限制，仓促成文之下，定有很多地方信息有误，看法欠妥，在此，就先恳请读者朋友们的宽谅吧。

* * *

此文集题献给王鹤远（建勇）和何申颖兄嫂，我们在一个大事件中偶识，在他乡共同度过三十多年的生活，我相信他们知道我是怎样怀着感激之情，努力做人做事，以不辜负他们当年对我的帮助与迄今给我的不断的鼓励。借此书题献，以示感铭，并誌我们的友情。

本书的出版承蒙高建新贤弟协助，在此衷心感谢！

作　者

2022 年 11 月 28 日于巴黎郊外居所

目　录

前　言　观测大时代潮汐的涨落……I

大变动篇　全球化的终结、疫情与文明的迁变

现代性的扩展与危机：全球化、信息技术、认同及其它
——关于如何看待这个动荡与分裂的世界的一次漫谈……3

疫情之后的世界
——世界格局大变革中的中国地位丨共识国际讲坛……26

这波狂飙突进、浪漫化的全球化终结了……44

我们正在经历“第三次世界大战”，疫情将引发
世界格局的重大变革……61

大重组篇　国际与各国政治的重组、欧洲与民主的挑战

正在被重新定义的现代性：政治分化、民粹潮与民主的创新
——从法国 2022 年大选谈起……75

有关阿富汗事态的十点看法……83

欧盟建设中历史性的一刻
——从欧盟通过经济复苏计划谈起……88

后疫情时代的世界政治走向
——从近期法国政治的变化谈起……95

历史性的大选 ——欧洲政治的大重组与再造……103

阿尔及利亚之春与伊斯兰世界的现代性
——阿尔及利亚学生与民众民主抗议浪潮简析……109

“黄马甲”抗议、马克龙的危机与民主面临的挑战......123

女王、传统和与时俱进的英国王室......132

对叙利亚灾难成因与责任的六点观察......138

危机时代的默克尔现象......149

与时俱进的政治才有未来
——法英立法选举述评......152

马克龙迈向希望的权力征战......160

终结左右还是终结欧洲？马克龙与勒庞的分歧所在......168

马克龙胜选反映法国社会求变的深层冲动......176

右转的法国，分裂的左派
——法国右派总统初选及其政治影响......181

无声地不满
——沉默的大多数将特朗普送入白宫......187

英欧分手，民主的胜利还是民粹的狂欢？......194

变动中的欧洲民主
——盘点 2015 年欧洲大选......201

法国人迎接挑战
——从气候峰会到法国大区选举......210

捍卫生命和自由之战
——评巴黎恐怖袭击......217

大博弈篇　中美、中欧、亚太与俄国

普京和习近平的战争泥淖与极权主义企图......229

澳大利亚的战略投名状、亚太“北约”的形成
与法美外交危机......232

从全球“大博弈”看默克尔与拜登会面......244

大博弈
——拜登欧洲行之后的世界 251

拜登主义的形成与美国重夺外交高地
——浅析拜登执政百日来的外交趋向与对华政策 264

北京战略性退让换取中欧投资协定 277

现代文化散论篇　记忆、文化与认识

为自由的祖国与祖国的自由
——约瑟芬·贝克入先贤祠杂记 283

小视频、大世界
——我们怎么认识今天的世界 291

法国队、世界杯与现代性
——世界杯观感上篇："法国的夺冠之路" 297

法国队、世界杯与现代性
——世界杯观感下篇："足球、政治与文明" 303

欧洲杯结束，现代文明不止步 312

大变动篇

全球化的终结、疫情与文明的迁变

现代性的扩展与危机：全球化、信息技术、认同及其它

——关于如何看待这个动荡与分裂的世界的一次漫谈

（讲座时间：2020 年 11 月 17 日，成文稿刊于“中国：历史与未来”网 2020 年 12 月 31 日）

首先感谢邀请，也谢谢大家放弃周末休息的时间来听我这个谈不上讲座、只是交换些意见的漫谈。微信这样搞讲座，第二次，不熟悉，时间可能也把握不好，这里只是谈自己的看法，肯定有自己的信息、知识上的不全面，包括自己的偏好，不见得说的对，不足之处也请大家原谅。如果与大家的看法不同，请不要介意。最近因美国大选，似乎各种朋友都很投入，我这里拉开一点距离，务务虚，谈些一般性的问题，当然也会提到几个具体的问题，都是经常被人问及关注到的，也利用这个机会一并做几句介绍、解释、说明，看对大家是不是有帮助，而且因为时间关系，恐怕一些涉及到的问题也无法详细展开，只提及些视角与信息，以后有机会时间看能不能再谈。

1. 大变动的时代

我们所处的时代，世界日渐显得分裂，甚至让人感觉动荡不安，因新冠疫情的冲击，这种感觉似乎更加强烈。当然，这种动荡的感觉多半与受各种变动不居，汹涌的信息浪潮的涌动所带来的主体感受有关，我们时代是不是真的比以往的时代更动荡，这或需要换一种角度看。如果在传统时代，天高皇帝远，即便在一个战争年代，生活在穷乡僻壤，或世外桃源里，“不知秦汉无论魏晋”，就是外部世界真

的急剧动荡，战乱不已，或许也不见得就一定有激烈的动荡感。

经过几个世纪的演变，我们生活在一个高度整合的现代世界，人们在享受科技带来的诸多便利好处的同时，也让自身深深地卷入一个日渐同质化的世界，生活在某种网络之中。一方面，个体的能量、自由度、视野大幅提升，可以了解到遥远的世界发生了什么，感受到自己作为一个现代主体的强力与优越；但同时，却也受制于这种现代网络社会的约束，在某些方面又日益依赖于他者、外界，丧失掉些自由地把握自身命运的能力，有的时候这又让人们感觉到无力，孤独。

这种悖论是现代思想探讨的一个以不同形式表现出的主题，阶段性地再现，现今又到了一个新的时期。我想这也是人类文明一个恒久的主题。人类的生活就是一种冒险，探险，一种永恒的探索与追求，不断地突破，重新界定，构建的过程。早期现代思想家的那种浪漫乐观已被一些深深的怀疑所撼动；许多人怀旧，试图回归旧日的时光，重拾以往的一些精神与习俗的参照，紧扣一种自己认定的精神或物质的事物，以便让自己在这样一个世界里不困惑无着；许多人投射未来，各种形式的乌托邦再兴。愤怒与担忧、恐惧积蓄，因新冠更加强化，需要找到发泄的渠道和投射的对象。观念立场趋于分裂，对立，极化。这些都在在显示：**我们处在一个大变动的时代。**

2. 这种变动的时代是怎样造成的

首先，这种变动与现代文明的一些基本的特质有关，现代文明或者简单说现代性是一种变动不居的文明形式，几十年就会发生些重要的变化。如果我们回望几十年前的世界思潮、社会心理，与今日相比似乎会让人有隔世之感。这其中一个重要的因素，当然不是全部，就是科技的发展对人们认知，生产与生活方式的影响与改变。如果与近代以来的几个历史阶段相比，今日的一些问题与以往阶段所遇到的并没有本质的差别。如，如何对待因科技进步带来的失业，怎样驾驭、处理科技进步与文化传统、社会稳定的关系等等。当然也有些重要的不同。自十八、十九世纪第一次产业革命带来诸多变动，二十世纪初叶第二次产业革命以及二战后的第三次产业革命也都引发种种世界格局与文化、政治、经济的变迁，今天我们正面临一场新的大的产业革命、技术更新。这些产业革命都有一个对能源的利用与开发，一个技术替换更新的问题，每次，这种变动都会在带来各种便利，在创造新的财富，生产能力的同时，也会颠覆改变一些旧的观念、行为模式，制度，社会组织与管理方式等等。政治也会相应地要做调整。——举个例子，十九世纪法国刚开始有电话的时候，一些人反对安装电话的理由是，怕女人在丈夫不在家的时候跟人乱扯，搞婚外恋。看看今天对待社交媒体，尽管内容不同，有时是不是我们也听到有性质类似的说法出现？

这场我们正经历的变化除了体现在新产业革命与技术更新，尤其是信息技术的发展外，还有一个重要的与此相关的现象就是全球化。这是两个相互关联的因素。信息技术强化了全球化，改变许多时空观念，而反过来，全球化又促进了信息技术的进一步扩展。前工业时代甚至一些工业革命以来形成的习惯，制度，规范都不足与应付这两个因素在极其短暂的时间内引发的剧变，所带来的许多挑战。

以全球化的问题来讲，尽管马克思时代就在谈及现代资本主义经济将全球开始紧密连接的现象，但这一轮的全球化造就的自由的商品、资本、信息的流通，将世界上绝大多数的地区的生产与消费都深深地卷裹、整合进去的程度，还是空前的。世界财富因此得以大规模增长，创造出相当的繁荣，同时也使得各国在相当一些事务上尤其是经济领域上的自主性受到弱化，人们的日常生活日渐受到遥远的地区发生的他们完全无法控制、甚至无所知晓的事件与力量的影响。跨国公司在给一些落后地区带去资本与技术，客观上帮助了这些国家的发展的同时，也给自己的母国包括投资所在国带去各种新的不易解决的困难课题。发达国家的产业外移，失业，税收、福利、人口老化及移民以及随之而来的一些文化认同上的挑战，资本接受国、发展中国家的政策制定上如何协调自身的利益与外部资本的需求、内部社会阶层之间就发展的成本与收益的平衡、环境成本的支付、旧的社会、文化与制度解体与重新构建等种种问题，都急迫地需要解决。同时，一些全球性的问题如气候变化也日渐凸显，需要人类共同努力加以面对。

然而世界范围内国际间与各国内部相应的调节机制上的种种不足和缺失造成这波全球化在带来某些发展的同时，也加大了区域、各国以及各国内部的阶层、区域之间的不平衡；民粹大潮再起，极大地撼动了一些既有的制度架构和国家政治的运行惯例。坦白说就本人来讲，对这些年的变化并不感到太意外，如果我们对现代一些历史如对一战前后的历史有过点了解，或许也就不会对当下发生的一些事感到奇怪。一战前，世界，当然主要是西方世界，也有过现代历史上第一波比较自由化的全球化的历史，但因种种不平衡的因素，终于引爆第一次世界大战，那波全球化也就此终结。今年三月底四月初在世界各国刚刚相继进入隔离的时候，在就“新冠”接受记者所做的采访以及所做的一两个讲座里，我曾拿当下发生的事件与历史做过比较，认为某种意义上讲我们正在经历一种新的“第三次世界大战”，世界历史会因此发生一个重大的变化，割裂为疫情前与疫情后两个时代。全球的经济沟通不会彻底终结，但以往过去几十年所经历的这波自由放任的全球化可谓终结了。世界经济上的某种 bloc 式的区域性、类集团性的整合与协作趋势会得到强化。

除全球化外，在极大地帮助人们提升相互沟通的效率，降低生产与交换的成本，改变了人们的生活方式上起到了重大作用的信息技术，在某种程度上，也进一步推动了民主的深化，自由事业的拓展。法国十九世纪著名思想家托尔维尔有一个经典的看法，他认为现代社会是一个民主社会，一个更趋平等的社会。传统上，掌握信息的流通渠道是权力的一个主要控制手段，谁掌握信息的发布，流通，往往就掌握着权力的解释与论证。过去随电话，广播，电视崛起，大众传媒扮演了重要的角色，推动了工业时代的民主的发展，但基本上信息流向还是单向的，事实上信息渠道大体还是精英掌握的。今天，随信息技术的发展，这种信息权力中心大大降低，所谓自媒体就是一个很好的例证。任何一个普通的公民都可以借助社交媒体发表看法与信息，监督权力，进行社会组织与动员，推动构成某种信息的大爆炸。

但与此同时，这也带来极大的问题。人人自认也可以冒充专家，发布各种不经核实，或至少充满歧义，扭曲的信息。传统时代的媒体报纸、广播、电视等，尽管有其局限，且任何媒体都不可能完全做到百分之百的公正、信息的完整、全面，但因其具有行业规范和市场的约束，至少对那些正式的媒体来讲是如此，有一个重要的功能就是会造就一个信息的鉴别、删选的合理化过程，也容易帮助社会建设一个共识，人们对真相的信念并没有像今日这样容易受到动摇，进入所谓一个“后真相”的时代，只选择自己相信的所谓的“真相”。各种阴谋论借助网络工具流行，颠覆、影响人们的认知，带来各种负面的效果。

从长程的历史来看，这种现象本身是现代性发展的结果，也是其面临的新的挑战，如果不能很好地处理这个问题，至少就民主政治来讲，是会面临极大的危机的。因为，民主政治是需要某些共识的，这些共识也需要一些对事实的基本认定的。如果人人不相信一个基本事实的存在，那这种共识是很难建立的，且政策的形成也会付出更多的成本；因民主的机制选举产生的领袖的权威性也会受到弱化。古希腊人就明白一个道理：一个民主的政治最终是要取决于公民的道德、对正义的信念，对制度的尊重的。如果这种广义的政治文化意识崩塌，其结果一定是民主的终结。民主制是可以终结的，三十年前年福山讲“历史的终结”时，本人就一直不认可，对其想法有过批评，这倒不是因为他对民主的推崇，而是因其想法上的某种浪漫。不过，在另外一些方面，他探讨的关于人的承认，追求他人的承认的问题，却是西方思想的一个悠久的主题，依然是当下乃至今后一段世界要面对的核心问题之一。

在结束关于信息技术问题的讨论前，这里再举个现在日常我们常见的具体的比较极端的例子来说明一下需要注意当代的信息流通与认定方面的问题。——现在流行小视频，这些视频经常截取，去掉了其背景与前后脉络，只截取了其中几分钟甚至几秒，这对人们完整地认识世界、事务可能有极大的曲解的作用。而抖音这种网络沟通方式强化了这种现象，成为一种文化和习惯性认知方式。这是非常危险的。认知的碎片话正在成为一种常态，那只能强化一种不假思索的浅层性情绪性认知反应。本人并不是一种科技怀疑主义者，反科技保守主义者，抖音这类东西，作为沟通，娱乐的工具未尝不可，但在作为认知世界的一种手段上，其危险，可能带来的负面效果，又不是我们可以忽略的。（关于这一点，可以参见过去写过的一篇小文章《小视频，大世界——我们怎样认识我们今天的世界》——收入本书）如何规范这些，显然是一个新的重大的社会管理与政治问题。

与上面谈及的全球化与信息技术的发展这两大问题相关，也是受此刺激，这个世界的集体与个人的认同问题、所谓的承认问题空前尖锐。认同问题是现代性的一个核心问题，我是谁？我们是谁？我、我们与他者的区别何在？我们赖以生存，判断事物的价值为何？我们从何处来，到何处去？我们应该如何在这个世界自处，与他人相处？……这些问题不断地困扰着人们。从传统、各种神祇中解放出来，现代人的生活意义需要人们不断地去探索，去界定，不断地寻找失去的精神故土，也不断地探寻未来。现代人的困惑与犹疑，迷茫也多与此有关。

在这新一轮的全球化中，人们愈发强调自己的权利，强调自己的主体性，所谓认同政治的发生就是在这种背景下产生的。事实上，所有政治都要处理认同问题，没有没有认同问题的政治。但之所以今天这个问题如此尖锐复杂，一方面是现代性深化的结果，另一方面也是对现代性批判的产物。以法国大革命标示的价值“自由、平等、博爱”来讲，今天这个世界依然在这个脉络中演变，即便那些对现代性持批判的立场，事实上也是在围绕这些价值展开，有的试图推翻，颠覆或修正这些价值的必要与正确；有的尝试着去落实，深化这些价值，这构成所谓的保守与进步的纷扰，张力，今天到了一个新的阶段。我们面临的诸多纷争说到底是与此有相连。如果在这些价值上再加上“科学”，基本上我们便有了现代性的光谱仪，可以以此对一些不同的立场加以区分。至于“民主”只是一种政治的现代性的表现，是与上面提及的这些价值密切相关的，这里顺便提一句：如果我们去看“新青年”创刊的封面，上面有一个法文字，*La Jeunesse*（青年）“五四”时代讲“德先生”与“赛先生”，但如果用法文去看，*La démocratie, la science* 都是阴性名词，应该是女士才对，而非先生。就从“先生”这一词的使用选择上，我们是否也可以一窥那个时代中国知识分子的一些潜意识？一年半前“五四”百年之际，曾着手撰写过一篇文章，谈女士优先 Lady First!——其实有一个女士应该摆在最前面，就是“自由”，自由女神，而“五四”时代人们的选择，以及后来人们对其承续上出现的问题，多少是与没有确立这个“女士第一”有关。但为什么如此？又是有很多历史的原因的。就认知问题来讲，一个时代人们怎样认识问题，如何意识到或忽略某种社会问题，是一个非常深刻有意思的认识论，知识社会学的问题。将来或许有机会再详谈。举个例子。二战后从集中营幸存回法国的许多人，长期不愿谈及其集中营的经历，而法国社会也不愿去倾听那些经历，其中的社会心理是怎样的，是非常值得探讨的。同样，当下一个例子就是，为什么中国人，华人对此次美国大选有令人难以置信的热情？世界范围内这种关注度也非常少见。这都有很深的值得探讨的原因。那篇关于五四的文章，最后因为忙，写了一半没完成，希望今后有机会把它完成。

再回到托克维尔的思路去看的话，一个认可社会成员的自由与平等的现代社会是一个用他的话讲的“民主社会”，这是一个历史的潮流。从战后特别是从六七十年代发展起来的新兴社会运动如女权，少数族群的权利运动，都是与此有关的，都是这种社会、政治与文化的“民主”潮流的当代的体现。我了解一些朋友对这些新兴运动的怀疑与批评，这些运动自然也有其值得检讨之处，但如果全然否认这些，事实上你不仅在否认这些运动，也是在否认整个现代性的基本价值，因为这是一以贯之的。**权利的不断扩展、伸延到社会的各个阶层、成员的趋势是一个历史的巨流，如果我们回望，就会发现近两个世纪世界如果有什么主流的话，这种权利的扩展显然就是一个。**如有人说他信奉自由民主博爱，但对这些权利运动不以为然，这显然是矛盾的。有在国外西方生活的朋友对这些所谓的进步运动嗤之以鼻，但他不知想过没有，他之所以能在西方比如美国自由地生活包括批评这些运动本身，某种程度上讲恰是这些运动的产物。有人对妇女享有权利也很不乐见，甚至有中国的“民主人士”说：“丈夫打老婆算个什么事，中国最重要的是要搞民主”。其实他不知，丈夫不能打老婆与官员、城管不能打商贩道理是一个。当然，中国今日面临的课题之复杂，许多问题积聚重叠在一个历史过程中，任务更加艰巨，复杂，但绝不是一个非要宽容丈夫打老婆，先解决城管打商贩的问题回头再说那么简单。我们有的时候确可需要设问：有些朋友对民主与自由的价值到底是否真的认可，要的自由是谁的自由，谁的民主？这主要就是想提醒：人的尊严与自由的事业不仅是一个政治上的，也是观念、文化、日常生活上都需要努力更新的事业，也是包括那些追求民主自由的人自身也不能例外的事业。至于制度设计上不要搞到民粹，需要理性化过程，那我是同意的，但如果你要先设定一个在权利上是不平等的制度，我们是有理由怀疑这到底是不是要搞民主。那只是一个有限民主，有限自由，是要排出社会的另一部分享有自由平等的权利，这自然也很难激发人们的参与动力。再比如，也许有些人对女权运动中的某些激进表现有所保留，对最近这几年出现的 Me too 运动的某些具体表现不认同，但你无法否认女性争取捍卫自己权利、反对某些男性借助权势压迫侵犯女性的行动的合法性。

再举一个儿童权益问题的例子，这也是战后有很大发展的事业，《联合国儿童权益保护宪章》的出现就是其中最重大的成果。这两天，美国揭露出一个新的丑闻，童子军活动中有些儿童受性侵的问题。你不能因为你是个童子军传统的捍卫者，就认为揭露这种现象是不对的，是些进步主义者的妖魔化。这也让我们想起前几年被揭发出的一些孩童受过神父性侵的问题。后来教皇还因此发布推动一些改革措施。这种揭露与批判恰恰是民主自由制度的可贵之处，也是其存在的目的所在。让人的权利能够得到保护，改善与发展。这是一个当今世界的潮流。

我也知道有些朋友现在对西方意义上的保守主义感兴趣，我个人在一些问题上也是非常能理解西方一些保守思潮回潮的理由，甚至认为有其必要性。但问题的界限在何处，这是需要格外小心的，这也是对进步主义同样存在的一个问题。在这个全球化，信息、生物技术急剧发展的时期，过度的浪漫进步主义也是很有问题甚至是危险的。这种历史上就不断出现的进步主义与保守主义的张力又迈入一个新的阶段，在围绕一些新出现的问题展开博弈。理解这一点，是理解当下世界的政治、社会、文化现象的钥匙之一。

3. 世界整体趋势：向左还是向右?

在如何看待世界的趋势上，一些朋友认为在向右转，我同意。几年前，在写法国的政治变化的走向时，便提及过这一点，我认为这个世界许多地方至少在西方是在向右转。但这里立刻有一个问题就是，要确定这个所谓右的标准是什么：如果说是强调秩序，权威，安全，传统与宗教价值，既有的生活方式，对社群，家庭的归属，我认为是的。这其中的原因是深刻的，与我们上面提及的全球化时代的一些危机与挑战有关。在西方，由于全球化，传统的民族国家框架受到冲击，文化认同面临威胁，移民，恐怖袭击，以及新的科技时代对价值确认提出的课题，……因此具有向右转的取向，这是显见的。这也体现在政治上的一些表现，一些右派政党的回归，甚至包括一些极右翼政党的活跃，右翼民粹主义盛行等。世界范围内威权主义在一些国家出现回潮，甚至在一些民主国家也有表现。各种不确定感对人们的影响日重，人们特别是那些跟不上列车的群体与个人感觉有被抛弃，无着、缺乏安全的感觉，面对一个广阔而无以把握的外部世界，个人命运，心理上便很容易产生对强人政治的寄望。所以，这个右转需要关注其正面与负面的效果。里根是右翼，但法西斯也是右翼，显然后者不应该是人们所乐见的。

但经济议题上是否在向右转我是怀疑的，在 2008 年前，有整个一个时期世界经济事务上的基调是向右转的，那是自里根撒切尔时代就开始的一波大潮。如果我们讲自由放任，市场化，减少国家干预的话，那是一个被一些人不那么严格地通称为“新自由主义”扩张期。以美国为例子，即便是克林顿时代，经济上也是相当自由化的。当然，那也是与信息经济的扩展有很大关系的。但自2008年危机后，一直就有一种很强的检讨批判声音。此次新冠，各国政府大撒钱，帮助企业，维持社会成员的基本收入，包括推动疫情后的经济重建。我认为会有类似二战后的一些现象出现，国家会扮演一个相当重要的角色，通过各种宏观政策推动经济复苏，维系社会的平衡。因此不太可能实行那种传统的右派的减税、自由放任政策，除非是税务极高的国家，需要调整，帮助企业度过难关，否则一般情况下大概不太容易出现大规模减税现象。但一般的税务调整还是会有的，会视国家而定。

像十九世纪后期一样，新一轮信息经济在创造财富，造就一批新型的中产阶层的同时，也造就了一批特殊的富有者，他们可以在很短的时间，积聚起天文数字的财富，加之全球化资源在世界的流动，传统的财富分配调节机制、法律都尚未跟得上这些发展，贫富差别有一轮新的扩大，一个富人可以利用某国的各种需要成本的基础条件进行产出，然后将财富转移到别的国家而不受约束，这些都构成新议题，也激起一些新的左翼运动发展。但基本上也都是些传统的议题在新的时代，新的条件下的再现。

一个与以往不同的全新的，非常重要的因素是环境议题的提升。有越来越多的人认为，凭什么富人或者富国要消耗大量能源，却要穷人或者穷国一样承担全球环境破坏，气候变化的恶果。与此相关的是一个汉斯·约纳斯（Hans Jonas）所讨论的责任原则，跨代际伦理的问题：凭什么今天的人可以消霍自然资源，让后代去承受很难承受的后果。这两个议题正在成为今天新的有关公正问题讨论的重要的公共话题。

至于文化上，则是左右两极的拉力。在某些问题上，如我们上面提及的，出现传统的价值的回归，但同时，年轻一代对进步主义价值也更加认可，比如他们越来越对女性，少数族裔，同性婚姻议题抱开放与宽容性，对环境问题也极其敏感。这既是当下社会分化的一个原因，也仍会是今后一段社会紧张的一个重要因素。在一些现代的基本价值尚未确立的地区，落实现代性价值任然是主要课题，人们努力的方向，比如在阿拉伯世界，在拉美，非洲、亚洲许多地区，追求自由，平等，开放的价值如婚姻自主、自己有选择堕胎的权利甚至是自由外出、驾车、工作、学习等仍然是许多女性奋斗的目标，人生宝贵的理想。

如何应对这种情况，维系这种紧张的平衡，各种不同立场的人会有不同的解药，建议。但我个人不认为会有单一的万能的解决良方，硬性地以权威主义、父权的方式解决问题，这不是不可能，也是正在一些国家发生的事情，但因其缺乏对公民权利的尊重，政治、文化上的紧张很难根本消除，在解决了某些问题的同时可能又会积累下新的问题，最终搞不好会导致更大的危机。我还是认为，民主社会出现的问题依然应该以民主的方式、民主的更新来解决。至于没有民主的国家，争取创造这种民主的解决问题的方式就成为一种必要的条件。因为无论如何，迄今为止，我们依然找不到更好的制度来有效地制衡权力的腐败、滥用，也找不到比民主的制度能更好地尊重人的权利与尊严，处理好认同问题以及不同利益诉求的机制，尽管，如上面所说，民主制度也需要迎接新的挑战，进行制度的调整，处理好面临的诸多问题。

4. 下面谈几个时下人们关心的与上述讨论的论题直接或间接相关的世界性问题

A. 疫情

首先关于疫情，现在世界上许多国家疫情严重，正经历第二波疫情的发展，我自己夏天时对疫情的估计稍显乐观，对第二波疫情的严重性估计不足。不过不管怎样，到明年春天，因疫苗以及气候的原因应该会得到些重大的扭转。西方社会包括一些其他发展中国家防疫上出现的种种问题，各个国家可能有不同的原因，如发展中国家的医疗资源不足，社会管理不够有效等，但都需要视情况而定。比如越南就处理的不错。就西方发达国家来讲，其面临的问题其实也简单：病毒是自由的天敌，需要国家的管制，更需要人们的自我约束，而这并不容易做到。长期习惯自由生活的人们，不习惯自由受到限制的生活。我曾在春天所做的一个讲座中提及，如果没有有效的疫苗与药物，如果我们能设置一个巨大的监狱，将人们都放进去隔离，我想很快就会制止住病毒的传播。而这基本上是做不到的。防疫上监狱性管制程度越高，对病毒的控制可能就更有效；而如果不接受“监狱性管制”，就只能指望民众的自我约束；自我约束性越高，对病毒控制的就好。自由度与病毒传染度成正比。

比如戴口罩这个问题上，到夏天还在许多西方国家爆发抗拒戴口罩的运动，认为是对自由的限制，显然这里边有些更深层的文化习俗，观念等诸多因素的影响。前两天看到一个关于芬兰的疫情的报导：芬兰控制疫情就做等很好，与芬兰人的自我约束，责任感，社会管理的有效有很大关系。所以，从四月初我就一直不断地讲，判断防疫的效果这个问题需要从多重视角，不能仅从政治制度角度看。亚洲一些国家包括中国有效地控制了疫情，但做的最好的如从春天疫情爆发到现在整体上看是台湾，日本，南韩等几个国家。这有历史原因，如过去有过“非典”的经历，有文化因素，自我约束、集体意识强，有戴口罩的习惯等。

就中国讲，有特殊的制度，别人是无法复制，别人也不见得应该或乐意抄作业，没有可能。就以隔离措施来讲，法国的宪法上对公民的自由行动是明确规定的，属于基本权利，如何限制一些感染者的行动，法律上缺乏依据。这都是一个麻烦，前一段在讨论法律上如何贯彻强制性的隔离问题。……相信民主国家今后也会就此有些制度调整，世界经此一役，许多事情都会发生变化。有些事会继续，回到从前，但有些大概是一去不返，再回不到从前了。

B. 移民问题

这是一个长期以来不断被些朋友问及的问题。因时间关系，不多展开，这里想澄清一点的是：中文网络媒体里经常有人认为是因为左派、“白左”的政策导致西方移民过多。其实这完全是误解。最近几十年移民的增加，与冷战后的全球化，区域冲突，环境变化等都有关系。左派确实是因为一种人道的理想主义，对移民的权益比较关怀，但很难说有什么大规模接纳鼓励移民的政策。移民问题有历史与现实的各种原因。事实上，雇主老板往往是造成移民现象的一个最重要的原因，我们很难把老板归为左派的吧？在德国上次大规模接收叙利亚的难民问题上，除了德国一般民众当时的热情，作为牧师女儿的默克尔的个人倾向外，老板工会是最主要的推手之一。因为就维系欧洲尤其是德国包括美国的经济来讲，移民也确实是现在维系其日常运转的必不可少的因素。另外，宗教界如天主教会肯定也是难以被划归为左派的，但在移民问题上，却往往也是主张接收，照顾移民尤其是其中的难民的。

难民、非法移民问题并不像一些人想象的那么容易解决，如因技术与经济条件，地中海现在也不再是那么难跨越的水域，加上陆地上各种通道，以现在的条件看控制来欧洲的非法移民都不是那么简单。除了有人道的问题外，仅就遣送的经济成本来讲就极其高昂，从欧洲每遣送一个非法难民回国的成本有时高达一两万欧元。此外非法移民原国家的态度，是否配合接收遣返，都是些难题。但移民带来的一些问题也必须要正视，过度浪漫的态度显然是不行的；移民的社会、经济、文化的整合，确实是一大挑战。在接纳吸收难民的问题上，经济可能还是一个首要条件。此外，文化的多元主义的界限在何处，这也都是需要认真考量的。

C. 恐怖袭击与伊斯兰

关于恐怖袭击与伊斯兰的关系，也是不断有朋友询问的问题，这里无法展开，以后找机会再详述。需要说明的是，许多人将恐怖袭击直接与伊斯兰挂钩，认定是个穆斯林的问题，我想，这还是与事实相去甚远。这里也只简单说几句看法：我认为这本质上是一种反现代、反社会的极端行为，与我们开篇时提及的现代性的危机，与一些人的意义追寻上的精神危机当然有关。如果在国外外国人听到中国发生多起攻击幼儿园孩子的事件，他们显然不能将中国人或部分中国人都视为具有攻击幼儿恐怖倾向的人众。多大程度上，那些具有不同的政治企图的极端分子利用了伊斯兰来为其进行合理化论证，多大程度上一些精神困惑的年轻人又因受极端宗教论述的迷惑成为其洗脑的牺牲品，伊斯兰世界的各种危机、政治的专制与腐败又怎样地为极端宗教势力的发展提供了土壤，这些其实都是需要认真梳理的，不能简单化地用伊斯兰教来解释。正如我们不能将文革时中国人的集体疯狂都归结为是儒家文化必然造就的结果一样，那显然是有失客观与中允的。而那些跑到叙利亚“伊斯兰国”的年轻人，也常让我想起文革时奔赴缅甸“革命”最终结局悲惨的那些红卫兵。

其实许多恐怖分子很难说是什么虔诚的穆斯林，几年前尼斯那位用大卡车进行恐袭杀人的恐怖分子，是个吃猪肉喝酒，到处寻花问柳的双性恋者，殴打妻子，离婚，具有暴力犯罪前科，这些显然都不符合一个穆斯林该有的行止，他所居住的街区的人们也从未见到他有何伊斯兰宗教信仰上的行为……最近尼斯教堂发生的恐袭，是个突尼斯偷渡客，经意大利到法国，也是有过吸毒犯罪经历的年轻人。在那些走上极端恐怖分子之路的年轻人中，许多都有过犯罪的前科，他们受到伊斯兰极端教义的洗脑，在所谓的“圣战”中找到自己的价值，生存的意义，“投身革命事业”。……当然，就如中国文化一样，伊斯兰教在走向现代，完成现代的转换过程中依旧有许多路要走，要探索，比如如何划定政治与宗教的关系的问题等，一些伊斯兰世界的知识分子、改革派宗教人士也都在做出相应的努力，但将有十七、八亿信众的伊斯兰与恐怖主义直接连接甚至划等号显然是不成立的。要知道，从非洲到亚洲，绝大多数的伊斯兰极端主义的受害者恰恰是穆斯林民众，而在各国与伊斯兰极端势力的斗争中比如在叙利亚打击伊斯兰国的库尔德人也都是穆斯林。伊斯兰世界是多样的，这波恐怖主义的产生的因素也是复杂的，不简化看待为好。

D. 美国大选与今后的中美关系

美国大选中文世界已经谈很多了，这里不再多谈。我想现在格局已定，迄今为止，所有那些传言，基本上都没有提供可以翻盘的佐证。用句前天共和党的乔吉亚州国务卿的话讲：他说他是一个川普的支持者，但他是工程师出身，数据是不会说谎的，川普输了，他很遗憾，但那是事实。……也许一些川普的支持者不甘心，情感上不接受，但民主从来如此，不会没有一个输家的，但民主程序本身不能成为输家。我们从现在起就应该培养一种接受自己不愿意看到的竞争结果的政治文化与素养，这对那些想在中国的未来推进民主的朋友尤其重要。川普迄今不愿承认结果，他有权利申请复核，走法律程序，但至少不应在程序确定前坚持说自己赢了，作为一个现任总统尽管从人情上可以理解，但就美国的民主运作来讲，我想那是不合适的。至于媒体如美联社宣布拜登胜选，那是长期的历史的传统，有迄今为止的票数统计做依据的。与川普宣称自己赢得选举显然是不一样的。我想川普他自己内心是知道输了，只是他不愿承认，或许也有其他的考量，但从他的利益角度讲，过久拒绝承认结果，最终会对他不利，对美国的民主也不利。民主的胜败是一种常态，不必将其绝对化。看到最近美国军方不断宣示军队是忠于宪法的，这种话我们常常是在那些新兴民主国家才听到，在美国这样一个国家的军方嘴里出现，这让我很遗憾也很感慨。

我从来不像一些朋友那样对美国制度的坚固性有那么强的乐观信心，我认为所有人类的制度，其实崩颓起来都会很快的，我还是赞同我喜欢的托尔维尔的看法，认为自由民主制度是有其脆弱性的，需要小心呵护。美国最大的挑战是自己，与美国匹敌的国家在短期内恐怕还见不到，美国最危险的是它自己能否处理好内部的问题。美国如果内部出了问题，绝不是这个世界的福音，一些朋友希望看到的其在世界上扮演的角色，包括对中国的变革所起到的作用大概都要大打折扣甚至是免谈了。也是为此，前一段有美国朋友跟我说，新总统最大的挑战是新冠疫情，我说不是，是怎么让 United states 尽量 united 的问题。这当然不容易，也不可能一下子做到，但至少要努力缓和双方对立、分裂的状况。美国两三百年历史的发展，到二战后达到一个高峰，冷战胜利更让美国成为一个独一的历史上前所未有的超级强权，全球帝国，但要小心盛极而衰，历史没有决定论，取决于人们如何选择。唐朝一个安史之乱，就此走下坡，也是自身的问题带来的。

2016 年在接收海外中文媒体“明镜”采访时预见过川普可能当选的局面。这次在大选前两个月跟朋友交流时做过一个预估：拜登会赢 300 多选举人票，500 万到 800 万选举票，是根据我前一段在美国的观察，具体不陈述，主要是看大势（年轻人、妇女的选票，反川普的社会情绪，疫情带来的愤怒，希望更变的心理，参考上次希拉里超出的选票……）后来基本不怎么跟踪大选了，自媒体，华人媒体就更不看。这主要是没时间，另外也觉得可能一些朋友过于情感愿望置入，分析很难客观。现在选后希望共和，民主两党都能自我检讨，什么该调整，什么该放弃，都需要好好思考了，包括一些选举制度上的问题，比如此次选举的争议很大程度上与许多人因疫情的关系采取邮寄投票的方式有关，将来怎样避免都是需要对待的。拜登尽管胜利，但民主党推出一个如此高龄的相对较弱候选人，本身也是值得该党检讨的。如何看待川普及其现象，评价其政策对美国及世界的后果，对未来的影响，还是需要冷静、尽量客观、历史地、以民主的价值原则做细致具体的分析，就事论事，不宜整体主义地去统论为好。

从中国人所显现的对美国大选关注的巨大热情中，我个人觉得折射着某种正在累积却在中国被压抑了的政治参与热情，尤其是在那些新兴的都市中产阶级中显现得更为明显，这是几十年中国发展的一个结果。也许除了些不必要的争议外，对美国大选以及制度的运作的关注，从长远角度讲，也未尝不是一场非常好的有关民主运作，美国制度的启蒙教育课，有其正面的意义。

许多人关心美国大选的另一个重要原因是关心选后的中美关系，这里谈几点观察与预估。

整体上讲，十来年来因学校的安排要给研究生上些东亚地缘政治的课，便注意观察些相关事务。自七、八年前就开始认为中美关系不可能好了，也多次在课堂上与媒体中讲过。主要是因这样几个因素：美国的战略利益，霸权受到来自中方的威胁；尤其是习近平主政后所展开的政策转向，导致制度与意识形态的冲突加剧。在中美关系上，许多人过多地关注美国的政策取向，其实中方的选择，也是有重要影响的。这几年在南海、东海等区域军事上展示的咄咄逼人的姿态，国内法治人权的大幅倒退，修宪废除任期限制，向毛式统治方式的回归，香港和新疆的问题，都是激起美国对华态度变化的非常重要的因素。经济上的一些问题如贸易赤字、强迫技术转移等等，为这种变化提供了某种经济上的动因，这些都注定要将中美关系逼近到一个转折点了。美国的对华政策其实多年已经不断在做些调整。战略界也一直在探索检讨对华政策，2015 年前后有些新的共识已经在形成，只是如何调整还有些做法上的分歧。对华政策的重大调整，许多专家认为在奥巴马时期尤其是后期就已经开始。TPP 的出台，“亚太再平衡”的战略，南海常规性的巡航，都是其组成部分。只是川普对华的贸易战，直接撼动经贸这“中美关系的压舱石”，对中美关系造成很大的冲击。中美关系的冲突性就此更加凸显，定格。一些意识形态、政治与军事上的宣示与措施，近两年多逐渐出台、强化，尤其是今年，这既因疫情，中国发生的一些事件，应该也是与川普团队的推动有关。

两年前我谈过我的“换人换党”说——北京对中美关系的盘算是指望美国换人换党，但基本上是一厢情愿，中美关系因美方换人换党会有些局部调整，但根本趋势不会变，未来最大的变化可能是太平洋另一岸发生换人换党，否则无法设想从此能有根本性的改观了。其实这个问题十多年前已经开始浮现，只是因 911，全球恐怖主义的兴起，北京恰当适时地站在西方一边，宣示打击恐怖主义，延缓了中美关系恶化的进程，小布什的伊拉克战争客观上不仅没有延缓恐怖主义，还强化了全世界新一波的恐怖主义大潮，直接促成IS的崛起，对西方造成重大伤害，但从北京的角度讲，那是一个关键性的黄金期，让中国顺利崛起。历史有连续性，也有其不确定性，取决于历史中的行动者的选择与作为。看历史也需要历史的视角，从历史的角度最后做出的判断。

川普的对华政策造成对过去几十年中美关系的架构的激烈冲击，起到将旧的框架彻底打破的功效，但尚没有形成一个更加完整的新的全球性长期的对华战略。因此，对这样一种大国博弈，显然是不够的，只是现在已经没有川普的第二任期了，即便是有，不做更周详的调整显然最终也是难以达成其目的的。美国很难在没有盟友协助下赢得全球性博弈的胜利。**拜登任期内中美关系不可能有什么大的改善，某些方面或许会让北京感到更大的压力，这是大势使然。**除上述提及造成中美关系恶化的结构性因素外，美国社会对中国急剧恶化的观感最终会传递到政治上，影响美国对华政策。两党在对华政策上是少有的具有高度共识的领域。下台后的川普包括共和党更会对华持鹰派立场，由此在许多对华议题上两党会相互比狠。拜登会更以国际结盟的方式对中国进行全方面施压。

在环境、气候、原子武器扩散、防疫等有限的领域会恢复合作交流。在经贸问题上：基本上会是自由贸易加战略管制，符合经济本身的规律的运作加上政治引导，高科技全面监控，不留死角。（补充一句——在讲座后提问阶段，有人问及如拜登上台是否会取消川普设置的高关税问题，我的回答是不会，至少在一个阶段内不会）**在学术文化交流上**会在非敏感领域有所恢复，但不会回到重前。美国社会整体对中国的敌意会继续，美国的右翼选民包括左翼选民对中国的不信任会持续下去，对来自中国的移民、游客、投资者都会继续抱怀疑甚至是某种敌视。**政治上**最大的不同是西方民主阵营的重新集结，以民主人权为旗帜也就是意识形态上的压力会大大强化。川普在对待中国的政策上单边路线色彩浓厚，尽管吸纳了安倍所倡议的印太战略，但即便是亚太这几个国家，对川普政权依然信心不足，生怕川普生变。拜登上台后，与亚太国家的联盟不仅不会弱化，只会强化。在世界范围内，按拜登的计划召开民主峰会后，两大阵营的态势会显明化：俄国被迫要做调整，进一步靠拢中国，在欧洲适当降低侵略性，缓和欧洲对俄国的敌意，（说明：现在看，笔者误判，显然低估了普金追求往昔俄帝国荣耀的非理性冲动，两年前当时是按照一种理性的最符合俄国包括普金自己利益的方式进行分析的）印太战略同盟会更加强化甚至升级，因为现在还是军事，情报、政治领域为主，如果美国重新强化经贸联系，以某种形式再回 TPP，将会形成对中国全方位从政治、军事、经贸的围堵，事实上，在包括美国重要亚太盟友日、韩、澳等都签署了 RCEP 之后，美国注定要设计出一种新型的经济介入方略应对中国了。至于重要的美台关系，其强化的趋势会继续，但暂不会做出更极端的刺激北京的举措。

5. 在这种世界格局下，如何看待中国的一些变化

处于这种分裂、变动的世界，怎样看待中国的一些变化？这是些复杂的问题，自己也在思考，容他日再展开。这里，只用几句话先简单概况谈对两个问题的看法：一是如何判断中国现存制度的性质，二是中国民间、知识界的左右之争。

中国现制度的性质，中文外文的文献都有些讨论，但迄今未有共识，也仍需要做更多的学术上的研究与梳理。这体制也依然具有传统的左翼极权体制延续的某些要素，但在我看来，已经在很大程度上完成了向右翼极权的转换。这是需要特别加以注意的。如果不注意这种变化，以一种针对传统的左翼极权的方式对其展开批判可能会不得要领。

中国的社会力量，在经过近四十年的恢复、培育、发展后，毕竟有极大增长。尽管最近几年习近平对中国的新兴社会力量进行了一波严苛的打压。社会力量的成长受到挫折。但仔细观察，依托市场、民营经济，社会依然具有其一定的活力与空间，恐怕也是这个依旧需要市场经济汲取资源，需要与外部世界交往的政权最终无法解决的

一个悖论。完全回复到毛时代不是那么件容易的事。这种试图重建一种全面极权控制的权力与社会之间的博弈仍将在今后一段持续。这种政治与社会格局中的思想界的所谓“左右之争”难免不具有很大的混乱。这是我称之为中国的“双重转型”——中国的现代文明转型与中国式的后共产主义转型——的复杂性所造就的；许多标准，价值、历史课题都是混杂叠加在同一个历史过程中。加之全球化与新兴科技产业带来的全新的挑战，让问题就更显复杂，不易说清。如果我们简单地借鉴参照西方历史与当下的标准来套用中国的情况的话，就更会更显混乱。

比如，中国所谓右派中的一部分，一些有钱者，成功人士，一些知识精英，面对强势的政府，垄断绝大部分社会资源与空间的公共权力，他们主张小政府，法治，削减高额的税务，在古典的经济与政治思想中去找资源，这完全能理解，也合理，正常，他们的一些主张与行动也切实地推动帮助了中国的开放与社会进步，自由空间的增长；政府对他们因此不仅有限制也有打压；例子就不举了，比比皆是。就这点来讲，他们也是某种意义上的一种“弱势”群体，处于权力压制下“人为刀俎，我为鱼肉”的局面，自身的利益与安全并不能很好地得到保证。他们中的一些朋友也有身体力行为弱势者的权利呐喊，批评政府，在西方常常是被归类于左派的言行。但抛开这一面，其中的某些人，比如一些企业主与官方有默契的关系，搞好利益输送，他们又是这个社会的强势集团，世界上也很难见到有如此特权优惠的经营者；看看一些法律对他们的适用程度就可见一斑。

另一面，中国浮现的一些新左翼社会活动人士，认为中国缺乏社会公正，贫富差别巨大，政府代表权贵，中下层人们的权益得不到保障，他们希望政府扮演起真正的穷人的守护者，帮助者，但一旦他们按照中国官方自称的一些左翼宣示去实践，要求政府兑现其宣示与承诺，帮助劳工、农民，普通的市民，他们就会立刻面临这个号称是工农联盟为基础，工人阶级为领导，为人民服务的国家权力的强力打压，既得不到社会公正，也没有基本的自由。

就争取捍卫弱势群体的权益，希望这个国家有更多的社会公正这个角度讲，他们当然可以称为是“左派”，但就落实基本的公民权利与自由是他们主张的社会、经济权利如罢工权、社会保障得以实现的前提来讲，他们的努力的一部分又不可能不是围绕体制的改造，公民自由度的加大，是些传统“右派”的所为。至于那些新兴的环境保护主义者，女性权利的捍卫者，在中国的背景下如按西方历史与当代的标准来衡量就更难将其定性为左派还是右派。

至于中国另外一些打着左派名义只批评西方，批判所谓的西方资本主义的盘剥，却对当下中国对公民权益最大的损害者、盘剥者的权贵们的所作所为不闻不问，一屁股坐在权力的角度上说话的所谓的“学院新左派”，其实只是一些新的国家主义者，民族主义者，很难谈得上与西方左翼传统中关怀社会正义、捍卫弱势、下层民众的权益，经常批判权力的传统有什么关系。

所以，本人一直主张，在中国当下的背景下，中国最大的核心问题是权力的滥用，权力没有被关进笼子，所有希望推动中国进步的人，应该放弃混乱甚至是无谓的左右之争，标签，回到权利，公民的权利上来；以“权利”（right）还是“权力”（power）为标准来区分不同的立场，是“权利派”还是“权力派”。用权利来对抗权力，约束权力，最终改造权力。即便现实的政治环境恶化，但努力的方向仍然应该在此，着力的空间也不会完全消失，除非权力不再压迫剥夺人们的权利，否则捍卫与争取权利的动力与力量也不可能消竭。

中国文明变迁的一个漫长的变革就是公民权利意识的增强与权利的落实。改革是否是真正的改革的标准也只有一个，就是“权利是否能得到增量”，2012 年夏天在给 BBC 中文网写过一篇专栏就专门谈此观点。几个月前曾想撰文更详细地谈谈“左右”问题，因事务繁忙迄今没有写完，希望找时间把它写成。

6. 最后回到此次讲座本题，如何看待这个世界，再分享自己的几点经验

A, 由于这个世界的变动，我们的知识需要不断更新，我们了解的有限，且过去长期生活在一个缺乏公共讨论空间，信息的来源渠道偏狭扭曲的环境，受的历史教育及收获的有关当下的各种事务的信息与知识传递是单面相的，高度功利化，意识形态化，扭曲，自然影响到人们的判断。更何况这种时代性的迅速变迁。因此，我自己的看法是要对此有意识，尽可能多读些历史，注意多掌握不同来源的信息。

B, 秉持一种开放性的、批判性的，多角度的视野，对待许多信息要问个为什么？什么人说的，做的？上半年在美国哈佛做访问学者期间，我每天看新闻是看一会儿 CNN 就转台看一会儿 Fox News，以争取了解不同的看法。还有一个原则需要坚持：你可以有不同的意见，但对别人有不同意见的权利这一点是绝对需要得到尊重的。法国二十世纪后半叶的大思想家阿隆在五十年代批评一些左翼知识分子的意识形态盲从时曾说过："二加二等于四，为什么这些人就不认为是呢？"其实，这个不是一个仅左派可以犯的错误，右派也一样。这是认知上常出现的问题。或许，当你觉得对方是绝对错误的，你是否意识到可能自己正在陷入某种认知上的误区。人们很难彻底解决认识的局限这个问题，因此在认知上有一种审慎、开放的态度，总是较好。

C, 最后，坚守一些现代的民主、自由、人权的基本原则，尽量用一贯的标准去审视不仅关系中国也关系世界的事务，这是一种良知的考验，不要因自己的好恶搞双重标准，选择性接受信息，这误人也误己。不过这确实说起来容易，做起来不易。人性如此，否则人类也不会有历史的了。我们不能用红卫兵的方式去争取或捍卫民主与自由，要将民主与自由像胡适先生所说的那样培养成为一种生活方式，

而这其中，宽容，尊重他人是一个最重要的原则，也是作为一个现代人该有的意识。

（说明：这是 2022 年 11 月中旬受邀在一个网上沙龙“共识沙龙”就“如何看待动荡与分裂的世界”所做的一次交流的文字整理简稿。当时无成文讲稿，只有些提纲，片段的提要。后应些听众朋友的要求大体按当时的谈话录音整理刊出，供参考、讨论。此稿没有纳入问题回答的部分）

疫情之后的世界

——世界格局大变革中的中国地位丨共识国际讲坛

（钝角网　2020 年 4 月 9 日）

（“钝角网”按：4 月 1 日，由钝角网主办的“共识国际讲坛”首期讲座邀请了法国赛尔齐·蓬多瓦兹大学教授张伦为会员们讲解疫情后的世界格局变化，本文系讲座内容整理节选。

负责人周先生开场介绍：张伦教授是我的老朋友了，我跟他在法国巴黎、台湾都见过很多次面，今年 1 月份看台湾大选，蔡英文当选这次，我和他在台湾还见过一次面。在国际上，张教授是很有知名度的。他现在正好在哈佛大学访学，但是他的工作岗位是在法国的赛尔齐·蓬多瓦兹大学教授，一个中国人能够在法国的一个大学里做正教授，这是一个非常难的事情。

张伦教授出生在沈阳，也写了很多著作，而且是法文著作，比如说《后毛时代的中国知识分子》（法文）、《转型中的中国：社会学视角》（法文）、《巨变时代——中国、两岸与世界》长短集。

这几年，我跟他联系比较多，也不断地在看他的文章，他的文章比较理性，就是学者范儿。所以我们第一讲请张伦教授来讲，我觉得在疫情后中国向什么地方去走，中国跟世界的关系是什么样子，张伦教授站在欧洲的角度、法国的角度，但是他同时又在美国学习，又奔走在世界各个地方，我觉得他会给大家带来很多答案。

下面我们请张伦先生来讲，我就不多说了。

张伦：有这样一个机会跟大家交流一下，很高兴，不过其实也谈不上什么讲座，我就是谈谈自己的一点观察和想法，这个不是客气话，真心这样想。处在一个相对隔离的状况中，掌握的信息和观察都具有一定的局限，更何况我们这个谈话中涉及的许多问题都在变化当中，比如说数据等，本人也不是疫情问题专家，谈到的一些问题肯定也带有臆测性，所以也就特别请大家不要太拿我说的这些当回事，只供大家参考。需要说明的是，我第一次做这类微信式的演讲，有点不适应，也不太会操作，说不好、出故障就请大家原谅。好在今天是西方的愚人节，我昨天还跟朋友们开玩笑，我说愚人节愚人开讲，所以讲好讲坏，有今天这个日子垫底定性，我心里还是比较坦然一些。

主持人昨天给我发了几个朋友提的相关问题，我先把这几个问题念一下，看看是不是都是大家关心的：

最近国内媒体上报道的欧洲抗疫新闻，号称团结一致的欧盟互相打劫，仍是一盘散沙，真实情况果真如此吗？欧盟国家是否有互助？如何互助的？这次疫情对欧盟会有什么影响？

这次疫情首先爆发在中国，举全国之力，好不容易控制住了，欧美国家是如何看待中国这次的抗疫措施和抗疫表现的？它是否会“羡慕”中国集中力量办大事的能力？

这次疫情会如何改变国际社会对中国的印象？对中国的经济又会产生什么样的影响？

这次疫情是否是全球化的逆转，世界是否会重回孤立主义？如果是，会对中国产生什么样的影响？

您生活在两种不同的制度之下，对这两种制度最大的不同感受是什么？

这些问题牵扯很广，我的回答也肯定是挂一漏万，不一定对，我就尝试着回答一下。我也顺便说一下，今天准备得也不充分，有一个原因就是我答应了国内一个报刊做了一个很长的采访，一直忙到昨天下午，据说他们明天会出来，所以我今天的讲座算是一个补充，如果今天有什么地方大家觉得不满足的，或许在那个访谈当中也会找到一些答案（参见本书“这波狂飙突进、浪漫化的全球化终结了”文）。另外，我前两天也做了一个采访（参见“我们正在经历‘第三次世界大战’，疫情将引发世界格局的重大变革”文），也是承蒙“钝角网”刊发，后来在海内外转载还有一些反响，也涉及到我今天谈到的一些问题的看法，如果大家感兴趣，没有看过的也可以再把那个找来看一看。

上面这些问题都是大家关心的，我把这些问题，做一个大的归类，循一个脉络逐一讨论一下——我们现在处在这样一个比较混乱的时期——这样会对各种各样的问题，有一个大体上比较容易的把握。一类问题，人们关心现在欧美疫情和防疫状况。第二类问题是造成这种状况的制度和政治、医疗、社会、文化的原因，怎么评估，有什么要检讨之处，等等。第三类问题是国际社会怎样看待中国的防治。第四类问题是这场灾难以后，对应对这场灾难采取的措施，包括它的后续结果，可能对中国和世界发生什么样的影响，对人类历史未来走向有什么样的后续影响。这些是大家比较关心的，尤其后面这两点，可能是主持人确定这样一个题目希望我多讲的，我尽量利用下面的时间，尽自己的能力，跟大家做一些探讨。

欧美的防疫形势

先说防疫情况。

我给大家传一下我做的两三张截图，就现在的疫情状况。关于数据的图，一张是我昨天夜里从 BBC 上截下来的（图一），另外一张是我上了世卫组织网站截下来的（图二）。（省略）

总之，疫情仍然非常严峻，这次疫情由于病毒特殊，蔓延猛烈，传播方式诡异，人类可以说是遇到了一场艰难的遭遇战。由于各种准备都不足，缺乏有效的抑制药物，因此现在第一轮面临的任务就是如何以现有的资源挽救更多的生命，减少损失。在我看来，关键是，第一，如何减少扩散，第二，调配现有资源应对病发高峰。从发病曲线来讲，大家现在也都比较清楚了，就是怎么样尽可能平滑患者增长曲线，赢得时间，治疗患者，少发生医疗资源挤兑造成的更多病亡。也是从这个角度，我们来评估一下欧美的状况。这些数据现在每天都在发生变化，但是大体趋势是这样的：由于美国的检测手段不断更新加速，越来越多人被检查出来作为受感染的呈阳性者，昨天（指 3 月 31 日——钝角网编者注）是 17 万多，死亡人数也超过中国官方公布的中国大陆死亡人数；在欧洲疫情最严重的是意大利，呈阳性的患者已经 10.5 万多人，死亡 1.2 万多；西班牙紧追其后也有 9 万多，死亡 8200 多；接下来是中国，8 万多个感染病例，死亡 3300 多；德国是阳性的有 6 万多，但是死亡只有 682 个；接下来是伊朗，我们暂时不讨论伊朗；再接下来是法国、英国；而韩国阳性患者不到 1 万，死亡 162 个。

从病发的势头曲线来看，最糟糕的意大利似乎开始有一点到峰值的迹象，西班牙还在继续，法国、英国、德国也都在继续，都还没有达到峰值，尤其是美国，感染人数迅速增加。如果我们从整体疫情控制角度来讲，发病时间，离最初发病区域的距离来看，如果离最初发病的区域，也就是离中国比较近的话，逻辑上来讲应该是更猛烈的。从这个角度来看，日本和台湾地区控制疫情方面做得最好，（截至 3 月 31 日）日本不到 2000，1953 例呈阳性，56 例死亡，台湾地区只有 322 例，死亡 5 人，因为有些国家数据少，离中国也比较远，跟中国的联系密度也不一样；另外，处在南半球的国家，还要考虑季节因素等的影响，我就不去涉及。还有一个测验标准的不同，所谓阳性，我们怎么认定感染人数，现在还是有不同标准的，我们看到国内也在变化，但是确实东亚几个国家都做得比较好，台湾地区在照常上课，韩国也成功控制了疫情。

从呈阳性者和死亡比例来看，韩国的死亡人数比较少，德国也做得非常不错，其实美国从这个比例角度来讲，迄今也不算差——尽管死亡人数也过了 3000 多，因为它的阳性已经是 17 万多了——法国属于中等，意大利、西班牙等是最糟糕的。

决定欧美各国不同疫情形势的因素

这里就有一个问题，怎么解读？我先说我的一个基本看法，**我认**

为这次疫情牵扯各种政治、医疗条件、社会文化、人口结构等诸多因素，不宜简单用单一的变量来评估。在我看来，这样一些问题应该纳入我们观察这次疫情的基本考量因素。比如检测标准，这就牵扯到感染者的总数。另外，呈阳性的感染者算不算确诊病例，这个是牵扯到诊断标准问题。还有死亡率；采取的措施的社会、经济有效性和代价。现在人们比较关注的是控制疫情，但是越往后，人们越会关注采取这种措施的代价评估问题。

关于这次疫情的扩散、死亡率的高下，早期的防御措施是否得当，医疗资源的运用、组织等，这些当然都是很重要的因素，但是也与老龄化、社会文化、生活方式相关。意大利的老龄化程度非常高，我觉得是高死亡率的一个重要原因。看到有报道说德国感染者平均年龄只有 45 岁，意大利感染者的平均年龄是 66 岁，西班牙 70%的感染者是 60 岁，都比德国高不少。德国的死亡率要低一些，逻辑上就有些必然了。但是这里又有问题，日本也是超高龄社会，为什么死亡没有那么多？这可能跟日本的生活习惯、文化特点有关，日本人非常注意卫生，也很自律，戴口罩也是经常性的生活习惯，我想这些都是对抗疫有很大帮助的。德国的社会结构，30%的 65 岁以上的老人单独居住，有 42%的单身家庭；而意大利 30-49 岁这个年龄层，有 25%的人与父母同住，我想这个年龄层的社会交往、工作都比较多，所以带来的传染肯定会比德国要高。我说这个的意思是，要把这些因素都放进考察视野，才可能对这些事情做一个比较全面的分析和评估。另外，谈到医疗条件，德国是做得比较好的，拥有 50 万张病床，2.8 万个配备呼吸机的病床，和美国不相上下；它的检测能力，一周就可以检 16 万次，可以做到平均每 100 万人 4000 次检测，西班牙只有 625 次/百万人，英国 957 次/百万人，美国前一些日子也就是一两百次/百万人。这些都是造成现在各个国家不同局面的原因。

现在已经进入到第二类大问题，就是为什么走到现在这个各种各样不同的局面，这就牵扯到最后一定要说到的，也就是采取的防治措施。我们现在了解到，德国早在 2 月初就开始大量生产测试剂，无独有偶，我看到韩国的相关信息也是，韩国很早就开始进行测试。我们现在也知道，尽早确认感染者并跟踪是防治扩散非常重要的条件，而大规模测试看来是最根本的途径。事实上，现在看来，各个国家下一步基本的指向，包括美国在内，其实都在向这个方向发展。就后续发展来说，我们对这个病毒还有不太了解的地方，比如会不会造成第二、第三次反刍，将来会不会成为长期流行病，这些东西都跟检测、疫苗开发有很大关系，所以检测肯定是下一步各国要推动的重要方向。

这里顺便说一下美国的状况，我不是很担心美国感染者最近的飙升，我很担心美国公布的感染者人数不多，感染者人数少肯定不会是真实情况，而一旦进入现在这种数据状况——即使美国死亡者最终数目比较高一些，比如说这两天有人提到是不是会有 10-20 万的死亡——我不是专家，我相信如果美国控制得好的话，以现在它的行动能力，我觉得最后不一定会达到那么糟糕的状况，那是最坏的一种可能。我还是比较相信美国最后的控制能力，因为这个国家的体制一旦动作起来，从一种平常带有美国式的散漫，转化成一种带有准战争状态的体制的话，它的效度很快会上来，它的能力确实也是非常惊人的。而且全球经济状况，包括防疫的医疗技术，最终很大程度上有赖于美国的发展，所以我们也希望美国能够成功地控制疫情。比如，这两天我们看到美国很轻巧的十几分钟就测定是否感染病毒的仪器已经正式使用，这对抗疫来说是一个重大的福音，因为这样比较轻便的仪器，就不一定让许多人到集中的场地，而是可以到居家的人那里去做各种各样的测试，这个会方便很多，而且速度非常快。这方面马国川先生采访了一位美国防疫专家组的黄海涛先生，是很好的一个采访，我肯定不会比他讲得更好，感兴趣的朋友可以去读一下。

在处理疫情问题上，美国为什么走到这一步？这次我觉得川普肯定是有很大失误，这跟他对疫情的忽视有关，这有技术上的一些问题，也跟他入主白宫之后对公共医疗政策的忽视有关。美国有 17 个不同的公共健康防疫的有关部门，本来有一个很高效的互动机制，但是据美国专家介绍——我参加了一个 2 月份在哈佛召开的顶级专家的介绍会，里面提到了这个问题——川普上台之后，相互之间的沟通有很多不畅的地方。另外，川普也削减了相当大的公共卫生方面的预算，这些我估计都是原因，将来在后续总结美国这次防疫教训的时候，对这些事情都会有检讨。但是，美国走到这一步，也还是有一些其他的体制和文化上的原因：法律要求得比较规范、严格，联邦政府和州政府之间的权力边界划分的这种严格也带来协调上的困难，而且人们长期习惯于自由，对国家权力有一种天生的警觉等，都使得国家在采取防疫措施上显得有些慢；为了防疫采取的限制自由的一些措施，实施上需要社会的理解，需要大众心理上的认可，其实这个不太容易。我在那个采访当中提到美国和西方这些国家在抗疫上面临的这样一种悖论：**疫情不发展到一定程度，政府也没有理由说服大众接受这方面的措施；但开始实施了，以病毒传染的迅猛状态来说，有时候又觉得就是有点晚了。**今年又是大选年，这些肯定都在川普的考虑范围之内，怕影响他的选情，影响股市。这里确实有些两难的问题，如果我的记忆没错的话，到 3 月 5 日，可能美国因此次冠状病毒死亡的人数大概才只有 11 位。也就是说，20 几天前，让美国这样一个每天因车祸都会死亡很多人的国家，为 11 个人的病亡采取什么样很严厉的措施，我觉得大众恐怕很难一时心理上接受。这个疫情一旦发展起来，人们开始感到对自己有威胁了，原来是遥远的中国的事情、意大利的事情，突然间开始对自己有威胁的时候，政府传递的信息，包括专家建议采取的一些措施、手段，可能才得到人们的认可。

公民自由是这些国家制度的基石、灵魂，但是现在这种病毒又必须要限制人们的自由，这带有本质性的冲突。有些措施只有在战争的紧急情况下才能实施，所以确实不那么容易。和平年代，让人们突然间几天之内接受任何一些极端的限制自由的措施，大家可以想象这个困难，心理上需要调试，是不容易的。上次做的那个采访，这里的一些朋友可能看过，有人说我给西方国家找了一堆理由，其实不是这样的。我是学者，学者的首要任务是理解其原因——为什么是这样，我为了理解这些原因当然要找这些理由，理解是怎么回事。至于我解释这些原因以后，你不认为解释的对，也不认为这个国家做得对，认为就是应该采取一竿子的强制，全部听从一个人或者上级指挥，那是你的选择。我们今天在讨论这些问题的时候，就牵扯到前面提到的问题，牵扯到一些关键问题，是效率为先还是自由为先等等，是要什么样的制度价值的问题，这才是关键的。我们大概都知道美国独立战争的时候，帕特里克·亨利在弗吉尼亚州 1775 年 3 月 23 日那著名的演讲当中，最后的一句名言“不自由，毋宁死”。你可以说这话没意思，好死不如赖活着，命都没有了，你要自由有什么用？自由有用吗？但是反过来，从亨利及信奉这种哲学的人来看，没有自由，我活着还有什么意义？我的生命跟圈养的禽兽也没有什么不同了。所以这种冲突是价值上的，而基于不同价值上构建的制度，有的时候确实是很难相比的，或许也因此生活在不同制度当中的人，有时候也不见得那么容易理解对方。这跟上面有一个朋友问到的问题有关——我自己生活在不同的制度中有什么样的感受？我尊重别人的选择，但是我个人的价值取向是自由，即便我的物质生活比某些朋友差，比我当年的很多朋友都差很多，但是那是我的选择，我的幸福感、尊严感、权利受到尊重的感觉，我想都跟这个有关。世界上没有一个完美的制度，完全取决于你的选择。即使在我们今天判断疫情这个问题的时候，这也是逃避不掉的一个基本问题。

我们说美国包括西方许多国家，一旦转入战争状况，效率并不见得就比一些不是这种体制的国家差，是因为，不仅仅是国家有权力现在可以做建议性措施和强制性措施，由于这样国家的体制具有合法性，大部分公民，一旦国家决定了，他还是能跟国家保持某种融洽的互动，是认可的；而且许多公民一旦进入战争状态，出于对国家的热爱、对社会的责任，可以发自内心自动地做很多事情。从这个角度可以想象，大家从逻辑上也可以理解，效率其实是不会太低的。我们也看到好几万退休医护人员报名到纽约疫情最严重的地方去参加抗疫，这些医生，有些人甚至年纪也比较大，不顾个人安危去参与这些事情，他们增加的效率不见得比强制性让人去做这类事情整体上效果要低。

对这样一些体制带来的结果做怎样的评价，我们恐怕还需要一段时间之后来通盘评估。

国际社会对中国防疫的评价

现在我转到第三类问题上来，就是对中国的看法，对武汉疫情防治的评价。总体来看，以我看到的信息——我要再次说明一下，只是从我看到的信息，肯定是有不全面的地方，也请大家体谅——我觉得国外对武汉疫情能得到控制，基本都还是肯定的，也是乐见的。你在新闻上可以看到不同的人，比如专家也在用武汉的一些经验来讨论看是不是能从中借鉴什么；另一方面，我也没看到什么人说我们可以抄武汉的作业，就像中国国内一批年轻人乐见，希望的那样一个局面，因为两者完全是不同的制度。你想，就最基本的来讲，看不到哪个国家有中国这样的社区管理体制，包括党的系统，没有办法像武汉那样做事情。这是先要说明的一点。基本上国外对武汉疫情得到控制都是乐见的，对状况得到好转都是给与肯定的，但是没有人认为能够抄武汉的作业。同时，对武汉采取这种措施、得到这样结果的后续评价，将来的评价怎么样，现在有一些讨论，但是也不是特别多。

国外围绕中国抗疫讨论最多的还是这么几件事，一是最初的掩盖信息，迄今为止也是很大的一件事。另外，最近这些天，鉴于各国的死亡率等状况，有人对武汉公布的这些数据，中国公布的数据，比如死亡人数，有越来越多的怀疑，这是最近讨论比较多的一件事情——从社交媒体到正式媒体上。这里确实牵扯到一个问题，中方是不是很透明、真实地把一些相关信息，不光是当初疫情的爆发，还有后来的一些信息，是不是都很好地传递给了国际社会，这确实是一个问题。似乎到现在为止，中方也没有允许很多外国专家——除了世卫专家——后来到武汉去。到底中国那边有些什么样的教训、经验，似乎也不是特别明朗。这也导致有些事情上，再来一回，比如具体医生怎样防护，可能武汉后来有些经验，但是国外有些医生也受感染，这除了有医疗设备的不足方面之外——我后面会再提到这个问题，为什么走到这个局面，——到底有些什么样的经验，许多医生、护士受感染，是不是这方面本来能够更好地汲取一些中国的经验，避免一些。这里世卫是不是扮演了足够恰当、积极的角色，这也是一个问题，因为许多国家不一定百分之百相信中国的一些数据和说法，但是西方人传统上对世卫一般还是比较相信的；假如说世卫完全采取中方的说法向世界传递的话，是不是也是西方有些国家后来被动的一个原因呢？我想，这是需要考虑的。

谈到对中国这方面的批评，说一句题外话，因为这也是最近国内很热门的话题。我觉得不仅仅是这次，就一般来讲，以我在外几十年生活同时又关注国内人对外界的反应的这样一个人的看法来讲，中国人可能对国外人对于中国人的看法和批评有些比较偏颇的解读。我想问个问题：有些中国人说外国人老是丑化中国。我不知道这些朋友是怎么认定外国人老丑化中国的？你依据的是中国官方的一些媒体的引用，还是国内某些人引进的所谓外国人丑化中国的批评，还是你自己翻墙看到的？无论怎么说，我要客观地讲一句，我觉得其实国外对中国的丑化没有那么严重。如果大家去做一些客观甚至定量分析的话，你会发现，这几十年来，对中国还是有相当大的肯定的，基本上一些批评无外乎集中在人权、发展不平衡等问题上。大家可能要想到一件事情，如果真要说丑化的话，外国一些媒体“丑化”自己国家、批评自己政府远远比批评中国政府、所谓丑化中国强烈得多，这是不同的文化，关于媒体的不同的角色定义所致。我们不能只抓一部分人、个别人或者某一个时间的看法来认定一定就是丑化中国。要细致区分许多人对中国的批评是批评中国政府或者是批评中国政府的什么问题，还是对整个中国、对整个中国人的批评？人家怎么看你这个问题具体是要看是什么样的人，谁说的，什么时候说，在什么议题上。同时你要反过来看，这些人他们对自己的国家、自己人是不是也同样批评。坦白的说，中国几十年来说外国人的坏话少吗？批评人家国家的话少吗？其实也不少的。如果人家也像中国人这样敏感，随时找中国算一下账的话，恐怕中国人也是不太高兴的，招架不起的。

所以我希望大家有一个比较平和、多元的角度来看待这些问题，为了将来能够在这个世界上跟各国人民更好地和平相处，也能更好地看待自己国家的一些问题，更好地前行。对些事多做些区分才好，这也是跟当下是不是对中国在疫情问题上有所丑化等问题有关。大家一定要想办法过这个心理的坎儿，我曾多次讲过，也许近代以来，跟中国的文化危机有关系，中国人有些过度敏感，说中国的好话是“中国特殊”——我们几千年的历史，多么多么伟大，既有的文化资源，我们就是不一样——说中国的坏话也是说中国很特殊，中国人差劲等等。其实放到世界背景看，比如在些问题上，中国出现的一些问题，跟一些发展中国家也好，或者跟人性的许多共性的东西，都是有关的，中国不必过于敏感。而且，闻过则喜，只要自己做得好，没有人真正能够用批评把你彻底毁掉的。

这两天武汉外卖小哥上了《时代》周刊封面，我想这就是在赞美中国的普通民众，在这样危机的时刻做的这些善良的事情。这是题外话，顺便说一句。

这第三部分关于世界怎么看待中国的抗疫，我就简单先讲到这儿。

疫情对世界格局的影响

我们来说最后一个部分，疫情对世界的冲击，将来会有一些什么样的影响。现在我们也只能暂时做一些大概的预测、猜想，因为疫情还在发展，最终结果会怎样，可能很大程度上还取决于疫情的防控，如果疫情控制得不好，后果严重，对世界现存秩序的冲击就会越来越大。控制得好，可能冲击就相对少一点。但是我的基本看法是这样，这波三四十年的狂飙突进，比较浪漫的、自由化的全球化，肯定彻底终结了。我要强调一点，在我的访谈当中，对这点许多人有误解，我不认为人类能够退守到原来那样一个闭起门来过日子、老死不相往来的时代，这是不可能的。以现在这种信息传播技术，交通工具等，都不可能，包括商品的一些交换等。但是，**过去几十年的全球化模式肯定是要结束了，人类会进入一个在这个问题上的相对大的调整期，甚至可能是比较困难的时期，搞不好甚至有些很糟糕的冲突的时期，我想这是一个大的基本结论。**

疫情对世界未来的影响，短期来说，经济下滑、衰退几乎是不可避免的，现在有两种不同看法，一种是说上半年衰退、下半年反弹，另一种说其实下半年也不这么简单，搞不好要拖延几年。我觉得这两种可能都存在，但是疫情这样发展，是不是会引发大规模失业、贫困、饥饿，由此造成各地的骚乱、区域冲突，现在都尚未可知。这是先就经济的短期影响谈到的问题。

另外从长期一点的经济角度来看，从全球化的角度讲，借昨天马克龙去参观口罩生产厂时的一个提法来谈一下：对这样一个一直对欧盟建设、对全球化抱着非常正面的带有理想色彩的年轻总统来说，他昨天的说法是说，要重建国家和欧洲的经济主权——当然，这跟防疫有关，可能也更多跟卫生产品有关。但是，整体来看，不只是他一个人，这两天川普、美国精英也都有类似提法。这次在抗疫当中，必备的医疗资源的短缺，造成了极大的问题，川普前两天也在讲这个事情。我想，西方这些国家，将来不管谁主政，都不可能允许这种局面再出现，社会也不会允许。

所以**所谓的重建经济主权的思路，至少在某些产业部门会成为一个重要的考量。这个就一定会强化事实上已经开始、经中美贸易战得到强化的全球产业链的重组，我想这是基本可以确定的——其他事情我不敢确定，但是这个事情基本可以确定是要发生的**。在这个前提下，谈到对中国会有什么样的影响，我想现在已经出现的因为成本，因为中美贸易战引发的产业链外移，如果我的判断不错的话，这个趋势会加速。会引发中国什么样的连带后果，这个还有待观察，也有待于中国怎样回应，怎样处理国内各方面的关系，处理跟国际的一些关系。可能这是一个比较严峻的问题，需要认真思考。

欧盟国家在抗疫合作上的磨合

谈到欧盟，有一个朋友问到的问题：这次在防疫当中相互之间的作用、互相的影响怎么样？是不是有什么趁火打劫、相互之间彼此打劫？我没看到什么相互打劫的信息，也许有，但是我没有看到，因为我确实阅读时间、看到的信息量是有限的。我倒不觉得会有什么比较严重的相互打劫，大家以自己的国家优先，这是很明显的；特别是在前几周，疫情最严峻的时候，意大利当时希望德、法给予一些援助，这些国家没有及时、有效地提供意大利人所希望的援助，但是这个方面确实又可以理解，因为当时确实许多人也不太清楚自己国家会面临到什么，所以这方面也有可理解之处。欧盟有没有互相协助？有的，最近因应状况，即使疫情非常严峻，大体上大家可以知道有一个什么样的脉络，也在不断采取措施来应对，也就是说遭遇战的第一战打了之后，现在开始采取一些措施来应对。在这个前提下，现在各国都开始有些互助，对意大利也都有一些帮助，包括接治一些重病病人到法国、到德国，等等。

同时，在欧洲层面上的这种协调也开始强化。3 月 19 日，欧洲这些国家创设了一个医疗基金，鉴于各个国家财政状况不同，欧盟负责 90%，10%由各个国家来负责，来购买各种各样所需的医疗设备、资源，等等。3 月 26 日，欧盟领导人谈到怎样推出共同的医疗政策，包括推动共同的医疗科研，等等。所以要说的是，欧盟的建设，这次面临一个极其严峻的挑战，欧盟会不会就此寿终正寝呢？现在我不敢说，我相信欧洲人理性的话，大概最后还是要寻找一些新的合作方式，但是欧盟建设肯定要做一些调整，因为各个国家内部的民粹，包括彼此之间的不信任，肯定会因这次疫情有所强化，所以欧盟建设可能会受到一些挫折。但是，为欧盟各个国家民众的利益起见，欧盟的建设又是一个不二的选择，所以下一步会怎么样，我想还是有待于观察的。

疫情之后国际机构的改革

疫情之后，一些国际机构改革问题，这次联合国大概没有什么声音，基本是世卫在唱主角，但是世卫这次被人诟病不少，甚至在国际上，是加拿大人还是哪个地方的人发起签名，要世卫总干事对一些事情做说明还是辞职，我记不太清楚了，现在已经有几十万签名了，而且还在不断增长。国际机构世卫将来做什么样的改革，这肯定是将来国际政治角力的着力点之一。以往这方面的角力，多半跟一些国际政治的博弈有关，但是这次会有一个很大的变量介入，比如过去谁选了世卫总干事，大概没有什么普通老百姓会关心这个事，但是由于这次疫情，全世界舆论、公民社会的力量以后会更深介入这些国际机构的运作，包括人选的选择，我想这可能是今后一个很大的问题和值得关注的地方。这些机构能不能很好地改革，这不仅仅牵涉到世卫本身，也牵扯到整个国际社会、世界各国的人们对国际机构的公信力，对整个战后维系国际格局的机构的公信力问题，这是很重大的课题，我们将来拭目以待。

疫情与社会思潮的演变

从文化的社会心理的思潮角度来讲，我认为社会心理可能会在两极中不断摆荡，一种价值文化取向是说人类必须共同合作，一种新的世界主义的立场会得到强化，否则地球村这个时代，没有人会独善其身。但另一种社会心理肯定会趋于保守，甚至对外界有些敌视，比如说主张重建国境，严格控制人员流动，包括对传统家庭价值的再重视，是不是会有一些对大都市的疏离，重返乡村生活的趋势等等。这些东西可能都会在世界范围内有些浮现。会怎样演变，可能带来的正面的东西、负面的东西都还有待观察，可能也取决于各方面的博弈。

各国强化管控的举措会否常态化

这两天也不断有些思想家在讨论，这次疫情产生的一些紧急状态会不会常态化？比如韩国也用过大数据监督各方各种人的流动，等等，这些会不会成为常态？这是一直比较关心自由权利的人士和思想者的一种担忧。我的看法是这样，我不太担心像美国和一些民主自由制度基础比较强、比较悠久的国家，这些国家的紧急状态很难成为常态，我不是特别担心，可能个别问题上会有一些法律的制定调整；但是对于一些新兴民主国家、威权国家，这方面的态势我觉得大概率会得到强化，这可能会成为影响到将来世界政治格局、各国政治态势的一个重要的历史关口。当然，这些事情最后也还要取决于各个国家的民众怎么看，是否接受，是否愿意，就像我前面提到的——是以生存为最高价值，不管是基本的生存还是以物质生活提高为基本价值的生存，不在乎自己的权利和自由；还是反之？我想这可能牵涉到价值选择的问题。这些国家的民众最后会怎么样反应？威权强化之后，一定会带来在某种程度上或早或晚的经济、社会的一些弊端，这些都会怎么发展？现在我们都还不会有明确的答案，还有待观察。

世界可能出现区域集团化的结构

疫情之后世界会有什么样的格局？对这个问题，我现在有一个粗浅的看法，会不会成为新的类冷战的结构，一种 bloc（意为“国家集团”，若干国家结成的一个集团——钝角网编者注）并存的结构，有些区域上的价值共享的国家，在有些问题上，比如至少在经济上会不会强化一些合作，而有的 bloc 就会是另外一种状态。世界会呈现一种各个 bloc 之间有些松散的、不是那么热烈、稳定的联系，bloc 内部交流会相对多一些，产业的相互合作、分工也会重新调整，有点像经互会那样，但同时确保在 bloc 内部有一定的自足、相对稳定，这是我现在的一个想象，不知道会不会是这样的状况。是不是欧盟将来会走到这一步呢？我现在不知道。这种状态如果出现，会不会有一天慢慢因为什么样的事件重新再打破，又像柏林墙倒塌一样，再进入另一个时代，之后出现新的一波全球化的高强度互动、整合——那是更加遥远的问题了，我现在也没有办法做更多的预言。

中美关系会否走向脱钩

对将来趋势的预测，谈到中美会不会进一步脱钩。我个人在这个问题上看，相对是比较悲观的，我是觉得中美脱钩的趋势可能会得到强化。这次的问题是说，这不仅仅是一些精英的战略上的考量，对利益得失上的评估，对价值分歧上的认定不满所导致的。这次由于疫情的状况，冲击各国比如美国、欧洲，本来对国际事务，对跟中国的关系其实没有什么感觉的这些普通人，他们生活受到影响，这个过程当中，中国现在给外界的形象，坦白来说不是太正面。许多人在抗议川普讲的“中国病毒”，一些华人、亚裔都在搞，我觉得从捍卫权利角度来讲，特别是世界卫生组织也做了相关的不以地名命名的规定之后，川普这样讲，我觉得是应受谴责的，这些华人捍卫自己的权利绝对是正当的，有道理。但另一方面，我们也要了解一下背景，中国和外界如要更好地打交道过程中也要有所注意，我们都看到那张照片，他讲所谓的“中国病毒”时，是在记者招待会中——他现在每天开一次记者招待会，与一些专家、行政团队一起——他那天是在开始讲的时候，在讲稿上临时用手改的，我想搞不好就是他自己改的，把那个病毒改成“中国病毒”，是在中国外交部发言人推特上说武汉这个病毒可能是美军带来的之后。我们大家本来就知道，川普有点情绪化，是有点非常规的政治人物。在这种情况下，中国外交部，我不知道是不是出于内政的考虑，做这样的陈述，这样的发言，引发川普连续几天用“中国病毒”来反击，我觉得这个事情其实对中国是得不偿失的，对中国的普通人，对中国的整体形象都不是很好的一件事情。以我一个教一点地缘政治课、观察国际政治的人来看，我很少看到这样一个外交状况，比如说驻美国的大使像崔天凯的表述，和外交部发言人是明显不同的，不知道谁代表谁。我也不知道中国外交系统、外交状况现在到底是怎么样的，我觉得这不仅仅事关中国政府，对于中国民众、对海外华人来说，都不是好事。

现在许多海外华人，明智的、有责任感、有良知的一些华人也在积极行动，为各个国家做一些事情，因为前一段把许多资源都弄回中国了，现在各个国家的一些资源，比如口罩的缺乏跟这个事是有关系的。除了许多相关物资产地都在中国之外，原来进口，存有的一些东西好多也被弄到中国去了。中国对外宣传上，中国许多民众都知道中国援助了意大利等，事实上各个国家援助中国，比如法国、加拿大等，都是几十吨的物资，我不知道中国普通民众知道多少，了解多少。我想这样一种单面向的宣传，不利于中国民众合理、健康地看待这个世界，也容易造成心理上的挫折感，一旦听到一些不太符合自己心理期望的说法的时候，就会生些挫折感。

我要说现在面临的很大问题是，不只是精英层，比如美国，搞不好，将来民众对中国负面的看法会因为疫情得到强化。我十几年前就有这样一种预感，就担心将来世界上会不会出现排华潮。当时有的这种感觉，最近这几年越来越遗憾地有些得到强化的样子，什么原因呢？就是许多中国人的暴发户心态、状态，从精英到普通民众，一些不文明的举止，到国际社会上走动的时候给人的印象不佳。这种事情如果在危机的时候出现，如果再有一些民粹人物出来刺激的话，就会出一些问题。我们看到西方历史上出现疫情的时代，常有人把锅甩到犹太人身上去的前例。这就需要在这个时代特别加以注意我们的言行。**中国人，包括在海外的华人，能不能站得更高些，多些宽容、爱心，对他人的尊重，用这些方式去赢得人家的尊重。**国内比如沈阳那位希望“小日本”、美国人都死绝的商店的横幅，在日本电视台上被展示出来，真是特别令人遗憾，我觉得对中国人的形象都是灾难性的，这些事情恐怕都是需要注意的。

国际社会将来对整个中国怎么看，这是一个很大的问题。中国能不能走出这样一个外交困境，在将来这个世界上扮演积极的角色，

我觉得现在恐怕是需要到了从内政到外交上做一些重大调整的时候。能不能有担当，对自己能够承担的责任就承担，开诚布公，做到不仅仅是物流、人员上的，真正的精神上的开放，有一种真正的大气，宏大的东西，文明的东西，我觉得这个恐怕是中国所有精英都需要思考的一些重大问题。中国向何处去，中国的文明如何重建，这是我自己这么多年思考的一些核心。我想，这个问题现在不仅仅是像我们这些学者，也是每个人都应该思考、关注的问题。中国要做什么样的选择，关系到中国的整个未来。

（说明：2020 年 3 月中下旬开始，西方国家开始因新冠疫情的大流行采取紧急措施，如法国是 17 号宣布全面隔离。是在那之后的十几天内，我陆续接受两个大的采访，做了一个讲座，谈疫情以及其可能对后续世界走向的影响。现在看来，有些似乎是估计不足，比如美国疫情状况后来的发展比想象得要遭。其中涉及的原因多重，如川普团队处理包括其个人的示范不当，美国人因自由的传统不愿受更多的约束，病毒的传染能力、新变异的传播等，在这几个采访讲座中多少都已涉及，但依旧估计不够。而就疫情对世界的整体影响，许多预见后来都成为现实。关于这个问题，或许还需要更长一点的时间才能观察得更清楚。也许将来会另文做一个综述分析）。

这波狂飙突进、浪漫化的全球化终结了

（中国某报 2020 年 4 月 2 日）

正在哈佛大学做访问学者的法国赛尔奇-巴黎大学教授、法国“人文社会科学之家”所属的“全球研究院”教授张伦，最近谈论疫情的话题引发中国读者广泛关注。我们从其学习及研究经历谈起，看其怎样影响到他这些看法、视角的形成。

张伦师从法国行动主义社会学的代表人物阿兰·图海纳（Alain Touraine）教授，但他的研究兴趣涵盖了中国的现代性、认同、转型以及东亚地缘政治等问题。

张伦感动于今年已经 95 岁高龄还笔耕不辍、几乎每一两年会出一本新著并上研讨课的阿兰·图海纳教授。“那种思维的清晰与逻辑让人常常惊叹，其勤勉也让我感动不已。”张伦告诉本刊记者。

去年夏天，张伦受《世界报》和法国文化电台之邀，去法国南方古城蒙比利埃（Montpellier）参加以中世纪意大利诗人彼得拉克名字命名的年度知识分子论坛（Les rencontres de Pétraque），期间与近两年定居那里的图海纳先生的好友、法国当代著名思想家、97 岁的埃德加·莫兰（Edgar Morin）聊了两个小时。莫兰刚去过巴西长途旅行，又去梵蒂冈见教宗，就有关人类当代一些重大问题即将发表的一个意见书进行了讨论。莫兰十几岁时就参加过抵抗运动，著作等身。

“有人开玩笑说他和我的导师是‘法国当代最年轻的两位社会学家’。他们身上那种对正义、人的尊严的一生不变的追求，其实也是对我学术之外又跟学术相连很有影响的东西。”张伦说。

张伦在大学期间学经济，在北京大学后读硕士、法国高等社科院读博士都修习的是社会学，但他想对西方文明、现代性问题有更深刻的体认与把握，就跟不同领域的学者学习，听他们的课。这包括了他的导师的同窗至交、中世纪史大师雅克·勒高夫（Jacques le Goff）、另一位法国当代社会学大师，他的导师的学术对手皮埃尔·布迪欧（Pierre Bourdieu）法国革命史大家弗朗索瓦·福亥（François Furet）、现代政治史著名学者皮埃尔·罗桑瓦隆（Pierre Rosanvallon）、雷蒙·阿隆（Raymond Aron）的大弟子传人政治哲学家皮埃尔·玛南（Pierre Manent）、著名社会学者米歇尔·韦沃尔卡（Michel Wieviorka）、雅克·德里达（Jacques Derrida）——他的夫人因新冠肺炎刚刚去世，等等。“其中有一位原籍德国的哲学家海因茨·魏兹曼（Heinz Wismann）先生，是古希腊思想、德国近代哲学尤其是康德哲学的专家，他对我理解西方思想脉络有过非常大的帮助，我陆陆续续前后跟他上了近二十年的讨论课，直到现在。”张伦说。

与这些学者结下的深浅不等的友情，从中受到的学术和思想训练，即便与他现在的教学与研究没有直接的关系，但还是让他从中获益良多，“不会让自己的思想轻浮”。他认为他现在分析问题时，从经济、政治、社会、哲学、历史各个视角都有，有时混杂在一起，有的时候从一个视角到另一个视角跳跃。“这或许还是欧洲的传统吧，不太像北美的研究专业划分比较细。我还是执着于一种看法，在人文社会领域，过度地分化专业，有细碎、抓不住要领之忧。对与制度规范已确立的西方不同的处于大转型时代的中国来讲，过度技术化的视角看待中国的问题恐怕会有失偏颇。其实审视这个世界的变动，也需要一些更复杂的视角才行。”

因此，本报邀请张伦就目前世界性的新冠病毒蔓延，从跨学科角度谈谈他的思考。

本报：张伦教授，你在哈佛大学做访问学者，现在，哈佛因为新冠疫情关闭校园，那么，你在做什么呢，原来的计划打破了吧？疫情与所有的个人发生了关系，这是我们这一代人面对的最大的危机，你和它处在什么样的关系中呢？

张伦：是的。很遗憾。我原有些写作计划，要查些资料，利用哈佛丰富的藏书，现在都不可能了。哈佛一些原来听的课我也断了。学生们在上网课，但我因为没有固定的要求，也不习惯，就算了，在家读书写作看看电视，提高我的英语水平。另外，麻省没有强制，但要求大家尽量呆在家中，出于对当地政府及他人的尊重，我也应该尽量呆在家。

至于您提到疫情与所有人发生关系，是你们“这代人面对的最大的危机”，我想说应该是的。就中国来讲，前几天我还在跟些年轻的中国学生讲，最近二三十年成长起来的一代中国人，可能是一百多年来最幸运的一代：没经过战乱，动荡，也没经过文革，又赶上中国的经济增长期，个人与家庭的财富与机会都在增长，对外开放，科技互联网等新时代的通讯技术，似乎给你们这代人一个良好的感觉，好像自己国家及个人的未来即使不是一片光明，也不会很黯淡，只要自己努力或再加上有能力的家庭的适当帮助，可以读大学，漂洋过海到世界去留学，游玩。将来即使负债贷款，也可以买上房子，成家立业，过一个不错的生活。至少对都市的许多年轻人来讲是如此……也许你们有意或无意地忽略去正视人生或社会可能具有的危机。今天考验到了。而问题是可能这还不是个结尾，或许还有更严酷的考验在后头。我想，也没有别的办法：正视现实，召唤勇气、良知、耐心，友爱，对社会的责任感，认真去面对就是，逃避也是没用的。我的个人经验就是：任何危机或磨难都可能是让人永不能翻身，坠入深渊的原因，也可能是让人新生，再造，超越自我的机缘，这一切端取决于你怎么对待。争取最好的，准备最坏的，就不会进退失据。

你问我与疫情带来的危机是个什么关系？其实我在上面已回答：我把它转变为另一种机缘：这些年工作过劳，身体透支，那我利用这个机会调养身体，因没有其他的杂务骚扰，可以按自己规定的时间作息，吃饭，读书，写作，学语言，锻炼……又未尝不是一个难得的机会。在法国二三十年，我基本就与人很少来往，社交、游玩的事很少，甘做边缘人，对于一个快二十八岁才正式开始学法语的人，要读好书，拿到教职，做好一个社会科学领域的大学教授，其实不做些自我约束是不行的；人是不能什么都要的。所以，除了要去定期买菜、做饭，本来对这种自我约束在家的日子就不陌生，所以没有任何问题，还很珍惜这种有利思考的清静。中国人喜欢扎堆，其实是不利于思考的。我最近一直建议认识的年轻朋友，抓紧这个机会，不要浪费掉，利用好，将来有一天回头一看，你会觉得是一段难忘且丰富的人生时光，它让你更深地体味一些东西。

本报：哈佛校长和夫人最近也确诊染病，他的情况怎么样了？你觉得这是不是有一种标志或象征意义：作为世界第一的大学校长也未能幸免。此外，首相、王子、影星球星，以及哲学家德里达的遗孀，这些社会名流和权贵都患病了，而不仅仅是肮脏、拥挤、贫穷的籍籍无名之辈。文明世界或世界文明不堪一击。假如你认为这有意味的话，它的意味是什么？你认为这是文明的大危机呢，还是文明从来就是脆弱的、自视甚高而已？

张伦：我不认为这是“文明世界或世界文明不堪一击”的表现。当然是一个危机，但也许从另一个视角看，它可能也是另一种“文明的表现”——至少在这些国家，权贵名流与你所说的那些贫弱的籍籍无名者相隔并不像许多人说的那么遥远。用本人最喜欢的法国思想家托克维尔的看法来讲：现代社会是一个“民主”的社会，一个最广义上的社会成员的权利日渐平等的社会。我在西方生活三十年，因各种机缘，自己也认识相当一批学界与政界的著名人物，最大的感触就是那种日常生活中所体现出的平等意识。自己的儿子曾与法国最富有的亿万富翁之一的儿子同学过，如果别人不讲，你看不出他与其他的孩子有什么区别，没有一点那种骄奢狂妄之气。也确实的，有些人今天是部长、议员，明天可能就是你坐公交车身边的乘客，街角打招呼的邻居。而这些人也确实没什么可傲慢的，如有架子，用法文讲会被人非常 mal vu（看不起或看不惯），被人嗤之以鼻，影响其声誉。这些政要名人此次染病，除跟前期对病毒的传染方式缺乏了解，整个社会对这方面认识、准备不足有关外，我想跟他们与社会的这种密切联系是有很大关系的。如果他们躲在某些地方，甚至像普通人那样隔离，到哪里去视察离人二三十米远，不去从事某种社会接触，估计也不会是这个样子。

另外我想，在西方，那种贵族传统在这种危机的时候是不是也是有影响的，越出现危机，那种精英的荣誉感越起作用：你不能显示比别人高贵，怕死，你要尽更大的责任。去看看英法等国家一战时那些贵族子弟、最精英学校毕业的学生成千上万战死疆场，比例远比普通民众要搞几倍，或许就明白这个道理了。我想这是种现代的民主、公民意识与传统的贵族精英责任荣誉意识在现实公众生活中的奇妙结合，我们可以在许多事情上观察到的。这次应该也不例外。当然，我还是希望他们能更好地做好自我保护，就像我对任何一个西方人、任何这世界上的一个普通人的希望一样，大家都好好保护自己，为自己，也是他人，为这个社会早日战胜疫情。在这场战“疫”中，我们每一个人都是战士，保存好自己，同时就是消灭了敌人，为最终的胜利奠定基础。

至于您谈到的这次危机是否意味着某种文明的危机，这一点上我倒是同意。我觉得它是一场非常深刻的文明危机，一种现代性的危机，全球化的危机。每个时代人类都会面临些特殊的挑战，其生存与发展取决于能否很好地处理这些问题。以往的时代，一些地区的人们没能很好地应对挑战，就消失在历史的烟尘之中。现代人由于科技的进步，似乎渐渐养成一种自信，对自己控制自然，控制社会，甚至控制未来有某种过度的自信，（1970 年代一些专家曾认为人类已经有能力控制传染病！）这在所有现代社会都有体现，但在那些具有病理性特征的极权社会更加凸显，因为在这类社会，这些狂妄更缺乏某种理性的文化与制度的平衡，二十世纪我们有过惨痛的教训。最近几十年西方的思想与学术许多讨论是与此有关。

新世纪以来，尽管人们汲取了某些方面的教训，但似乎对有些方面却依旧忽略。对迅猛的技术发展可能带来的问题似乎缺乏应有的谨慎与必要的管理，狂飙突进的全球化席卷一切角落，而原有的不同地区的社会、政治组织，全球性的各领域的协调机制，世界共享的价值标准却往往跟不上这种全球化的脚步；区域的、经济的、社会的、文化发展上的不平衡加深，这一切其实已经在准备某种危机。且不讲别的，这次病毒以最凶险的方式告示人类：Stop！除非你做好更多协作管理，价值共享上的准备，否则，这种全球化可能就是大灾难。**文明从来就是脆弱的，在灾难之际我们会看到很多人性的丑恶与野蛮，但文明又是最强大的，人类是靠文明而绵延，灾难降临之时，又是人性光明的部分展现之时，人类最终又要靠文明战胜灾难。文明自身或其部分（这里可能需要对文明有更细致的界定和划分）可能会带来灾难，人类又必须靠文明战胜灾难，这可能就是人类永恒的宿命。**因此，能更好地遏制人性的丑恶与凶残，更有助于提升人性光明良善一面的文明价值、制度设置才是我们更应提倡的，从这个角度讲，我还是认定近代以来，人类文明还是有诸多进步的。

本报：你曾说，因为疫病流行，世界会划分为 2020 年前和 2020 年后两个纪元。纽约时报专栏作家弗里德曼也说过类似的话，他说的是“新冠前后”的历史纪元，BC（Before Coronavirus）和 AC（After Coronavirus）。你为什么这样说？疫病大流行是一过性的，还是真的会根本地改变我们的世界、发生天翻地覆的变化呢？

张伦：我没注意到他的说法，这两天刚刚有人跟我提起。我同意。事实上，我这种预感是前一段看到疫情在欧洲尤其是在美国开始大规模流行时有感而生。我们谁也无法全然确认将来的历史，但以现在疫情发展造成的社会、经济、政治的影响，我认为这件事会是改变历史的大事件。疫情过后（我们还无法确定何时，以怎样的形式与后果！）人们一定会部分地选择遗忘，这也是人的一种心理修复机制；但有些事又是不会轻易忘记的，从长远讲，它们一定会沉积到人们的集体记忆里，以不同的形式影响到人们的认知与行为。去年在我主持的一个关于中国经济的系列研讨课上，我曾请过一位法国的经济学家 Maëlysdela Rupelle 来介绍她与香港的一位经济学家合作做的一些定量研究，那研究显示：多少年过去，1960 年代的大饥荒依然对当代中国人的经济行为有影响。世界上没有一场大的灾难尤其是牵涉死亡的不会留下深远的影响。

至于这场疫情对当下的全球政治及经济的影响是显见的：鉴于此次抗疫过程中出现的许多资源短缺问题，至少全球的相关产业链会有相当大的重组、调整。有相当的产业或加速撤离中国。人们对待二战后形成的一些国际机构的态度也会有变化：要么这些国际机构重新检讨，构建、扮演更积极、有效的角色；要么解体。以欧盟建设来讲，这人类历史上最伟大的尝试之一：以一种和平民主的方式构建如此巨大的共同体，维持和平、自由，寻求富裕，会不会就此受到重挫，彻底瓦解；或是就此跃上新的整合台阶；一些地区因疫情必然带来的人员损失与经济衰败，人们彼此间的误解与敌视会不会引发冲突？一些执政者为转嫁危机有没有可能对外挑起战争？人们会不会因习惯性地怀疑，对他者有更大的戒心与疏离感？脱离都市，回归乡村，寻找一种更自我循环的小社区生活会不会成为某种新生活时尚？这些都有可能，需要进一步观察。至于你所说是否会达到“天翻地覆”现在还不好说，还是要取决于今后一段疫情的发展，会不会得到很好的控制；疫情后果越严重，带来的改变就会越大。不过有一点是确定的：全球各国的互动不会断绝，但过去三四十年的这一轮全球化彻底结束。

本报：100 年前的 1918-1919 年西班牙流感曾经也根本性地改变过世界吗？改变的是什么？有学者认为西班牙流感时期世界经济活动并未停止，不受太大的影响。这次经济却明显地受到巨大的打击。你有没有担心全球经济前景？

张伦：不要忘记，那是在一战还在进行的背景下发生的，人们对灾难的反应或许就是将其叠加到那前所未有的大灾难之中。——关于一战对世界的巨大改变，我一直觉得中文世界体认不够，几年前我曾在给“澎湃”的一篇文章里有所介绍。其实那场疫情也是影响到一战的结果，有人认为一战草草终结也是与此有关。所以很难说 1918-1919 年那场大流感没改变什么。后来各国一些相关的公共卫生方面的认识及防疫措施有很多源自这场疫情，迄今在西方提及流感，它还是在人们的记忆之中。但须知，中国当时也很严重，但为什么中国人这方面记忆好像不强烈，我想或是与那个时段中国的战乱、社会失序有关，人们对此相关的记忆选择的重点就不同。**不过与那次大流感不同，此次的疫情搞不好不是灾难的结尾或组成部分，而是引发其他的诸多问题，成为另一些灾难的原因**。当然，我不希望看到这种局面，而且认为做得好可能也就真能避免许多坏的局面出现。

至于你谈到的经济问题，西班牙流感期经济没有停止可能与我上面提及的那个处于战争恢复期有关，也与当时人们对待死亡、社会的牺牲的认识有关。一个世纪之后，人们较以往更重视生命的价值，不能忍受生命的损失，所以，**这次抗疫说到底是一个道德问题、文明问题。**毕竟从这个意义上讲，人类还是有进步——其实，在传统时代，死几万人、几十万人，并不是政治人物太重视的问题，尤其是在那些人口众多的国家；社会对人的死亡也相对漠视，今天就不行了。任何政权除非像在朝鲜那样绝对封闭、人们被严格控制的社会，一旦人员伤亡到一定程度，政权都不可能不发生变动。这次经济受到巨大打击的另外一个原因，就是今天的经济与一个世纪前的经济大不相同了，全球的连带，与信心问题高度相连的经济，在这种疫情的打击下必然会产生巨大的后果。我当然是担心世界经济状况，但最近一直有朋友问我关于美国经济的看法，我总是说我不太担心美国经济，我更担心的是中国经济，还有南半球的一些国家的经济前景。因为美国的经济的基本盘都在，三亿多人的市场，如此的高科技与创新能力，加上资源储备，怎么会就此一蹶不振？我相信世界上许多资金下一步都会跑到美国避险，更会有助美国。至于其他地区的经济状况就需要逐一分析了。

本报：最近越南、哈萨克斯坦等几个国家禁止粮食出口，可是粮食并没有太大的减产（局部蝗灾对整体粮食生产影响有限），你怎么看待这种政府行为？超市食品和厕纸供应并没有中断，可是人们抢购囤货，个人和国家的这种行为的心理是类似的吧，它们是什么？如何理性疏导？

张伦：这些都是一种预防性措施，在这种大危机来临时都会有类似的现象出现，美国前几天也有过短暂的抢购，但不到几天就平和了。因为人们恢复了理性判断。世界范围内怎样反应，这可能还要看疫情在全世界尤其是南半球的下一步的发展以及中国的经济恢复状况。

本报：欧美世界面对 1 月 23 日武汉封城这样的非常举动，难道没有意识到问题的严重性？或者认为与自己无关？你在美国，美国是怎么反应的？中国也是自己错误地隐瞒信息的最早的受害者。但是美国的媒体关于中国的信息的报道是否充分和真实，你的评价是什么？最近华盛顿邮报记者 Emily Rauhala 发推特说：美国不能也不愿体会中国的痛。在这里发生的每一个恐怖故事，最初曾经发生在武汉。我发出了报道，但很多人并没有在意。——汉语社交媒体朋友圈流传的信息固然外人不得而知，欧美主流报刊的信息，当地人视而不见。是不是可以说，人们轻视了中国及其病苦，而它们来到了眼前？

张伦：美国需要检讨，一定本应能做得更好。但特朗普忽略了，绝对该受批评，谴责。不过这也有些具体情况：到 3 月初，美国只有 11 位因为这次冠状病毒死去的患者，让他，包括习惯了自由的美国人大众具有高度警觉，立刻采取限制外出等措施，基本上是不现实的。而因这病毒的特性，一旦蔓延又极其迅猛，控制起来又不易，所以，最后还是让美国人来根据情况对他做最后的评判吧。如他有该负的责任，在美国这种国家是逃不掉的。总会追责会以各种形式体现出来，连任就无望。如果大家还满意这最近包括以后的抗疫工作，或许他就会连任。

此外，这里还有其他一些问题：比如，人对灾难的认识从来都有一个过程，许多美国人对遥远中国发生的问题和欧洲发生、非洲发生的事一样，也是缺乏感觉的。所以，即使报道能起到作用，对美国人的心理实际影响也是有限的，除非等到疫情真正逼近自己。还有，美国对中国的抗疫有许多报道，但基本还是客观公正的，除了对疫情的隐瞒造成的重大遗患以及对信息控制这方面多有批评外，对中国的抗疫尤其是普通民众的遭遇是非常同情的。至于你提及的“充分与真实”，怎么讲呢？你觉得中国的媒体能做到“充分与真实”？如果连中国自己的媒体都做不到，希望外国媒体做得到，我想是有些过高要求了。国外最近的一些对中国的批评声音还是与此相关：认为中国没有让国外的医疗专家到武汉，导致信息不清，是一些国家防疫措施略迟、社会心理准备不足的重要原因。包括一些具体的比如武汉医护人员如何防护上的经验都分享不够，现在许多国家医护人员还得重新各自摸索，付出代价。

本报：口罩，是文化问题，还是科学问题？你自己在欧洲和美国，你会不会戴口罩？中国 CDC 主任高福大声疾呼，西方人防疫的最大错误是不戴口罩。现在，美国 CDC 刚刚推荐人们戴口罩了，而之前它一直不推荐人们戴口罩，WHO 也推荐人们在任何地方都戴口罩了，说是病毒可以通过气溶胶传播。欧美人不戴口罩的借口是什么？中国人对欧美人不戴口罩很愤怒，欧美人则歧视戴口罩的中国人。他们是否忘记了，100 年前的西班牙大流感时期，我们可以见到的老照片上欧洲人都是戴口罩的，甚至不戴口罩不准登上火车。这难道不是欧洲自己的历史？

张伦：我会戴。但西方人开始不戴口罩是有些原因的。从医学角度讲，原来认定是除了具有过滤器作用的N95 口罩确实能有效防御传染病原体吸入，那种常见的方形外科口罩对病毒吸入作用不大，但可以帮助防止病人将病原体呼出到空气中。所以，西方原来一些医学界人士的认识也不能说错，他们一直主张病人才戴；但问题是此次病毒是没有症状者也传染，这可能又是与他们对病毒认识上的不足有关。因此，有些西方人对戴口罩的亚洲人有些排斥也是能理解的：他就认为你是病人，还在街上乱跑！但整体上，并没有像国内一些人宣传的那样严重。不能放大个别的案例。至于文化上的原因，比如西方人从来就没有戴口罩的习惯，亚洲人尤其是日本包括受日本影响的韩国与台湾这方面都有习惯，所以西方人适应起来也不是那么简单，让他们在几天内改变既有行为方式很不易。此外，也有一个短缺的问题，且不说口罩产地大部分就在中国，即便在世界各国，前一段也都被当地的华人包括各国政府大量寄往中国支援中国抗疫，你到哪里让几亿人找到一下子可用的口罩。最近因为中国疫情稍缓，各国除自己生产外也在从中国紧急订购陆续到货，比如法国前两天就有大批从中国进口的口罩抵达，订了据说十亿个口罩。（本国每星期只生产八百万个，而仅医护人员就要使用四千万个）这个问题随货源的改善，人们对病毒的认识，（病毒是否空气中滞留等），疫情的严重，人们戴口罩也日增，慢慢地就不会是一个大问题了。将来也会改善西方人对待口罩的态度。

本报：是的，中国疫情重时，海外华人扫货把当地的口罩、防护服等扫光了，现在欧美一下子口罩等紧缺。我在想，华人受歧视是事实，可是，华人做事如果不是一味地“爱自己的国”，设身处地地在扫货时应该留有余地，想到当地人也会需要口罩等，是不是更受当地人的尊敬，更成熟些？

张伦：你提到的是一个非常重要的问题！如果你有一个邻人、朋友，处处为自己打算，从不考虑他人的观感，你会怎么反应呢？你还会跟他做朋友吗？麻烦的不仅仅是这次，在许多问题上一些华人在这方面所暴露出的问题，这些年就一直让我担忧。一个逐渐发展的中国，文化上与国籍上与这个国家有关的人们，该以怎样的形象处世，这是一个大的问题，不仅国家要认真考虑，每个人都需要思考。比如我们支援点意大利抗疫物资，宣传上就大张旗鼓，中国人人人皆知，但前期外国个人与政府对中国的支援，中国人知道多少？我想人必自辱而后人辱之，只要中国人做好一个现代文明人该做的事，多些爱心，会赢得人家发自内心的尊重的。人家不会刻意总是说你的坏话，武汉外卖小哥不就上了《时代周刊》的封面了吗？个别人的一些极端话语，哪个国家哪个时代都有，你自己不介意，其实就没什么了。事实上，中国人自己说外国的坏话，以我在西方生活三十多年的经验看，绝对是比西方人说中国的坏话要多得不知道多少倍。那西方人是不是成天要跟中国人算账？

本报：语言问题。汉语在世界语言版图中是弱势语言，也就是话语权的问题。刚才也说到，中国有官方声音（包括人大政协的参政议政），有官方媒体声音，也有网络时代的大量社交媒体上朋友圈的私人声音。“吹哨人”李文亮的声音就属于这后一种。这第三种声音，即中国社交媒体上的私人声音，只在朋友圈可见，它们不为汉语世界以外的人所知。那么，这种声音里包含着真实和虚假的信息，也包含着中国人的智慧。西方主流媒体的记者也未必捕捉到这种声音。这部分没有能传递给世界，你认为是不是一种世界了解中国的缺失，尤其是对于世界联合起来抗疫的时候？

张伦：有这个问题，事实上各西方媒体都在改进，注意这方面的反应。当然，中国网络上的许多传递方式，密码，中国人自己都不见得立刻明了，外国人理解起来困难也大一些。还有，对严肃的媒体，信息来源非常重要，网络的一些匿名化，我认为也是西方媒体在对网络的报道上相对谨慎的一个原因。但现在，以我看到的消息，中国网络上的重要现象大概一般都会有适当的报道了。

本报：你说得对。中国社交媒体上的话题越来越多、越来越快地成为官方媒体的报道来源了。湖北已经解封，武汉即将于 4 月 8 日解封。但因为无症状感染者的潜在威胁，其他地方中国人对湖北人的复工潮有防范和抵触，从社会学的角度，你个人对武汉解封后的中国，有什么建议？

张伦：要特别谨慎，不能因急于复工，再蹈覆辙，还是要尊重科学。武汉此时的灾难一定给武汉人民心理留下巨大的创伤，需要慢慢地疗治，让痛苦释放舒缓，不能再伤害他们的情感。国家应该适当给与他们补偿。他们需要理解，需要关怀，其他的任何强制的硬性的指令，既不会达到效果，也会是对他们的再次伤害。

本报：有一种猜测：疫情之后，是西方更像中国，还是中国更像西方？你的判断呢？

张伦：很难说。中国更像谁我不好说，但**西方更像中国的概率很小。但西方对中国的态度会有更大的变化这个概率却很大。**

本报：欧美最初满不在乎，现在反应也颇为过度，比如纽约政府规定了聚会不超过 10 个 20 个人，澳洲一开始规定也是聚会一二十人的限制，后来又改为不超过 2 人，公园也关闭了。你觉得政府是不是耽于这种过度管制？意大利哲学家阿甘本就担心这种“例外状态”会演变为常态，他怀疑疫情之后人们还能重回过去的生活状态。你有无这种担忧？

张伦：不觉得是反应过度，疫情发展到某种程度，需要了就照此采取措施就是，最重要是要依据专家、医疗界的建议。这不属于过度管制。许多人对西方国家有误解，以为是一种无政府状态，其实一旦按法律程序启动，这些国家的效率不会比中国低，只是前期在适应过程，法律批准过程中要依章办事，显得有些慢，等一旦启动就快了。**至于你说到的阿甘本提到那种"例外状态成常态"，这种潜在的危险可能要因国家而异，比如美国我就不会担心，西方大部分国家我也不是特别担心，当然，保持警惕还是对的，对权力保持戒心是西方的传统，不会因此次就消失的。但相关讨论不会终结，会持续下去。至于一些本来就具有很强威权色彩或民主不稳固的国家借此采取的一些措施会导致什么后果，**那可能是另外一个题目。

本报：德国哲学家韩炳哲说，不能把革命托付给病毒，把理性让给病毒。而法国哲学家阿兰·巴迪欧也批评那种认为流行病现象无论如何都能自行带来政治革新的观点。你同意他们的看法吗？

张伦：我对巴迪欧一向有很多批评，对其许多观点也不以为然，开句玩笑话：经常说他坏话！但这句话我倒是同意，我确实不认为流行病现象会自行带来政治革新。正如许多灾难、战争等都不会自动带来政治变革，需要其他的思想和属于政治性的活动的推动才能改变政治。

本报：我记得你有一个看法，为了防止中国和美国脱钩趋势，中国面临一个疫情之后的新时代，即把握制度转型的契机。你认为这是自动的吗？

张伦：这个我就不多赘言。一，有待观察，二，取决于中国各界如何作出选择。

本报：以色列历史学家尤瓦尔·萨拉利认为，新冠病毒是我们这一代人面对的最大的一次危机。他预言经过了整个国家像小白鼠成为大规模社会实验的对象的冠状病毒之后的世界，应急措施会日常化。他这样说，好像整个世界人种都要变化了。你有无如此悲观？真如此的话，谁乐见于此？

张伦：我没他那么悲观，**我对人类保有人作为人那一部分的努力还是抱谨慎的期待。历史从来都有多种选择，将来如何，没有人能完全确定。人类生活就是一个伟大的历险（aventure）。我大体能感觉到的就是旧世界已崩塌，但新世界是怎样的，我不敢多预言。**

本报：你认为我们现在的对抗新冠病毒的战争，就是一场"第三次世界大战”。为什么这样说？难道这就是真的“第三次世界大战”，还只是一种比喻？

张伦：我引用我在另一个访谈中已说过的话来回答吧：这取决于我们如何定义“战争”，如果是从人对人的搏斗来讲，当然这不是传统意义上的战争，但从遭受的损失，进行的动员，社会的心理，使用的语言，已经完全是一种战争状态，各国动用的相关措施、法律基本都是战争性的了。所以，用战争来类比，不为过，而且也没有其他的现存的语汇能更好地加以描述。核武出现以后，尽管我从来不像许多人那样绝对化地认为排除发生热核战争的可能，但确实发生世界性大战也不易，但这次，或许就是新时代的非传统性的世界大战，与恐怖袭击一样，可能都是我们这个时代安全的最大的新型挑战。

本报：你断言“战后”将是全球化的终结。这种终结表现为什么？以前的世界大战，和当时的全球化有什么样的关系？

张伦：我需要说明的是，可能有朋友对我所说的全球化结束有误解，我一直说的是“这波狂飙突进、浪漫化的全球化终结了”。但鉴于今天这个时代的交通与信息技术，生产的互动，很难说广义上的“全球化”（叫不叫这个名词是可以讨论的问题）会终结，人类各个国家与群体之间的互动不会就此终结的，也不可能。那种以为倒退回以往的岁月，关起国门过日子的想法我看是不现实的，那已一去不返，且不谈人类面临的各种共同挑战如环境问题，包括此次疫情暴露出来的世界防疫问题等等，都需要人类的协调合作。但我们也可以预见，上一次的那种比较随意性的（我这里暂不用“自由”）全球化过程肯定是就此终结。**至少，全球产业链会重组，人们可能会强调经济主权、适当的边境控制的重要性、传统价值如家庭的角色等等。也许这个世界会回到某种类冷战式的 bloc 组合，比较具有区域合作特点，共同价值分享，在这 bloc 之间会维系着一种不稳定的平衡，直到下一次什么事件让这种 bloc 的格局打破、再组，迎来新的一轮更强势的全球互动。**

本报：你用的关键词是平衡。中国内部的平衡，世界格局的平衡。这两种平衡具体说是指什么？

张伦：就中国来讲，话可说的就多了，也只能借这样一个比较抽象的词汇来泛泛地指涉，如社会的平衡，地区的平衡，发展的平衡，政治与经济的平衡……什么是平衡，就是协调，不失序，至于具体到哪个问题我们就没法一一探讨，比如，**信息公开与保密之间能不能有个明确的界限？中国的基层医疗保障系统是否应加大投入，具有更大的保障人民健康的功能，而不是向更高档的医疗机构倾斜资源？**等等，都属于我所说的“平衡”范畴。至于世界格局的平衡，我们会在抗疫中看到，尽管一些国家有发展，但世界上的贫富差距，各国彼此间的差距依然还是相当大的。一些国家在全球化中汲取了比其他国家更大的益处，如中国，但也引发了传统经济强国内部的种种不平衡，导致一些民粹、民族主义的浪潮崛起。这些都一定会面临某种调整了。

本报：你怎样预期因为流行病的隔离政策而普遍涌现的在家工作和线上教学？有一个调侃，交纳的是哈佛的学费，上的是电视函授大学。你觉得在未来的世界，教育会有或应有什么变化？

张伦：远程工作前些年就已经在迅速发展，这次等于是在全世界进行了一次更大规模的实战演习。从今以后相关的工作方式以及为这种工作方式服务的产业都会加速发展。但永远恐怕也不能彻底代替同事间见面的必要。正如现在许多国际会议事实上通过网络可以进行，但为何需要见面？因为人际间的沟通、创意、理解等，需要的是一种整体的沟通，需要那些彼此间的热情、眼神、手势各种丰富的互动，那永远不是仅通过单一的屏幕所能达成的。人类永远需要彼此之间的身体互动。

全世界的教育的网络化肯定会因此次大规模的网络教育的实施而得到强化，因此网络会更成为这个时代世界各国经济、社会、文化发展的一个关键资源。缺乏这种资源所造成的地区与人众间的信息技术以及与此相关的信息不平等，会加剧整体的不平等，是构成新的不平等格局的重要成因。在未来的世界，教育的网络化（因此更加大众化）与传统的面对面的教育大概将是并行的趋势；后者依然不可或缺，因为那不仅是涉及知识的传递，也是一个人们学习社会化的过程，那不是网络教育能替代的。教师的地位或许也需要重新定义，教育资源也将多样化，更加丰富。总之，如何适应这种局面，肯定是下一步教育所面临的最重要的挑战之一。这在疫情前这些年已经慢慢开始，会因这次疫情加速。

本报：信息透明对于个人和国家的意义？假如个人得到了或者警觉到了信息的意义，与政府统一倡导的模式相比，哪个更重要呢？不管是集权政府还是民主政府，信息对于个人的意义都同样重要吧？即使政府麻木或犹豫，个人照样可以采取自我保护措施？比如果断取消旅行计划，以及其他隔离和防范措施？

张伦：**我们生活在一个信息对我们的生活愈来愈具有决定性影响的时代。信息上的自由传播与接收、民主分享，将是一个各方博弈的主要场域，新的地缘政治的重要组成部分，我习惯上称之为 digital-géopolitique（数码地缘政治）的部分。信息业将是一个现代公民享有、保护自己的权利的最重要的内容之一。**这显然包括你上面提及的因信息的获取而采取的自我保护。

本报：有一种说法，在过去的全球性的危机中（2008 年金融危机、2014 年的埃博拉疫情等），美国都担任了全球领导者的角色，但现在采取孤立主义和只是"让美国强大"的特朗普政府，放弃了这种全球领导地位。你认为这是坏还是好？

张伦：当然是坏事！美国在战后不仅构建了世界秩序，也扮演了维系这秩序的领导者，世界上许多国家包括中国都极大地得益于这个秩序，得益于美国为维护世界秩序提供的公共品。但鉴于种种原因，美国国内相当一批人认为美国在维系这秩序中付出过多而未得到应有的回报，深植于美国传统中的孤立主义的一枝在全球化的刺激下急剧抬头，特朗普是在这个局面下上台的。美国放弃（很难说真的都放弃了）全球领导权会造成某种真空，暂时看不到有哪个国家有那种硬实力与软实力替代美国。有些人即使想做也做不到，事实上还是需要美国，这就是当今之世的一个尴尬和最大麻烦之一。

本报：世界卫生组织在这次疫情中，屡屡调整说法，现在似乎有了对它的公信力的质疑，实际上很多国家也把它的建议放到一边。是放大警告正确，还是“等等看”正确？它是不是抛开了政治的权衡而发出了科学的声音？

张伦：对世卫组织这次抗疫中的角色、得失，估计会是下一步国际较力的重点之一。如果以往与世卫相关的较力还停留在国际政治的纵横捭阖的游戏，这次很大一个变量会是国际舆论、国际社会普通民众的介入，对此的高度关注：现在已有大规模的签名出现，要求追责，所以，以后这种较力挟带民意支持，会更具张力。问题是这个问题如不能很好地解决，不仅是有关世卫，也会重伤相当一部分国家民众对国际机构的信任，加大对国际机构的怀疑，破坏掉国际机构的公信力，那或许是比仅涉及世卫这一个国际组织更严重的问题。

（说明：此访问是应国内某著名报纸记者朱又可先生之约所做，日期为 2020 年 3 月 28，29 两日，4 月 2 号刊出后，影响传播甚广，引起一些人的愤怒，谴责，甚至去电辱骂该报。导致该报后来不得不从其网站将其撤下。也是为此此处不便标明该报。此次原文照刊，只修改了两三个错字，原来有些记者所加的黑体，这次也对几句话加以强调新加了黑体。这里也要再次感谢朱先生的努力）。

我们正在经历“第三次世界大战”，疫情将引发世界格局的重大变革

（钝角网 2020 年 3 月 27 日）

“国内对于外界发生的情况多少都有一些认识偏差”，法国赛尔奇·蓬多瓦兹大学教授张伦说，“现在欧美的疫情确实比较严峻，但是并没有达到中国人理解的那种程度。”

张伦目前正在哈佛大学做访问学者，因此对于欧美的新冠病毒肺炎疫情都有了解。在他看来，公民文化决定了这些国家的公民既批评政府，又遵守和配合政府防疫措施。

作为赛尔奇·蓬多瓦兹大学“文明与文化认同比较研究所”研究员， 张伦一直关注中国的制度和文明的“双重转型”。他也是多家重要的国际和港台华文媒体评论员和撰稿人。

“狭隘的民族主义、国家主义从来不是把一个民族推向文明的动力”，在接受本刊记者电话专访时，张伦提醒国人，“热爱自己的国家是毫无异议的，但是能不能在自己的民族和国家之上有一些更超越、更深广的价值？这可能是决定中国未来文明走向的关键。”

在张伦看来，这次的公共卫生危机是“第三次世界大战”，将终结冷战结束以来的这一波全球化，国际格局将产生深刻变化，“我希望，在制度转型之外，国人能够在价值方面做出更深层的调整，加快文明转型。”

“现代国家的公民文化”

《记者》：目前国内很关注其他国家的疫情，但是信息很混乱。作为一个在美国做访问学者的法国教授，据您了解，目前欧美国家的真实疫情怎么样？

张伦：中国民众关心其他国家的疫情，显示出对世界的关怀，当然是好事，不过由于身处特殊的信息空间，国内对于外界发生的情况多少都有一些认识偏差。现在欧美的疫情确实比较严峻，但是并没有达到中国人理解的那种程度。确实，这些国家的公众、媒体和反对党对政府有激烈批评和不满，不过批评政府本来就是现代政治文化的一部分，永远都会有不同的声音。面对如此巨大的公共卫生危机，一定会有很多批评声音，更不要说一些欧美国家的应对之策确实有值得检讨之处。

但同时也要看到，绝大多数的民众还是遵守和配合政府防疫措施的，即使许多人不高兴。政府本来就是批评的对象，该批评就批评，但它既然又是公民授权的合法政府，因此还是要遵守它做出的决定。这就是现代国家的公民文化。所以基本上看不到除与防疫相关之外的什么社会紧张，当然，我也只是就我的个人观察所及。

《记者》：也就是说，批评政府和认同政府的合法性是并存的？

张伦：是的，这是这些国家的制度架构和政治文化决定的。我长期生活在法国，目前在哈佛大学做访问学者，对这两个国家的整体感觉是：有恐慌，但是看不到特别大的恐慌。批评归批评，政府的合法性还是有的。民众也知道，这种体制哪怕决策有误，一般来说也不会是故意的，即使现在出现问题，早晚也会给台上的政治人物算账的。将来可以让他们下台，甚至以公民身份诉诸法律。

《记者》：为什么美国股市会数次熔断？是否说明确实有社会恐慌情绪？

张伦：其实很多人（包括华尔街的）早已看到，美国股市泡沫比较严重。股市下泻一方面和疫情有关，另一方面也和股市内在的趋势有关。我想，只要防控措施进入轨道，随着人们的情绪逐渐平复，股市也会回归理性。

《记者》：目前法国和美国病例都在极速上升，为什么法国如此大意，特朗普也没有及时采取措施？

张伦：据我所知，法国早就按照惯例准备了非常详尽的计划，但是这次公共卫生危机前所未有，法国措手不及。根据以往经验所做出的防疫安排对此次病毒诡异又迅猛的传播状况可能也有些不适应。由此造成的医疗资源的短缺也很难在短时间改善，尤其是前期一些资源如口罩产地多在中国又有许多库存都支援汇集到中国去了，调度起来就更困难。法国准备了 5000 重症病床，现在 2500 左右已经使用上，还有一半在备用，但鉴于疫情的发展，依然在动用军队紧急设立新的临时医院增加床位。还有，一些急需的医疗设备比如吸氧机，只有一家生产，加班加点，一个月也只能生产轻重两类型的相关机器 1600 台。而从此方面生产能力更强的德国进口也不可能，因为也在加班加点为德国政府的订单赶货。法国的公共卫生系统被认为是世界上最好的之一，但 2003 夏，因法国夏季凉爽一般家里不装冷气设备，淬不及防的持续高温还是夺走一万多高龄老人的生命。打个比方，这波疫情攻击，“敌人”力量甚为猛烈且狡猾，遭受损失也就难免。

至于美国，刚开始做对了一些事情，如提早中断与中国的航飞。但因把注意力集中在中国，没有想到欧洲和中东的感染者入境，“马奇诺防线”从背后被突破。此外美国政府对病毒的传播认识也可能有个过程，加之特朗普或因担心民心波动影响股市、经济状况这他引以为傲的成就，在大选年对其不利，处置上就有些忽略。还有就是，国家和平日久，自由惯了的人民适应起来要有一个过程。

这也牵扯到民主国家政府处理这些问题时的悖论：尽管知道问题可能严峻，但是在人们还不认可的时候，如果采取一些过激政策会引起反弹，反而达不到效果。所以，怎么把握分寸很关键。就像“二战”，美国某些精英很清楚早晚恐怕要介入，但是只有在日本偷袭珍珠港之后，罗斯福才宣战。这次的麻烦在于，新冠肺炎病毒一旦传播起来迅猛异常，而行政运作、生活方式、文化宗教活动等要在几天、半个月内忽然发生几乎是前所未有的改变（比如戴口罩，且不讲是否具备，西方有些人一辈子都没戴过一次），适应起来确实不易。

《记者》：意大利疫情严重，死亡率尤其高，有人因此说，民主制度确实存在效率问题。你对于这种观点作何评论？

张伦：如果说自由民主制度不能很好应对这次公共卫生危机，那么就没有办法解释日本、韩国和中国台湾地区为什么防疫成功？即使同为民主体制，不同国家也有不同的应对之策，效果也不一样。例如，意大利的死亡率为什么那么高？可能和人口的老化结构有关系。意大利 65 岁以上的老人占总人口的 22%以上，死亡者中很多都是 80 岁以上老人。法国 85% 的死亡者为七十岁以上的长者。日本、南韩、台湾人口老化也非常严重，为什么没有出现这么严重的问题呢？可能就是与其处置方式、文化因素等相关。除这些国家和地区行政部门进行了有效的管理外，人们的卫生习惯，团队、自律精神相信都起了很大的作用。所以，**评价各国应对这次公共卫生危机的措施与效果，涉及国家制度、文化传统、人口结构、医疗资源等各方面，不能简单地用一个变量来解释。更不能老是盯着人家一时的问题，为自己寻找一些心理满足。我们要看人家的长处，少看人家的短处，千万不能过度地自满，一自满就会有问题。我们身处大变革时代，只有多了解一些事实、多一些看问题的角度，才能不会失之偏颇。**

国家制度的基本哲学是什么？

《记者》：中国解决公共卫生危机的做法是“集中力量办大事”，这种“举国体制”受到了国内许多民众的追捧，在解决这种突发危机的时候也确实见效。

张伦：“集中力量办大事”的一时效果我不否认，但好多人或许没有想清楚，能够“集中力量办大事”，是要有条件的。在中国既有体制性因素，也有体量因素，不是其他所有国家都可以做到的。我们可以将资源全部集中投放武汉防疫，但如果同时出现五、六个武汉，即便我们集中力量恐怕也是很难收一时之效的。意大利的状况如此困难就与此有关。让疫情扩散了的意大利集中力量办大事又是怎样能做到？其次，**我们不能只看到集中力量办大事的效果，也要看它的成本和次生后果有时候更严重。**比如，现在武汉疫情得到控制，当然是好事，但现在的聚光灯都聚焦在防控新冠病毒的成效上，由于医疗资源集中而造成得不到及时治疗的其他病人有多少？其他次生伤害有多大？这些或许我们都尚未有个更明晰全面的评估。传统上中国就是个“量”的帝国，可以靠集中力量办很多巨大的工程，但一旦出现危机，因为缺乏地方自主和有效的平衡机制，灾难的传递效果、后果也是非常可怕的。**在现代世界，一个如此庞大的国家过分强调“集中力量办大事”为其王牌，其实是很危险的。因为现代文明的本质是变动不居、充满风险，随时有各种各样的创新和不可预测的危机，一切都等着一个决策中心，等着“集中力量办大事”，就可能隐藏着各种各样重大的隐患。**

《记者》：欧美国家的应对办法尽管各有不同，但是普遍被中国网民批评手段太软，应该“抄作业”，学习中国。您怎么评价这些舆论？

张伦：大疫来袭，西方国家很难强迫把国民像监狱一样地关在家里，而是依靠唤醒每个人的自律。中国人可能习惯了“硬”的方式，对所谓“软”的方式不理解，这反映出中外的制度差别、文化差别和价值标准差别。**这里有一个根本性的问题是：国家制度的基本哲学是什么？是以效率为所有制度和政策的合法性基础，还是以道义和自由权利为合法性基础？不能说这些因素与效率相互之间完全不匹配，但是它们有的时候确是有矛盾和冲突的。最后要有个制度价值目标的选择。到底要什么**？因此带来的一些制度条件也完全不一样。国外也没有哪个国家有中国这类街道管理体制，能够在警方之外还有如此强制性的限制居民行动的手段。不过需要指出的是：民主制度有其“软”的一面，其实也有“硬”的时候。一旦按照法律程序进入“紧急状态”，政府获得相应权力后，不见得就比威权的效率差。**国**

家应该追求长治久安，效率是需要，但局限于一时的效率、一时的经济发展，都是缺乏历史眼光的表现。长远的效率与短期的效率，自由与秩序之间应尽可能找到合理的平衡。

《记者》：经常有人辩解说，人类没有一个绝对完美的制度，所有的制度都可能犯错误。

张伦：重要的是，我们要选择一个什么制度让错误可能性小一些，犯了错误之后容易纠正，对错误有人负责？

自由民主制度当然不是绝对完美的制度，但它是一个少犯错误的制度。民主制度下为什么有些人会下台，会被选民换掉呢？就是因为他们犯错误，引起民众不满。**民主制度的哲学前提，就是假设人会犯错误。一个认定自己永远不会犯错的人和制度犯错误的概率大呢？还是承认自己会犯错、允许追责的人与制度犯错误的概率大呢？我们是不是应该选择一个承认可能犯错误，同时又能够更好地让人们警惕的制度呢？**

《记者》：就像这次大疫，各国家处理方式不同，也都会犯错误，关键是什么错误不该犯，什么错误不能犯？是否有人为错误承担责任？

张伦：对。隐瞒疫情不仅是错误，也是犯罪，绝对不允许；信息掌握不足、决策迟缓则是完全不同的问题。不管是哪种，都要有人承担责任。也许某一个时间点上，自由民主制度可能比集权制度还要糟糕。但是从长远角度看，自由民主制度犯错误要少得多。因为这个制度允许犯错误，允许批评，允许追责。责任政治是现代政府的一个最重要的特征。如果没完没了地犯错误，却无人承担责任，一个社会就会缺乏正义基础，早晚就会崩塌。

《记者》：不容否认，1978 年以来中国发展成就很大，已经成为世界第二大经济体。

张伦：二十世纪二三十年代，许多人赞美苏联，包括一些西方学者也在赞美之列。有相当一段时间，北韩经济增长率也比南韩要高。所以，不能用一时的成果和效率的单一变量来看待这些问题。看问题既要考虑具体的情境，也要有历史视角和文明视角。如果仅仅从效率讲，现代国家很少像二战时纳粹德国那么富有效率。但二战前期在欧洲战场上的所向披靡却并不能确保其长久的强势。这些年中国的经济发展不能否认，但是各方面代价之大也许要很久才能修补上来。缺乏平衡的发展带来的问题很多。**这几十年最大的问题，就是自满于以经济增长为唯一的标准去衡量一切，缺乏价值追求。今后要在制度上做调整，让公民有参与空间，有价值追求。在这个意义上，中国现在面临着重新寻找平衡、重建文明的任务。我们又到了要解决中国现代性构建方向与标准的问题的时候了。从长远角度讲，我们应该思考什么是重建中国文明、构建中国未来长治久安、保障人民幸福与尊严的制度基础？我们要寻找一些超越性的价值作为制度基础，作为文明转型和制度转型的坐标。**

避免世界对中国的不信任

《记者》：现在国际社会对中国应对大疫的措施整体评价如何？

张伦：近代以来可能和中国传统文化、文明结构崩塌有关系，中国人对于外界的态度极其敏感，特别喜欢人家说自己的好话，过度解释人家说的好话；也讨厌，过度解释人家的批评。同时津津乐道于人家对他们自己国家的批评，不明了其实这恰恰可能不是其真的软弱衰败的象征，反之，是他们能不断调整发展的关键所在。最明显的例子就是百年前一战后中国知识界盲信那时在西方流行的所谓“西方沉沦论”。中国的国民心态在自卑和自傲中不断地徘徊，这可能是中国在将来发展中需要处理好的问题。就这次疫情来说，首先，大部分国际舆论对中国应对措施的评价比较客观，认为一些措施有效，但是在他们的国家没办法实行。谁有我们上面提及的中国的街道制度？没有，也就没法“抄作业”。即使这些西方国家也说“封城”，禁止日常外出，根本上还是基于民众的认可与自律。这和中国的“封城”不一样。其次，也对中国有批评。赞美者习惯看效果，批评者在意其中发生的侵害公民权益行为。这些都不脱平常我们听到的对中国的两种基本看法。

《记者》：许多人士担心，这次大疫会不会增加世界对中国的不信任？

张伦：这是一个新型病毒，传染力极强，在处理过程中出现失误和不足，别人都是能理解和原谅的。现在的问题是，该承担的责任要不要承担，该认的错要不要认？不能因为所谓的“面子”，该承认的责任也不承认，该认的错也不认。这种情况下，人家对中国就会不信任，甚至中国普通人的形象也会很负面，搞不好将来就是灾难性。

这些年，一些中国人在海外的不文明举止、暴发户心态、对他人缺乏尊重、自以为是、强词夺理等做法，让我越来越忧虑。十几年前，有在欧洲的华人商库被烧时，我就预感将来在国际上搞不好会出现排斥华人的潮流。我非常担心这次疫情会增加世界对中国的不信任，造成严重后果。尤其是官方，作为向世界传达信息的主体，如果处理不当，很可能会引发更糟糕的局面。

《记者》：现在看，国内有少数民众夸耀中国的抗疫成绩，对于其他国家的疫情幸灾乐祸。

张伦：我可以负责任地说，从中国疫情爆发以来，从欧洲到美国，至少我个人没有看到、没有听到什么人对中国幸灾乐祸。虽然有些人士可能对中国应对疫情的做法有一些批评和怀疑，但是对普通中国人没有幸灾乐祸，而是通过各种方式表达关怀。

有些中国人对其他国家有幸灾乐祸的心态，和在疫情最高峰的时候一些中国人对湖北人、武汉人的暴力、不人道、不人性对待是类似的，其实质都是缺乏对人的尊重，对他人生命的关怀。这可能是中国最重要的、将来最难建设、最难恢复的问题。我本来希望，在灾难里中国人的思维、情感、认识能够更深刻一些，能够对文明、对生命的认识有所提升。不论在中国还是身处世界各处，都应该对正义、人的权利与尊严有些普遍性的关心与追求，不仅仅局限于自己的、自己群体的权利与利益。

《记者》：可惜没有，反而出现了狭隘的民族主义、国家主义。

张伦：狭隘的民族主义、国家主义从来不是把一个民族推向文明的动力。近代的历史表明，狭隘的民族主义和国家主义不会给国家带来好处，反而会导致灾难。**热爱自己的国家是毫无异议的，但是能不能在自己的民族和国家之上有一些更超越、更深广的价值？这可能是决定中国未来文明走向的关键。这个问题处理不好，依然一切以国家、民族来界定，恐怕是会给中国、世界的发展造成伤害和灾难。**

《记者》：文明转型是长期的，在短期里制度转型更重要，因为如果制度不转型，那么文明转型也无法启动。

张伦：这是互动的关系，现代文明价值的不确立，会对体制的弊端更多宽容和认可；体制不允许健康的理想声音传递，就会有越来越多的人走向狭隘。这就是灾难性逻辑。所幸的是，每次灾难，都会有一些人觉醒，破除灾难逻辑。“文革”就是这样，于是才有了改革开放。

“这一波全球化彻底地结束了”

《记者》：2008 年世界金融危机以来，世界范围内出现了民族主义、民粹主义，这次世界范围的公共卫生危机会不会进一步催化民族主义、民粹主义？

张伦：这次的公共卫生危机肯定会强化民族主义和民粹主义的浪潮。民族主义和民粹主义思潮在全球范围的崛起，2008 年经济危机是一个很重要的原因。其实之前就有了，恐怖主义就是以一种极端的方式反映了这个问题。随着中国加入世贸组织，美国出现“锈带”，法国爆发“黄马甲”，英国“脱欧”，都刺激了民族主义和民粹主义的发展。我基本的判断是，以这次世界公共卫生危机为标志，从八十年代中后期开始的，特别是柏林墙倒塌、冷战结束以来的这一波全球化就彻底地结束了。

《记者》：在您看来，这一波全球化结束是不可避免的？

张伦：就像第一波全球化，第一波全球化从十九世纪七十年代开始，直到一战爆发结束，这期间世界发展突飞猛进，被称为“美丽时代”。引发“一战”有很多很多的因素，任何一个细节如果不出现，很可能一战就不会是那个样子。但是结构性里还是有一些趋势性、必然性的东西。比如发展不平衡、新兴力量崛起之后对既有世界格局的挑战、新兴国家和传统的民主价值的冲突等。当时英国、法国除了从地缘政治批评德国之外，就是批评德国是不民主国家。同样，结构性问题导致这一波全球化走向终结。

当然，我并不认为全球化就此彻底终结。怎么样重新定义全球化？怎么样控制全球化？未来将有激烈争论。可以基本确认的是，通过对这一轮全球化的反思，比较浪漫的全球化会遭到批评，民族国家的角色可能会在一段时间里得到强化，像一战后那样，一些民族主义和国家主义的主张在某些国家或群体里会有所泛滥，强调国家至上，敌视外界。与此相反， 一种主张新的世界主义，更积极的国际合作的立场也会得到发展。在如何处理人类共同的挑战及各国内部的问题上，这两种观点之间的博弈将普遍长期存在，成为基调。未来世界如何发展？可能要召唤世界各国领袖的眼光

《记者》：这次危机不但会彻底冲击全球化，也会冲击联合国、世界银行等国际机构。比如，世界卫生组织的作用就遭到质疑。

张伦：本来，二战奠定的世界格局已经被全球化、中国崛起和大国博弈冲击得摇摇欲坠了，这次疫情将造成进一步的冲击。为人类的未来着想，应该保留这些国际机构，不过必须进行全面而深刻的改革。

《记者》：现在知识界最担心的是，这次危机不但会冲击全球化和国际秩序崩塌，而且很可能会引发战争。

张伦：完全有可能。在我看来，我们正在经历“第三次世界大战”。当然，这不是传统意义上的人与人之间的战争，但是牵扯这么多国家，造成这么大损失，从波及人群、遭受损失、国家动员、社会心理等方面看，这完全是一种战争的状态。而且各国动用的处置办法基本都是和战争性质有关的，因此以战争做类比并不为过。这是一场非传统性的世界大战，跟恐怖袭击一样，是对国家、个人安全的最大威胁。

从人和病毒的大战，引发人和人的战争，也是完全有可能的。由于全球经济的衰退造成经济资源萎缩，会引发各地社会冲突，包括没受过疫情影响的地区，可能会因为次生的经济问题带来局部冲突。就像两次大战一样，有些国家没有参战，但事实上都影响深远，都没有逃得掉。总之，它会引发世界格局的重大变革，旧时代已经崩塌了，从此人类历史会分为“2020 年之前”和“2020 年之后”。

《记者》：这对中国来说也是一个巨大挑战，比如中美关系将经受严峻考验。

张伦：如果中美双方处理不好，互不信任，或者一方做出某些不利的选择，中美渐行渐远的趋势就不可逆了。对于中国来说，现在真正进入了一个新时代，应该推动更深刻的制度转型，实现法治国家。

灾难会改变人类行为方式、思维方式。像人类历次经历大灾难后一样，2020 之后的人们或许会更加珍惜生命，热爱生活。历史上许多狂欢节、节日就是这么诞生的。此次疫情也一定会引发世界范围内的人们对某些重大问题的重新讨论，有关公共健康与政府的角色，市场的地位，资本与权力的关系及运作逻辑等，推动地缘政治结构的重塑，促进对些现代文明基本问题的思考：人与自然界、动物的关系，如何看待环境。财富与发展。据说从威尼斯到中国，各地的空气与水都前所未有的清洁，让人印象深刻。那么重新开工后，人们会怎样寻回这种境地呢？在特殊情况下展现出来的东西，会勾起人们的一些记忆、激发新的想法。这次危机也在考验我们这个民族到底有没有反思性，到底有没有思考和检讨的能力？我希望，在制度转型之外，国人能够在价值方面做出更深层的调整，加快文明转型。

（说明：这个采访是笔者就疫情所作的相关采访中的第一个，采访者为大陆的一位著名记者，这里因各种原因不方便提及他的名字。在此表示感谢。采访发表之后，一时引发海内外、整个汉语世界的广泛关注，超出我的预料。也有些相关的报刊跟踪评议，如前香港著名政论家，“九十年代”杂志主编李怡先生就在“苹果日报”他本人的专栏上连续三天撰文加以评论。曾与李先生有过一面之缘，上世纪八十年代在大陆时就拜读过他的时评政论。日前他在台湾去世。借此，向这位一生追求新闻自由的老报人、评论家表示敬意。此外，疫情对世界格局的冲击，与一些重大的事件如俄乌战争的爆发有怎样的关系，或许都尚有待未来的历史学家加以揭示，一如马克龙在一个采访中所言，疫情是促使普金发动战争的一个重要因素。笔者相信，这其中应该是有重要的关联的。文中黑体是采访者所加）。

大重组篇

国际与各国政治的重组、欧洲与民主的挑战

正在被重新定义的现代性：

政治分化、民粹潮与民主的创新再造

——从法国 2022 年大选谈起

（经济观察报 2022 年 6 月 13 日）

四月二十四日，五年一度的法国总统大选落幕，马克龙击败极右翼候选人玛丽·勒蓬高票（58.5%）连任。这是法国 20 年来首位成功连任的总统，也是第五共和历史上在没有总统与总理左右共治的情况下赢得的连任，——当初密特朗争取连任时其竞争对手同时也是其总理的希拉克属于对手党派。五年前，年仅 39 岁的他成功当选总统后，如今又创造了历史。当然，这也是选民对其过去数年执政的某种肯定。

重大挑战

但正如许多评论所言，这个成功并不能掩盖他以及法国政治面临的一些重大挑战。首先，第二轮投票极右翼的玛丽·勒蓬（Marie Le Pen）获得了前所未有的 41,5%的选票，尽管这得票率并不能代表这些选民都倾向极右翼立场，而且事实上，玛丽·勒蓬这些年也不断地调整政策，比如放弃脱欧，在某些议题上淡化、掩饰其极右翼色彩，向传统右派的立场靠拢，因此也弱化了一些人投票给她的心理障碍，其中相当一部分投票给她的选民也是进行所谓《抗议性投票》，表达对现行政策或政治运作方式的某种不满，但毕竟这警讯还是严重的。

其次，政治分化与重组是此次大选后众多观察家不断评论分析的话题，这尤其体现在传统的左右两大政党：社会党和共和党的大溃败上——分别没能达到指标性的 5%得票率的门槛，（如达至，国家将负责报销大选所付出的经费）这将影响到后续的政党运作及其影响力。法国政坛显现出一种明显的三足鼎立的态势。

第三，与此相关，在这种三足鼎立的态势中，如去除 26%的投票缺席者，在参与投票的选民中，左右激进的力量累加超过 50%。而加上属于左翼的绿党的近 5%、社会党的不到 2%，右翼共和党的不到 5%。整个所谓温和中间阵营得票在 40%。政治呈现某种极化现象。当然，在左右激进力量的选民中也存在不同光谱、特别是激进左翼中的一些人，在一些原则问题上依然是坚持共和民主理念的，否则也无法理解马克龙第二轮投票的得票率。

政治分化及民粹

就政治发展来讲，传统政治往往因政权运作的不透明性，要么要因发生暴乱，要么因某种灾难性的事故，才能将体制运作中已经累积的某种痼疾呈现出来，加以调整。而就民主政体来讲，虽然有种种因周期性的大选所需要付出的成本，带来的喧嚷嘈杂甚至是某些冲突，它提供了一个阶段性地将各种隐性的问题暴露出来的机会。此次法国总统大选也是如此。

事实上，有些问题不是仅在此次大选才突然有所显现，在过去多年的选举中已有程度不一的暴露。在马克龙过去执政的五年中，从“黄马甲”运动，到疫情危机，过去三、四十年长期累积下的一些问题逐一显化。马克龙自己横空出世，脱离原有的政党结构，五年前赢得大选本身已经说明，旧的政党结构已经无法应付当下的局面，需要新的创新，这次大选更加彰显强化出这种必要。

此次大选，在物价高涨的背景下民众的购买力问题成为大选后期最重要的影响因素之一。原来主打移民问题、声势甚高的极右派候选人埃里克·泽穆尔（Eric Zemmour），抢了不少老牌极右翼玛丽.勒蓬的光环，甚至有一段民调超过后者。但乌克兰战争爆发，不仅因法国人出于人道的关怀热情接待乌克兰难民，冲淡了那种简单化泛泛谈及移民议题的重要性，也因埃里克·泽穆尔对普金的推崇影响到选民对其观感，造成其选票大幅流失。事实上，玛丽.勒蓬也是普金长期的政治盟友，但战争爆发后迅速切割，主打民众的购买力，着力这数年来刻意扮演的社会下层利益的守护者，关怀者的角色，使得其民调止血，复升，最终成功进入第二轮。

玛丽·勒蓬代表的极右派获取23%的选票，至于中间派的马克龙得票（28%）。如果我们将另一位更加激进的极右派埃里克·泽穆尔（Eric Zemmour）的7%得票，以及另一位接近极右立场的民族主义候选人尼古拉·杜蓬—埃尼让（Nicolas Dupont-Aignan）的2%汇总，法国极右翼、民族主义阵营的得票超过30%。在左翼一方，加上法国共产党候选人法比安·鲁塞尔（Fabien Roussel）以及另两位各得票不足1%的反资本主义的极左翼，激进左翼阵营的整体得票在25%左右。

而被视为持激进左翼立场的“不屈法国”梅朗雄（Jean-Luc Mélen chon）在以往主打的社会正义、关注弱势主题外，此次特别着力环境与气候问题，且也借此刻意淡化其政纲的激进左翼色彩，很好地起到吸纳年轻人选票的功效，且在以往习惯上并不是他的支持者的那些中产阶级甚至某些高级白领中也由此获得更多的好感，更大的支持，让其选票最后得以冲高，第一轮投票中得票22%。当然，在梅郎雄及玛丽·勒蓬这左右激进两翼的候选人得票中，左右双方阵营选民在其他左右翼候选人进入二轮的胜算不大的情况下，为强化两人各自进入第二轮的可能性而进行策略性投票的选民也占相当的部分，这也是造成左右传统的两大党得票甚低的原因之一。

玛丽·勒蓬与梅朗雄两位都是被观察家定义为典型的左翼或右翼民粹主义者，在有关西方当代民粹主义的研究中也常被拿来作为左右两翼的民粹主义典型加以分析。两者从不同的角度出发，却具有一些类似话语，以人民的名义对抗各种精英的政治表述，对现有制度及其运作、世界秩序如在欧盟、全球化等问题上都抱有怀疑甚至是敌视的立场。在相当多的内政外交议题上，两者事实上不仅在论述方式且在一些具体政策主张上殊途同归，有很大的同质性。

也是为此，可以解释为何有相当大一部分的梅朗雄的选民在第二轮投票中转投玛丽·勒蓬，这不是仅用抗议性投票可以解释的。事实上，从上世纪九十年代开始，法国相当一部分过去传统的激进左翼势力如法共占据主导影响力的地区就开始转向成为极右派的根据地，一些下层蓝领选民从法共的支持力量转为极右派的支持者。至于两者的区别在于，就玛丽·勒蓬来讲，许多政治主张是从一种传统的极右派立场出发，以维护传统、民族认同及主权的民族主义名义展开，论证排外；而对梅朗雄来说，则更多是从那种反资本主义、要求平等、关注弱势的角度出发，具普世情怀，既有传统的激进左翼的意识形态，也混杂了当代新兴的左翼运动如环境、少数族群权益等问题的诉求。

现代性的三角位移及民主的创新再造

大选之后，迄今为止的许多观察家、学者都做了些分析，触及了问题的不同层面，但似乎仍需做深入分析。在笔者看来，要理解上述现象仅仅从法国的视角、此次大选来看是有局限的，某种程度上讲。这些现象是世界性的，涉及某些攸关我们时代命运的深刻课题，折射着某种文明范式转型的挑战。

正如马克斯·韦伯所言，分化是与理性化相连的现代性的本质特征之一。也是因此，我们能理解为何民主制度逐渐成为一种现代的相应制度设计，因为其宗旨要在尊重利益多样的同时建构一种统一，在不断变动的动态中维系制度的稳定。但这种分化是需要某种制度框架，某种基本的共同体整合作为支撑与平衡的。当作分化的张力大于向心的整合力，民主制度的运作就将产生危机，甚至有崩解的危险。面对这种民主的危机，一种方式是向威权主义的方式回归，这也是我们当下在世界上诸多地区可以观察到的现象。这种现象的产生有极其深刻的社会、经济与心理的因素；另一种方式就是以民主的方式解决民主面临的危机，对民主进行创新再造，这需要政治精英与公民社会的合作。这也是当下世界可观察到的另一趋势。

造成当下世界范围内民主国家以及人类面临的一些重大挑战的最重要的背景，显然是过去几十年这场全球化的浪潮。它在给世界上许多地区的人们带来诸多的繁荣、发展的同时，也深刻地改变了全球政治经济文化的某些面貌，在诸多国家与地区造成各种新的贫富差距、环境问题、社会解体，文化认同危机等新挑战。面对遥远的外界发生的事件带来的不确定性，无法把握自身命运的焦虑与恐惧，让人们渴望安全，保护；那些跟不上全球化列车的利益受损者、自我认定为失败者，对现有制度开始感到怀疑，抱怨其并未能很好地庇护自己，很自然地利用可能的机会，表达不满，举行抗议，进而寻找一位保护者，同时在自己的国家包括外部寻找造成自己不幸的原因，具体的责任者、敌人；一种深深的恋旧情感笼罩着某些人，他们觉得自己包括自己过去曾是那样美好的国家被自己人出卖，现有制度都是保护既得利益者、外国人的帮凶；贫富差距的剧烈抬升，也强化了一些人对这种状况的愤怒，急切地渴望改变现状，构建一种在他们看来更平等合理的制度。……这种种感受，刺激、抬升了民族主义的情绪，对现实的拒斥，为从来都是与其相伴的民粹主义的复归提供了土壤。

民粹主义多具有两种指向；一种向后，在传统、过往中寻找梦想的家园，排斥外部；另一种则是憧憬未来，激进地设想与现实不同的某种理想状况。两种相反指向的民粹主义常常会以不同的形式与民族主义、国家主义结合，要么将自己的国家想象为美好的伊甸园，是外界的因素借助主政者、精英阶层的腐败无能腐朽侵蚀了这种乐园，文化与族群的纯洁消失；要么将自己的国家设想为一种新的文明的起点，理想的范式，通过激进的变革去营造一个优于任何依旧停滞在沼泽中国家的现存国度……今天在世界上，这类话语到处流行。

自现代性诞生以来，一直就存续着笔者称之为现代性三原色的意识形态取向。一种是以自由、人权、民主、理性等价值为主要述求可称为最宽广意义上的自由主义理念；另一种就是以各种形式出现的抗拒这种理念的理论思潮，我们或可用传统主义、保守主义等暂命之，其特点在于以传统的文化价值、社会秩序理念对自由主义理念加以批评修正；当然，这其中正如自由主义理念所包含的一样，也是具有各种不同的光谱，这里只就其基本指向加以讨论。最后一种，就是进步理想主义的理念，它不满于自由主义的理念在现实中的种种缺失，从指向未来的另一角度对现实提出批判，提出政治、文化、社会与经济的愿景。这三种思想意识形态取向彼此之间的紧张与冲突，内容的相互掺杂及影响伴随整个现代性两三百年的历史进程，是这种进程的动力，其现实的实践也造就众多的历史悲喜大剧。

当下，我们又到了一个新的文明范式调整阶段。除了上述提及的全球化带来的种种问题外，因现代科技、经济增长造成的负面效果尤其是在环境与气候问题上所暴露的问题，关系到人类的存亡，迫使人类要对以往的生产与生活方式做全新的检讨。而因全球化的作用，各种原因产生的世界范围内人员的大规模流动，移民的影响，传统的生活方式、文化价值面临巨大冲击，且信息与生物技术，六、七十年代开始兴起的认同政治风潮，也都从另外一些方面强化了这些冲击。如何审视全球化，重新定义新的人与人、人与自然的关系，确立正义与自由的价值，如何处理传统与现有和未来的生活方式之间的张力，这些都是新的重大挑战。那种经典的现代性的三原色意识形态在新的情形下在发生新的位移，现代性在被重新定义中。

或许是从这个角度，我们才能较好地明了法国此次大选呈现的三极政治势力背后更深层的意涵。某种意义上讲，这不是全新的现象，在现代性形成的过程中，代表三种不同意识形态的政治势力的角力从来就贯穿其中，随时代的变迁、所面临的问题而变化着的；但确实这又是新的，因为一些博弈的标的是全新的，一些价值需要重新评估。比如，无论左右过去都奉为圭臬的生产至上，增长至上的教义现在明显受到质疑，不再成为一种绝对的标准。

过去，这三种势力的相互作用，此消彼长，在给现代性带来新的动能的同时，也往往造成其各种严重的危机，这在一些重大的转型期尤其如此。当下，这种趋势再现。就对法国的现行民主制度来讲，尽管有其不足之处，但大体上还是有效地维系了民主运作，人们的自由权利得以保护，但以梅朗雄与玛丽·勒蓬为代表的左右两翼的激进力量，虽参与选举，但对现存民主制度的怀疑，某种不认可的态度也是显见的，话语中也常流露有一种要打破现有民主制度的冲动。从深层看，梅朗雄所代表的诉求牵涉的命题是那个永恒的关于社会公正的话题，不仅是人与人之间的公正关系，现在也要牵涉代际之间的责任问题：怎样的生活方式才是对后代负责、才是对后代公正的。而极右翼所高声渲染的说到底与一个问题有关：在当下如何维系传统，如何定义民族的身份认同，是否依旧还肯定遵守某些现代价值。至于马克龙所代表的则是一种理性、中道的立场，坚守民主共和的原则，在此基础上以大胆的改革、谨慎与平衡的施政来应付全球化的挑战，进行制度创新的尝试。过去这些年，比如在面对“黄马甲”运动时，马克龙就采取了一种全面对话，让更多公民卷入政治参与的尝试，尽管其效果不同的人有不同的评价，但这种尝试毕竟是有其意义的，在新的任期，通过制度改革，公民的参与或也可相应得到加强。这不仅是他的竞选承诺，也是法国政治发展下一步某种必须要落实之事。

……在笔者撰写此文的当下，时隔三十年法国历史上第二位女总理刚刚被任命，被人称为“法国总统大选的第三轮投票”的立法议员选举正如火如荼地进行着，一个月后将最终揭晓。在现有选举制度的约束之下，马克龙派得到多数议席这是大概率事件，但这三种政治力量最终各自会有多少议员当选，定会影响到今后五年法国的政治运作，走向，力量组合。而我们所有这里借法国此次大选所讨论的问题显然都不仅涉及法国，它们在所有民主国家多少都存在，有类似的现象。检讨民主，捍卫民主与再造民主将是我们这个世纪一个一体的工作，一个长久的挑战。

（补充说明：事实上后来议会选举出现小概率事件，马克龙所属执政党因缺几席未得到绝对多数，这与其总统大选后也许因乌克兰战事分神而对议会选举参与不够，缺乏足够的政见说明，有些过度自信、竞选动员不足有很大关系。这结果给马克龙通过法案，有效执政增添了困难，但因法国宪法有在一些议题得不到议会多数同意，执政受阻时政府有动用宪法规定的条款强制执行的可能，大体上不至于影响其施政。不过，因这种政治组合，在马克龙第二任期某一时刻，他解散国会重新举行选举还是非常可能的一种局面）。

有关阿富汗事态的十点看法

（FT 中文网 2021 年 8 月 19 日）

阿富汗事态在几天内急剧变化，引发全球的关注，这里谈十点看法，与读者分享。

1．因 911 攻击引发的美国阿富汗战争已经近 20 年，本·拉登已死，我们时代的技术、战争手段、地缘政治状况也决定阿富汗的战略地位价值不如以往时代，美国人每年花费大量金钱，死亡些士兵，引发美国社会的不解与不满，阿富汗越来越成为在许多美国人眼中与美国“无关”的事务，这些都决定了美国绝不会再在阿富汗驻留，撤出是必然。这也成两党、社会共识。撤军只是个时间与形式的问题。

2．只要美国人撤出，因现政府的脆弱，阿富汗大概率是塔利班回朝，带来某种新的混乱，直到其新的塔利班治下的秩序形成。

3．而只要是塔利班掌权以及其可以预期的政策带来恶果，任何在其任内实现撤军的美国总统都不可能不为之付出政治代价，承担后果。现在是拜登，那就该其倒霉，大概率一定如此，几乎是难以逃脱的命运。

4．但除去此点，就实施的具体的撤出方案来讲，能否有比现在看到的撤军状况更好的状况，笔者难以评判，但相信应该有更好的处理方式。拜登政府这次实在该受到批评。迄今为止，自执政来基本没走错步的拜登政府第一次出了问题，且在外交领域，本不应该。

5．不过这里就有一个更深层的问题：正如有报道称拜登政府内部原来预估，阿富汗政府（军）可以至少支撑几个月（3-6 个月，18 月，不同的估计），看来原来的撤军计划都是按照这种估计进行的。

此外当然还有特朗普时代与阿富汗各方商定的撤军计划的约束。现在看，这种对形势的估计完全是错误的。那说明，美国的情报系统此次再次发生误判。这里引发的问题是：为什么二十年的阿富汗经历，美国依然对阿富汗政治与社会错估？里边一方面可能有情报收集与传递上的问题（过去就读到过西方在情报工作上在阿富汗遇到挑战的报道—-如，阿富汗人包括恐怖分子都是以最原始的人际性的沟通传递信息，现代情报收集方式完全失灵，这只是举例）但在笔者看，最重要的问题可能是，美国人似乎依然缺乏对阿富汗整个社会的深度理解，信息收集分析系统上可能过多依据其上层系统，缺乏向下的深层扎根，与深层社会依然很间隔。或许这是此次情报收集与判断失误的最深层的原因。

6. 美国包括西方在阿富汗的二十年是否全归于失败，这还要留待历史作评，也要细致区分。就消灭本·拉登，在这些年摧毁恐怖分子以阿富汗为基地展开恐怖袭击角度讲，这二十年也许也不能完全归于失败。但就彻底在阿根除恐怖主义的土壤，建立一个现代国家来说则绝对是没有达成目的。这种失败的根源不是军事的，是一种社会学意义上的：没能找到一个在阿富汗这样的国家建构一个国家形式的恰当途径。这不仅是西方的失败，也是阿富汗人的失败。是阿富汗迈向现代过程中双元社会（城市与乡村）不同宗教、意识形态、社会结构、族群冲突带来的某种程度上讲是有些必然性的失败。显然，不是所有国家都能像日本那样靠外力成功转型。

美国这种失败前因或许要上溯二十年前小布什发动的阿富汗与伊拉克战争。当年翻看到新保守主义大将 The Weekly Standard 和 Foxnews 的专栏作家 William Kristol 和 New Republic 的 Lawrence F. Kaplan 所著的“通往巴格达之路”，便曾非常惊讶他们那种缺乏历史感与现实感的保守理想主义的分析。美国为此付出沉重代价，世界格局局面就此改变，中国乘势崛起，恐怖主义在中东泛滥尤其是 ISIS 的出现……。美国因 911 进行反击是必要的，但如果当时不打击伊拉克，专注于阿富汗，专注已有些气息奄奄的塔利班，今天的阿富汗甚至反恐事业、世界格局是否会有不同？

7．去年疫情爆发后，鉴于美国防疫的不力，社会的惶恐，笔者在接受采访与一些谈话中曾多次提及“美国的又一次越战时刻”，意指越战后美国一度的迷惘与怀疑。拜登上台，尽管因 Delta 病毒变异，美国相当一部分人尤其是保守一翼的州县居民拒绝注射疫苗，疫情近来反弹。但经济继续强劲复苏，如果美国拒绝注射疫苗的人在疫情的威胁下接受注射，不再有更危险的变异出现，美国控制疫情还是可期的。加之大规模基建计划的展开，将更进一步拉动美国经济。这些显然会对弥合美国内部的分歧有帮助。但美国内部的修养生息、调整、反思、检讨仍会需要一个相当长的过程，因为许多现在的问题也是长期积累的后果。在外部事务上，美国会进行战略重整，其核心将围绕与中国的关系展开。阿富汗问题是过去的遗留，过去与当下的处理不当，当然会对美国的威信有损伤，但如果美国能够很好地汲取教训，调整，自身力量重新稳定壮大，而塔利班掌权后，在度过这过渡期的混乱后执政又不过分极端，美国对外关系上的阿富汗一页就会慢慢掀过，尽管，可以预期，因阿富汗的人权状况美国仍将长久受得指责批评，美国内部也会长久就此不断地有所讨论，成为争议的话题。而如果阿富汗混乱持续，尤其恐怖分子再次利用阿富汗集结，进行恐怖袭击，美国与西方再次被迫出手的可能性依然存在。我们时代人类面临的一个根本性的难题在于：因缺乏世界政府，许多情况下依然还有赖一些大国比如美国出面做出些负责的决定，来处理一些国际事务甚至是与美国无直接关系的事务，但美国的一些政策又显然不可能不受制于美国自身的利益的需求，美国民众的喜好倾向的影响。哪怕再理想的总统，也无法永远违背美国人的意愿行事。我们这个世界仍然要为此关于美国的悖论、不确定性付出很多代价。

8．现在，有一个全世界都在等待答案的问题。此塔利班与二十年前的塔利班是否依旧会是一个。笔者的看法是相对折中。笔者认为，塔利班许多方面会与过去的塔利班具有连续性，继承，因此不能有太多浪漫幻想，但另一方面如果塔利班聪明，也不会完全照搬二十年前的政策，毕竟二十年过去，世界与阿富汗自身都有些重要的变化。一个政权毕竟要适应社会与世界环境的。尤其是鉴于二十年前的教训，加上 ISIS 的前车之鉴，塔利班如果想继续平稳执掌权力的话，就没有理由非要挑战美国与西方，外部世界。可以想见，其政权内部也会面临代际、区域、不同族裔的利益、看法之争。新一代的塔利班领导人应该与上一代的领导人有些区别，除非其宗教意识形态极其固化，那就是另外的问题。而除了那种极端宗教意识形态者执掌大权，否则塔利班或不会公开支持恐怖分子。当然，在局部地区，暗中的姑息相信会有的。那将是一个塔利班与外部世界博弈的筹码。

9．阿富汗的未来最终还是得取决于阿富汗人自己的选择。就这一点讲，二十多年后阿富汗的人们，尤其是都市阶层多大程度上会顺从地接受塔利班的统治，这一来将取决于塔利班的政策，二也取决于阿富汗人们的感受。那种极端传统、中世纪般的压制与渴望自由、向往现代的博弈会在阿富汗以各种人们难以想象的方式展开。现在因文化、经济、社会、族群等各种原因对作为占领军的美国以及占领军扶持的政权的不满，将来某些程度上也一定会转移到作为执政者的塔利班身上。都市阶层尤其是年轻一代因渴望自由而生的各种形式的抗争，因利益分配不均所必然产生的族群矛盾，管理国家所需要的知识与技巧，财政能力，都会给未来的塔利班政权以极大的压力，那不是仅靠倒卖鸦片所能应对的。塔利班搞过各种恐袭包括自杀恐怖，也许有一天，绝望的女性与年轻人会让他们也尝到那种袭击的滋味。

10．至于塔利班与外界的关系，当然会取决于他们的政策选择。如果适当温和化，逐渐就会被国际社会接受。这其中，关键是美国、中国、俄国，欧洲、巴基斯坦、中东一些国家的态度。如果我们大胆预测一下的话：如果塔利班是二十年前的塔利班，坚持一种极端宗教意识形态，它与中国的态度最终（需要些时间的“最终”，不会是立刻）就不会比与美国的关系更好。尽管现在中方努力拉拢塔利班，而后者也亟须中国的支持。因为它必然因意识形态与政治的分歧与中国发生冲突。而如果它不再是二十年前的塔利班，其最终（还是需要时间的最终）与美国的关系也不见得就比与中国的关系差很多。那是由利害、利益关系所决定的。虽然其在意识形态问题上，它会与美国与西方比与中国有更大的冲突。也许中方包括俄国现在有些人为美国撤出阿富汗而兴奋不已。但事实上，这或许不是中国的一个福音。抛掉包袱的美国会有更多精力、资源在亚太型塑其希望看到的格局，而中国西部的麻烦、不确定性就注定要大大增加。“一带一路”某些地区的成本、不确定性也会加大，实施起来更加困难。美国在阿富汗的存在，客观上好多年未尝不是给“一带一路”提供了某种意义上的安全保障公共品。现在这种保障消失，中方要自己付了。至于因阿富汗政治的变化所引发的难民潮，也注定要给这个因疫情已经问题多多，危机四伏的世界增添新的危机，国际社会也只有共同协调，给塔利班施压，应对一途。

历史没有终结，自由的进程也不会像一些自由浪漫主义者所想象的那样仅是“善与恶”搏斗逻辑的简单推演。过度的投射浪漫想象，不仅得不到希望看到的结果，甚至会付出更大的代价，让自己生出诸多挫折感，且最终不利自由事业的进展。这对美国，对全世界热爱自由的人都应该是一个值得思考的课题。

（补充说明：美国阿富汗仓促撤军之时，正值笔者在法国西部海边一小村庄休假，事发突然，用手机匆匆写下此文，发给 FT 中文网编辑，当时撤军依旧在进行中）。

欧盟建设中历史性的一刻

——从欧盟通过经济复苏计划谈起

（FT 中文网 2020 年 7 月 23 日）

欧洲乃至世界的历史将来会记住这一天！2020 年 7 月 21 日凌晨，经过 5 天上百个小时漫长、艰难的谈判，几度要中断、无果而终的欧洲峰会上的 27 国领导人终于达成协定，通过了一个包括 7500 亿欧元的“经济重建基金”在内的 1.8 万亿欧元的欧洲重振计划，一个几个月前人们都不敢想象的计划。至此，可以说，因疫情带来的欧盟整合与建设上的危机已经度过，有些人担心的欧洲的解体不仅不会出现，且因此计划的通过，欧盟建设将步入新的一程。法国总统马克龙在协议签署后称这是“历史性的一刻”。

欧盟建设的进展与危机

众所周知，今日的欧盟始于二战后的“煤钢联盟”。1951 年，刚刚走出二战烽火的法国、德国、意大利、比利时、荷兰、卢森堡六国，签署“巴黎协定”，次年正式生效，取消彼此间有关煤炭与钢铁这两种多次激化欧洲各国间的矛盾甚至导致彼此征战的战略资源的关税，欧洲历史上第一个超国家的跨国机构诞生。欧盟从此踏上一个漫长的建设路途。

这一过程取得了当初无法想象的长足的进展，但最近几年，欧洲建设也陷入一系列重大的危机。“冷战”时代，鉴于过去的经验与教训，欧洲人推动欧洲建设的一个重要动因就是避免战争，维系欧洲持久的和平。须知，在这片广阔的大陆上，自罗马帝国崩塌后，作为近代民族国家诞生地，各种争端、战乱绵延不断，造成生灵涂炭，财产损失。两次世界大战的爆发，让欧洲人了解到，一个和平的大陆，人民的幸福，取决于一个让渡部分国家主权、彼此合作、具有协调机构的共同体的构建。从经济到政治，基本上这一过程进展大体顺利。尤其是在"冷战"两大阵营对垒的背景下，来自苏东集团的威胁，也从外部强化、促成了欧洲内部的团结，成为战后欧洲建设进展顺利的另一重大动力。共同的经济市场，马歇尔计划的帮助，为欧洲的重建与繁荣创造了条件。和平、安全与繁荣，人们从欧盟的建设中感受到实实在在的益处。

但这些都随"冷战"的结束、世界格局的变动而发生了重大变化。欧洲建设在上世纪 90 年代"冷战"结束初期因"马斯特里赫特条约"的签订有过些令人鼓舞的质的飞跃。进入本世纪后，虽然也有欧元的启动、《尼斯条约》《里斯本条约》等重大进展，但最近些年，尤其是 2008 年世界范围的金融危机爆发后这十几年，欧洲在内部的政策协调、机构建设、应对外部危机与压力的统一行动上，都暴露出一系列弱点、问题，面临新的挑战。在金融债务危机、恐怖主义袭击、难民危机等因素刺激下，来自极左与极右翼敌视欧洲建设的民粹势力不断崛起，给欧洲建设带来极大的冲击，危机不断；前有英国脱欧所代表的各国脱欧势力的崛起，后有此次抗击疫情上的协调不利，各种脱离、解散欧洲的声调不绝于耳，乃至让一些悲观的人们觉得欧洲大厦处于摇摇欲坠的状态。

欧洲重建的动力

多年前，在与一些法国人士谈及欧洲建设面临的问题时，笔者曾有过这样的表述："Europe peut ne pas être populiste, mais ne peut pas être toujours impopulaire"（欧洲可以不是民粹主义的，但不能总是不受民众欢迎的）。意思是说，面临这波全球化的冲击以及当今世界的种种挑战，欧盟建设如果不能够展现出其应有的活力与作用，保护与提升欧盟内部公民的权益，赋予欧盟建设一些让民众切实可感的某种合法性与必要性，那么面临一些困难与危机时，仅靠宣传欧盟的理念就很难保持凝聚民众对欧盟的认可，欧洲民众就会易受各种民粹主义的诱惑，背离欧洲建设蓝图而去。这些年，欧洲建设所面临的危机从根本上讲是源于此。

世界范围内的认同危机，面对全球化带来的收益与发展上的不平等，在欧洲出现一种对欧洲建设的怀疑与拒斥是必然的。支持欧洲建设的欧洲精英层如果不能对此有深刻的体认并寻找到解决之道，欧盟建设这人类历史上最伟大的尝试之一是有可能归于失败的。

欧盟需要从上世纪 90 年代的浪漫主义冲动中解脱，面对新的世界格局进行调整，好好消化在笔者当初看来就有些过快的成员扩展，强化内部整合与决策机制的构建、各种政策的协调，增加决策的灵活性。在那种试图将欧盟迅速拉向一种联邦制的冲动，以及解散欧盟回归各自民族国家，或只是维系一种经济上的共同市场的各种主张之间，寻找到某种动态的平衡。而其中最重要的是，精英层不能与民众的感受过于脱节，要让欧洲的民众从切实的生活感受中重新燃起对欧盟建设的热情与认可。

而事实上，近些年国际环境的变化正在给欧洲建设重新启动从外部提供一些新的动能。俄罗斯在乌克兰东部冲突、克里米亚等问题上的表现，让欧洲人生出许多警觉，觉得需要以更多的协调来应对俄罗斯这些年在延缓、阻滞欧洲建设上的所作所为。——显然，从这些年莫斯科针对欧洲的一系列的行动中，我们可以清楚地一瞥这种战略的端倪；对俄罗斯来讲，一个相对分散、整合力较弱的欧洲是对其有益的。

特朗普时代美国对欧洲的政策，极大地伤及传统的美欧同盟关系。在安全、经贸、环境等议题上，彼此间的信任弱化，这让欧洲觉得有必要在继续保持与美国的合作的同时，保有自己安全、经济、技术上的一定的独立性，加快这些方面欧洲自身的合作。

同样，对一个崛起的中国来讲，一个具有相对的整合以便对冲其受到的来自美国的压力，但又不具备整体政策协调力的欧洲，也是最符合北京的利益及战略设想的。我们可以看到，从上世纪到今天，中国针对欧盟不同国家的情况，基本上是利用经贸利益，采取拉一个打一个的方式来各个击破，使欧洲不具备一个有实效的整体对华政策。但这种策略现在开始碰到某些瓶颈，中国的欧洲边缘策略，即拉拢南欧、东欧经济上遇到困难、政治上也相对弱的国家，来影响制约欧洲整体的对华政策，现在开始遇到越来越多的抵制，各种迹象显示，欧洲正加速采取协调一致的立场来对待中国。

以中国视为重大突破的意大利对华立场为例，当中国可能还沉浸于其拉拢意大利所取得的成果如让其接受认可“一带一路”的满足感中，得意于疫情严重时对意大利的援助的外交收益时，而这事实上却并没有阻挡意大利在一些重大问题上对北京的怀疑，意大利的态度已经在发生重大变化。几天前在华为问题上表态拒绝华为设备，已经说明了这一点。今后，在地缘政治发生重大变化，所谓“新冷战”已初具态势的格局下，欧洲甚至世界范围内这类对华不利的态度转变很可能只会越来越多。

欧洲建设的历史性一步

除上述外界因素外，欧盟内部政治、经济、文化、社会等因素，以及政策取向的变化，显然对欧洲下一步的发展至关重要。也是从这个角度来审视，此次欧洲重建计划才显得如此关键。

历史上，重大的危机也常常促成了欧盟建设的重大发展。疫情初期，因欧盟缺乏公共卫生协调机制，在意大利遭受疫情的严酷打击之际，欧盟以及其他各国的表现是相当不理想的，引发诸多批评，欧洲那些疫情严重的国家的人们对“欧盟有何用”的怀疑也到处蔓延。有些人甚至认为疫情危机证明欧洲建设已告失败。

也是意识到这种危险，5 月 18 日作为欧洲建设领导者的双驾马车的法德领导人马克龙与默克尔推出一个倡议（French-German Initiative）：在欧盟 4 月疫情中提出稳定经济的大笔支出后，再设立一个后疫情的 5000 亿经济复苏基金（recovery fund），用来推动欧洲的经济复苏，帮助那些受到疫情严重打击的国家。

这个建议一提出，在受到一片好评的同时，也立刻引发奥地利、荷兰、瑞典、丹麦、芬兰等被称为“节俭国家”的反对。在 5 天前欧洲首脑峰会开始之际，也没有人能确定此提议最终会被通过，而原定两天的峰会也因谈判的僵持而不断推延到 21 日凌晨，在此期间马克龙甚至默克尔都表示过悲观的看法，认为谈判可能会失败，最终无法达成协议，甚至准备好退出谈判。但最终星期二早上 5 时半，协议最终通过签署。

谈判中的主要障碍在所谓“节俭国家”不愿意给与意大利、西班牙等国家太多援助。按原定计划筹措的 5000 亿欧元无偿拨款中，最终欧盟提出妥协方案，降低到 3125 亿欧元，如果再加上摊到其他年度财政中的相关拨款 775 亿欧元，达到 3900 亿欧元。除此之外，在这总额为 7500 亿欧元的“复苏基金”中，另外还有 3600 亿欧元为贷款。“复苏基金”的 70%将花在 2021 和 2022 年度，剩下的 30%将在 2023 年度使用。意大利、西班牙与法国作为三个受到疫情打击最严重的国家，意大利将获得拨款中的 818 亿欧元，西班牙将获得 773 亿欧元，法国将获得 388 亿欧元，接下来是波兰 337 亿欧元，德国 288 亿欧元……所有其他国家都根据疫情、经济状况获取一定的资金。那些持反对态度的国家因“复兴基金”中无偿拨款部分的总额的降低以及其获得的财政返款额的提升而最终也同意了此计划。

也许这里我们没有必要更多地谈及其技术细节，只就笔者看来此次“复兴基金”通过可能会对欧洲未来所产生的深远影响略谈几点看法。

首先，这计划说到底还是欧洲团结的一个具体体现。能否寻找到一些新的超越性的价值目标对欧洲下一步的建设至关重要，欧洲不能只是一种经济意义上的存在，那终究会因各种可能的利益分配矛盾而连带产生政治危机，导致欧盟建设失败。此次振兴计划协议的达成，体现了一种人文与合作互助的精神，这是一个很好的新起点。

其次，欧盟建设又不能没有经济的基础，各国利益上的协调与风险责任的共享，民众对获得的好处要有感觉等，都是十分重要的因素。比如我们看到欧元曾帮助欧洲有效地应对了种种危机，但也看到因缺乏欧元区共同的财政政策所带来的种种问题。2017 年上台伊始，马克龙就主张要建立某种欧元区的有限的共同财政，这几年确实也有进展。欧盟此次在 7500 亿欧元“复兴基金”外，也通过了一个未来 7 年的 1 万亿欧元的财政案，用于推动欧洲的整体经济与社会发展。

而最具意义的是，此次“复兴基金”所需要的资金将由欧盟成员国作为一个主体共同承担债务责任，去市场上募集，这是欧盟的共同债务。过去这一直被一些成员国所拒绝。现在，因此计划，欧洲国家的人民会通过自己得到的好处以及欧洲各国展现的团结而对欧洲建设更具信心，更具好感与认同。欧洲经济也因此强化了彼此间内在的连带性。

再次，关于一些资金使用与监督上确立的原则，如将由欧盟理事会依照多数决原则通过欧盟委员会提交的各国制定的资金使用计划，而不是像一些“节俭国家”所希望的那样每个国家都有对计划的否决权。这或将进一步增加欧盟决策的弹性。

最后，此次重振基金使用上的一些相关规定以及偿还债务上的一些设想，一定会对欧洲以及人类的未来生活产生深远影响。就资金使用上来看，其中最重要有两点。一是 30%的资金规定要使用在与气候变迁与环境相关的产业项目上。二是资金使用与欧洲主张的民主与法治、人权的价值挂钩，这主要是针对近几年匈牙利与波兰出现的威权主义倾向，这两国现在都在接受欧盟就其违反欧盟的一些民主与法治的相关规定接受审查。尽管就资金使用及违背欧盟民主价值所可能遭受的惩罚的程序细节还有待确定，但相信这对这两国最近几年在法治、新闻自由等各方面的倒退会有很好的遏制作用，对其他国家也是个警示。

就债务的偿还而言，欧盟将对那些在欧洲范围牟取了巨额利润且迄今不交税的巨型的跨国数字信息网络公司征税，并在欧盟边境对所有入境的具有污染性的产品征税。相信这些措施一旦落实，对经济的全球治理与环境保护、欧洲民主价值的维护都将具有深远的影响。

毫无疑问，这次欧洲峰会达成的欧洲自己的“马歇尔计划”协议，是欧盟委员会主席冯·德莱恩折冲樽俎调和，更是德法两国携手努力推动的成果，是作为欧盟轮值主席的默克尔政治上的胜利，更是一直以推动欧盟建设进展为己任、一直有相关主张的马克龙欧洲理念的胜利，相信会有助于巩固与扩大他们在各自国家内部以及欧洲、世界上的影响。欧洲的建设始于一种经济性同时也带有很强政治意涵的“煤钢联盟”，而此次的“复兴基金”计划，将会给欧盟建设带来可以预期的新的巨大动能。而可以预见的是，在该协议成功签署的激励下，下一步欧盟以同一声音在世界上针对某些国家就某一事件发声的概率将进一步加大，更积极地参与，处理一些世界事务。

周虽旧邦，其命维新。作为民主、现代文明发源地的“旧大陆”欧洲，即使在去掉英国后，人口仍有 4.5 亿，整体国民产值相距美国不远，为世界第二，近 20 万亿美元。欧洲应思考如何检讨自身的问题，在去除一些臃肿沉重的包袱基础上，妥善处理好福利与发展、环境的关系，积极地推动欧盟的建设，在后疫情时代就人类的生活与生产方式、民主与人权价值的捍卫，去探索新的道路。同时，欧洲与“新大陆”的美国在共享基本民主与人权价值的基础上保持合作的同时，可就生活与生产方式展开某种良性的“伙伴竞争”，以增加民主、自由、生活与生产的多样呈现与创新，遏制专制势力的扩张，相信这会有助于人类的自由与福祉。这对处于危机时代、面临国际格局的重大变化、现代文明转型的整个世界，都应该会是有很大益处的。

后疫情时代的世界政治走向

——从近期法国政治的变化谈起

（FT 中文网 2020 年 7 月 12 日）

后疫情时代世界政治会有些什么趋势？这是人们想了解的。在西方主要国家中，法国最近的市政选举结果及总理更换或许给我们透露了一些信息。

后疫情还是疫情中

十几天前从美国回到法国，在疫情控制上还是感到两国有不少差别。先看数据，7 月 12 日，法国报告的新增病例是 658，入院 156 人，重症 9 人，新增医院死亡 25 人。数据显示新增病例都比前上周稍多增一些，尽管在十位数或个位数上，但已引起当局的警觉，呼吁公众不要放松警惕，要继续保持应有的防疫习惯。美国新增 66281 例，死亡 811。尽管前一段美国各州陆续开放，社会、经济活动逐渐恢复，但从创纪录的日新增病例上讲，美国的疫情控制仍艰巨。

有人称美国疫情进入第二波，这似乎要看怎么定义。严格意义上讲，美国依旧在第一波疫情中。正如笔者几个月来不断主张的：我们在看待疫情时，需要更细致的、多视角的分析，不能只就数据总量作结论。比如，美国除感染人数比例高于欧洲一些国家外，以 3.3 亿人口为基数，死亡比例总体并不比欧洲一些国家高。这是个大陆国家，疫情暴发分布不一、快慢也有差别。前一段疫情最严重的地区是高度国际化、人口密集的纽约、新泽西、马萨诸塞、加利福尼亚等地。而最近增加的病例大多集中在前一段病例与死亡较少的南部与西部州，如佛罗里达等。这些州前一段开放也较早。以病毒的传播及人们的适应方式来看，喜好自由生活方式的美国人尤其是年轻人对防疫的轻视，加上黑人弗洛伊德死亡引发的抗议造成社会接触加大，一些地区新病例的增多也就难以避免。

总的来看，特朗普在此次抗疫上的所作所为，如一些专家评定显然是不及格的，自以为是、意见多变、缺乏对专业人士与地方首长的尊重。他会因此付出怎样的政治代价，美国疫后将引发怎样的政治变化，社会会怎样检讨，都需要我们继续观察。事实上，在笔者看来，就“黑人生命同样重要”（BLM）运动的爆发看，疫情本身就已经构成一个重要成因，如果没有长时期的隔离，至少社会不会积聚那么强烈的社会心理动能，这对年轻人来讲尤其如此。此外，其他一些国家如巴西的疫情也在发展，很难说世界范围内疫情到底何时能受到控制。

不过现在看，如没新的发展，欧洲一些国家因疫情基本得到控制，正陆续进入后疫情期。就法国看，这方面一下飞机便感觉明显，街道上、公园中、商店里，尽管依旧保持小心谨慎，但人们神态放松，不再具有那种焦虑紧张的表情，日常生活已渐趋正常。社会、经济、政治各方面的关注重点，主要都在探讨如何应对疫情带来的各种严重后果，防疫已不再是首要关注点。

市政选举的绿色大潮与执政团队的更换

在此背景下，6 月 28 日，法国举行了 2020 年市政选举的第二轮投票。3 月 15 日疫情已起，在选举是如期举行还是取消的争议声中，法国还是举行了第一轮市政选举。本定于一周后举行的第二轮选举，因实施隔离被迫暂停。因此这场市政选举前后两轮间隔三个月，中间的疫情也让一些选情发生变化，某些选前便已经出现的趋势也得到强化。

以总理爱德华·菲利普选情为例。在出任总理前，他为法国西部港口城市勒阿弗（le Havre）市市长。此次市政选战，他回炉到本市参选。尽管过去他在该市口碑不错，但在第一轮投票中并不理想，无法保证其第二轮投票能胜出。这主要是受其最近三年担任总理的施政之累，施政中出现的问题、危机损害了他的一些声望。

法国的政治传统中，许多中央级的政治人物都以当选地方市长为起步，且将其所任职的市营造成其政治基地。这常让笔者联想到传统时代各种领地与中央政权的那种关系，有点“领主”的那种味道。好处是对这些政治人物来讲，这种做法能使其接地气，熟悉地方事务、人情，同时也为其一旦因各种原因从中央政府退出预留再施展的空间。

菲利普总理其实就是按照这种传统在布局，尤其是有传闻，称其与马克龙总统开始有些不协调，马克龙很可能在市政选举后换将。在此情况下，这种选择就更有其逻辑。这里顺便说一句，就这传统讲，马克龙确是个例外，他是没有担任任何地方民选官员甚至是国家议员的经历，只在短暂地担任中央政府的部长后直接靠选战杀入总统府。

尽管反对派以菲利普不会真回市里担任市长、投票给他只会是选一个傀儡市长为主轴展开攻击，菲利普却在选举中以压倒多数的59%票数胜出。这其实已不再让人意外。原因就在于，三个月的选战，作为第一线指挥的总理菲利普，耐心、细致、严谨地向公众就疫情及其采取的各种措施进行日常性的解释，让人们对其产生极大好感。

菲利普喜欢拳击运动，过去让人觉得施政上是个有点僵硬的政治家。让马克龙政治上付出很大代价的“黄马甲”运动及退休制改革上的挫折，其实作为总理的菲利普都是有些责任的，与他的一些想法、主张有关。如他决定在一些次级公路上为安全起见将限速 90 公里调至 80，是“黄马甲”运动的导火索之一；本来是大众欢迎的退休制度改革，却因他主张将能领取全额退休金的年龄增加到 64 岁，引发社会态度逆转，反弹，抗议不断……但他在抗疫这样一个危机时刻，靠其表现，赢得人们的信赖，觉得是一个可以指望、靠得住的总理，民意飙升 16 个百分点，满意度达到 50%，超出马克龙（有传闻这让这位少壮总统有些不爽）。

对一个执政三年，且经过了一些列重大改革、各种风潮冲击的政治人物，有此民意满意度已是非常难得。更何况，他那几乎是一夜白了一把的非常显眼的胡须，让人们感受到他付出的辛劳，以及为民众的健康所抱有的真诚忧虑。也因为此，在第二轮市政选举当日做出的民调中，人们希望政府组成有所调整，但罕见的是大多数人还希望他留任。

不过，7 月 2 日最终消息传来，菲利普还是宣布正式辞职，执政三年的现有团队解散。不管这决定是他自己做出还是马克龙的意思，这位刚届知天命之年的政治家，选择回归自己的基地修整，他日再出发，其实是一个非常明智的选择。政治人物最大的一个挑战往往就是被权力冲昏头脑，不知进退之道。更何况，马克龙请他承担协调重组执政联盟的工作，显然，他不会很快消失在国家层面的政治舞台上。抛开个人选择，此次政府更迭，说到底是与马克龙试图通过更换执政团队来营造新的氛围，组建新的团队应付后疫情时代的诸多挑战有关。

此次市政选举最大的赢家是环保主义政党。法国因历史原因形成数个环保绿色政治势力，近几年因气候变迁、环境问题日益成为人们关注的重点，影响日增，去年 5 月的欧洲议会选举，环保政党曾以 13.2%的得票率成为第三大政治势力。此次大选，他们再次斩关夺隘，前所未有地拿下法国一些长期分别由左右政党执政的重要大城市，如里昂、波尔多、斯特拉斯堡、普瓦捷、格洛诺布尔登，还有些中小城市，掀起“历史性的绿色浪潮”。

即便是由著名女政治家奥伯尔夫人执政的左翼基地里尔市，面对环保阵营的挑战，最终也只是以 200 票的差距勉强保住市长宝座。更何况她的竞选纲领与团队中本已就包括一些重要的环保措施与环保人士。同样，赢得连任的巴黎市长、夺下右翼执政几十年的法国第二大城市马赛的左翼团队，在竞选纲领中也都有极重要的有关改善环境、防止气候变迁等方面的重要的政策主张，也有相当的环保人士。（至此，法国第一、二两大市皆为女性所执掌了）。可见环保势力在这些城市崛起的迅猛。

虽然我们不能轻易将市政选举与国家层级的选举划等号，许多政策侧重点以及选民的选择重点都还是有相当的不同，且市政选举也一向有较高的投票缺席率，此次第二轮投票因疫情这方面就更显突出，但我们从中毕竟可以一窥某些征兆：从此，至少在法国，任何政治人物都不能再忽略有关气候变化、环境保护的议题，一个新时代的政治主题真正确立。

需要顺便提及另一个即便是法国媒体也没有给予很多重视的现象：此次一种新型的以主张公民参与市政管理的竞选联盟在 400 个城、镇、村推出候选人，其中 66 个赢得胜利，而上一届选举这类候选人几乎未有什么斩获。这似乎也传递了一种信息，公民越来越关注那些牵涉自身的市政决策，希望能有所参与，而不像过去一旦选举完成，对市政的决策多半就只能被动接受。

后疫情时代的新左翼与新右翼

三个多月前，在欧美各国刚刚进入隔离的时候，在不同场合就新冠及后疫情时代世界政治所作的演讲与访谈中，笔者都曾提及，今后世界尤其是西方社会可能大体上会被两种思潮所左右。一种是更加强调全球合作的必要，以应对人类面临的各种环境、气候、贫富差别等方面的挑战，主张一种新的平等、自主但协作、可持续发展的生活；另一种会强化民族认同、国家主权，重新认可传统价值与生活方式、家庭的重要，青睐乡间生活，地方特色，重视集体与个人生活的安全、强调文化与地理边界划分等等。前者倾向向他者开放，后者对与外界的合作多有怀疑。前者富理想主义色彩，后者多持现实主义的态度。

这将构成21世纪左右翼意识形态的一个新的重要分野。事实上，这两种趋势的形成近年来已越来越明显，只是因这场疫情会被更加强化。各个国家的政治生活，今后会围绕此两个立场，就各个不同国家的具体议题而展开力量之间的博弈、争辩，做出政策选择。但同时，这两种意识形态立场也会有些共同的趋向，比如重申公共权力的重要性，对市场的自主性尤其是全球性的资本、人员、技术的自由流动会加以限制，对过去几十年的这波全球化进行批判与检讨。同时，在一些模糊的领域如安全问题上，会有些非常暧昧的互通性。举个例子，这次在法国市政第二轮选举结束的当晚，一些民调显示，在那些投了环保人士的选民中，他们对未来市政关切的秩序中，除了“环境、气候、生活质量”等问题外，“安全”竟然排列为第三位，而这显然传统上是右翼的政策选择。

当然，我们或许可以说，如何定义这种“安全”，细究起来，具体含义取向或有差别、不同，但在后疫情时代，人们希望得到国家、社群、家庭的保护，可能是一种普遍的心理。这也体现在法国一些市政选举前后的一些民调上，普遍希望国家扮演起保护者的要求。最近这些年，这种社会心理事实上已在法国及许多国家出现，可能是对全球化引发社会纽带的弱化、个体的孤独与无力感增加的一种反弹，显然也是促成一些国家多少都浮现的威权政治现象的一种深层的社会心理因素。个体自由化程度与范围随前一段全球化、各国内部管制的宽松而扩大，但恐惧、逃避自由的心理似乎也在酝酿，在危机来临的时刻，一些人便会转而冀望受到保护，甚至放弃某些自由的诉求。

那种右翼的对传统价值与生活方式再强调的保守主义取向，也有可能在某些方面与新左翼的诉求嫁接、混同、形成共识，如气候与环境问题，但区别可能在于一种是更世界主义的环保观，而另一种则可能只是注重自己家园的本土主义环保。正如在工业革命时代，左右翼都有对工业革命的赞赏，但左右翼又以不同的角度对工业革命进行的方式及产生的结果进行各自的批评，提出了不同的改进方案。

如果说一两个世纪以来，左右翼在有关社会公正议题上的分野主要还隶属社会层面，着重经济成果的分享，21 世纪的社会公正的观念内涵已经扩展，加入许多环境、气候、健康、主体身份感受、世代权利等内容。在面对新时代的课题上，传统的左右翼阵营都面临重组，双方阵营内部都会形成各自的保守、反动和进步派别。我们处在一个大的政治与意识形态瓦解、重组、再造的时代。传统的左右翼划分不再贴切，需要介入新的标准。标榜既不属于左派也不属于右派，马克龙的出现，其实已经透露出这种转型重组时代的一些特点。

从历史上看，即便是标榜进步性质的意识形态，其实内涵里也往往包含许多传统的成分；指向未来的社会蓝图，常常暗藏着对已经消失时代的怀恋、回归想象的过去的黄金时代的冲动。以 19 世纪中叶以来的左翼意识形态为例，指向是对现实的资本扩展的社会的批判，试图达成一种新的社会团结的社会，但其参照往往有许多是来自对中世纪、古代甚至是更原始时代社会形态的想象。所以，今天出现的一些新的左右翼的意识形态也同样会具有类似的特点。如何防止新的非理性的乌托邦与极端的保守主义可能带来的问题甚至灾难，依然是新世纪在另一种背景下需要注意的重大问题。

……

7 月 3 日，一位 55 岁，名为让•卡斯泰（Jean Castex）的政治人物出现在公众面前，被任命为新的总理。这位过去曾任萨科奇时代的总统府副秘书长，长期担任地方市长、高级行政职务的政治人物，却长期不为人们所了解（77%的法国自认从来没听说过此人），只是在近期因负责解除疫情才被人们略多熟悉。据各界评价，这是一个长于协调、善解人意的人物。他走马上任后，立刻着手组阁，6 日晚新政府亮相。这是一个很有些中右色彩的政府，显然，这是与马克龙对两年后大选的评估，要争取这一光谱的选民的考量有关。强化权威同时与民众贴近；上一届政府的专家色彩淡化，有政治老将复归，也有些来自公民社会的出人预料的新人。

基本上，政策的几大主轴呼之欲出：疫情后的经济重振，拯救企业，减少失业（疫情期间政府宣布为减少企业破产，动用 3000 亿欧元资金帮助各类企业纾困，确保没有企业因疫情破产，职工失业）；强化社会安全措施，重组医疗保障系统，以便更好地应付各类与公民健康相关的挑战；加大强化保护环境、应对气候变迁的措施；重启被疫情中断的极富争议的退休制度改革……这些既与疫情前推动的政策有连续性，也显然与疫情引发的新挑战有关，透露出国家政策重组以达成更好地重建国家经济主权与运行，面对未来，回应民众希望得到很好的保护的要求。

法国的后疫情政治时代正式启动，相信其展示的一些趋势多少都会在其他国家陆续浮现。

（补充说明：这篇文章写于2020年夏天笔者刚刚自哈佛归法。所谓后疫情现在看也还是有些过度乐观，自那时，至少在法国新冠疫情还是经历了几次反复，迄今也没有完全消失。但从社会心理，政治走向、人们的行为看，称自那时起开始进入疫情后也不是完全没有道理，政府、人们都学会了更从容地对待疫情，采取各种应对措施，已经没有了2020年春天那种紧张。而最重要的是文章中提及的对今后一些政治与意识形态的走向的分析，仍是笔者迄今没有变化的看法，而事实上各种事实展现分析中提及的趋势正在不断地得到强化，日渐显著）。

历史性的大选

——欧洲政治的大重组与再造

（FT 中文网 2019 年 5 月 28 日）

5 月 26 日，欧盟举行议会大选。此次大选在英国脱欧陷入僵局，欧盟各国民粹、民族主义势力崛起，国际格局正在发生重大变化，欧盟建设处在一个历史关口之际举行，其重要性不言而喻，故也引发全世界的瞩目。选举结果所揭示的某些趋势，不仅关系欧盟下一步的发展，透露出欧盟政治演变的一些重要信息，或许也将会对世界政治的下一步走向产生重大影响。

现就此次历史性的大选谈几点观察与思考。

一场真正的欧洲大选

长久以来，因相较于欧盟各国的政府与政策，欧盟的机构与政策对民众来讲显得较远，不那么直接，欧洲政治的主体依然是各国政府。民众对欧盟选举相对关注较少，投票意愿也相对低落。1979 年举行的第一次欧洲议会选举（9 国）和 1984 年举行的第二次选举（10 国），投票率分别为 62%和 59%；1990 年代初“马斯特里赫特条约”签订、欧盟建设快速发展时代的两次选举（1989 年和 1994 年）投票率超过 55%；从 1990 年代中后期起，多年来欧洲议会选举投票率就一直低于 50%，在 40%上下摆动。这或许也与欧盟建设上缺乏新的重大议题有关。

然而自英国脱欧公投后，最近几年，伴随欧洲内部反欧盟政治势力的崛起，以及外部美、俄、中等国给欧洲带来的各种挑战，欧洲的存亡、作用、未来发展方向以及内外部政策的协调，猛然间又再次成为人们关注的一个重点。多年来，一些国家的低投票率一直是一些专家讨论的重点，也是那些关注民主制度健康运作的人们的一个关注焦点。但在笔者看来，其中一个关键，恐怕还在于选举是否涉及重大议题；一旦议题重大，我们往往可以看到，还是会发生重要的选举动员。

此次欧洲 28 国的选举，除英国外，整体的投票率都大幅上升并过半；以法国为例，较上次欧盟选举，投票率整整提升近 10%。在许多人看来，此次选举或许攸关半个多世纪以来欧盟建设的存亡与未来的重大政策走向。环境与气候变迁、移民、英国脱欧后的欧盟建设……一系列重大问题似乎都需要在欧盟层面才能得以解决，即使是反欧盟的政治势力，也将进入欧盟立法与决策机构视为政治发力的必要途径。这也就不难解释，为何在笔者近 30 年在欧洲的生活经历中，鲜少见到各种选民像此次这样重视欧盟大选。欧盟真正开始成为一种人们觉得不可或缺、利害攸关的政治议题。从这个角度看，一个政治的欧洲是否事实上已经又迈出一个新的步伐？

旧版图的崩解与新格局的构造

我们从这次大选中获取的一个最重要的信息是：几年前就已开始的欧洲政治传统版图的解体与新格局的再造不仅没有停滞，而且有加速的迹象。此次传统上统驭欧洲议会近 40 年的左右两大势力，右翼人民保守联盟（PPE）和左翼社会民主党联盟（PSE）丧失主导优势，前者获得 177 席，后者获得 150 席，相较 2014 年大选分别丢失 37 与 35 席，两者携手也不再拥有主导欧洲议会 751 席所需的 376 席的多数。

在德国，尽管默克尔的基民盟以 28.7%保住了得票第一的位置，但相较 2014 年的大选还是丢失 6.6%，而社会民主党只获得 15.6%的选票，减少 11.7%。在法国，两年前马克龙打破传统政治格局崛起，政坛大洗牌；今天，传统的右翼大党“共和党”出人意料地更落到第四的位置，只得到前所未有的 8.5%的低得票率，而另一传统大党左翼的社会民主党也只获得 6.2%的选票，虽然没有陷入灭顶之灾（低于 5%这一门槛），但依然还是在上次总统大选崩解后的废墟中为生存而挣扎着。这导致在大选结果出炉后，原出身温和右翼的现总理埃德瓦·菲利浦在评论结果时这样说到：“传统的政治分野不复存在”。

在意大利，五年前欧盟大选只得到 6%选票、现与“五星运动”联合执政的极右翼“北方联盟”此次大举获胜，得到 34.4%的选票。而传统的右派政党“意大利力量”只得到 8.7%的选票。在英国，尽管情况特殊，只有 30%多的投票率，但左右两大政党工党和保守党都遭到历史性惨败，保守党甚至跌至第 5 名……

解体或绿色的欧洲：过去与未来的较力

此次大选，在传统政治势力势衰的趋势外，人们观察到的另一重要趋势显然是极右翼、民族主义势力的强化与扩展。这种情形一如我们在上文提及的，在意大利显示得最为明显。此外，现在执政的匈牙利总理欧尔班的青年民主主义者联盟因其一些违反欧盟民主价值原则的做法，前一段时间被其所属的欧盟议会人民党党团停权，此次却在 43.3%的投票率中获取了 52.3%的选票，强固了其地位，这也将增加人民党团下一步如何处理该党、是否将其开除出党团问题上的难度。而该党的动向也牵涉欧洲极右与民族主义势力的互动。

在法国，从前“民族阵线”改名而来的“国民联盟”此次获得 23.3%的选票，占据第一把交椅，比马克龙的“法国前行”（22.4%）高出不到一个百分点，尽管得票率低于 2014 年“国民阵线”在欧洲选举中首次位居第一的 24.9%，但因此次投票率攀升，还是上涨了 50

万左右的选票。几个月来震动法国的“黄马甲”抗议运动，也助长了其票源的拓展，有报道分析称，“黄马甲”抗议者中有将近38%的人将票投给了“国民联盟”。尽管在荷兰、丹麦等国，极右与民族主义政党遭到失败，但整体上看，极右翼或近极右翼的席位有较大增长。对欧洲表示怀疑的民族主权主义者势力、民族主义立场的力量组合有所变化，发生转移，从116个席位减到59；但属于右翼民粹、极右势力的席位却大幅增长，从37席增至112席。如果他们内部能达成一致，保持协调，或许就会成为欧盟内部的第三大力量。

问题是，在对待移民及俄罗斯的态度和立场上，迄今为止这些民族主义与极右翼势力分歧相当大，甚至如同水火：意大利与法国的极右派与普京关系热络，而东欧波兰、匈牙利的民族主义者却对普京的俄罗斯深恶痛绝；现为意大利副总理、内政部长的极右派“北方联盟”负责人马泰奥·萨尔维尼主张将在意大利的外国移民分摊到各国去，而法国的“国民联盟”却坚决反对。尽管在选前一周，受萨尔维尼邀请，包括“国民联盟”主席玛丽娜·勒庞等欧洲极右势力代表曾云集米兰，成立一种欧洲极右翼的协调联盟，但具体触及到各自政治利益时，他们最终能否很好地协调行动，还有待观察。但有一点可以确定，虽然这些极右翼势力尚无法决定欧盟的政策，但其增长了的势力将相当大地影响到欧盟今后的政策走向。

需要指出的是，与选前各种预测相比，欧洲极右势力虽然增长，但此次大选却没有出现他们事先预估的那种战果，还是受到了各国亲欧势力的阻击。特别是在英国脱欧陷入僵局、造成种种危机的局面下，各国选民对那种激进的脱欧论调开始产生怀疑。这迫使许多极右及民族主义势力，如法国与意大利的极右势力，也都在策略与话语上做了调整，甚至从根本上放弃“脱欧”主张，转而强调另一种欧盟再建方案：在强化民族认同、各国主权前提下，建设一个松散的“民族联盟”式的欧盟。

此次大选，中间力量的崛起或许是另一个重要看点——从68席一举增长到109席，从此将决定性地影响欧洲政治的组合。其中，马克龙的“法国前行”贡献最巨。尽管马克龙在与玛丽娜·勒庞在法国争取欧洲大选中政治势力第一名的角力中败北，但鉴于其主政两年，在经历半年的“黄马甲”运动强烈冲击后，仍能大体保持总统大选时第一轮投票的基本盘，可谓虽败犹荣，通过了“信任投票”，为下一步在法国继续推动改革奠定了基础。而且相对于上届奥朗德在执政两年后，社会党在欧洲选举中只获得 14%，丧失总统大选时近 50%的得票率的情况，马克龙及其团队大体还是可以感到宽慰的。更何况，马克龙试图通过其团队扩展壮大欧盟中间势力，并最终推动欧盟新的改革，这个意图也顺利达成。因此有评论说“马克龙丢了点面子，赢得了里子”。此外，经此选战一役的检验，“黄马甲”运动将进一步丧失其合法性，将逐渐归于消解：选前最后一个星期六，全法只有 1 万多人参加“黄马甲”街头抗议，而此次选举中，“黄马甲”推出的几个竞选名单总共也只获得不到 1%的选票，使得“黄马甲”参与者很难再以大众的名义向马克龙发难。

此次欧洲大选最出乎意料的是绿党的力量在欧洲尤其是关键的德法两国的大胜。德国绿党一举超过社民党跃居第二，获得 20.5%的选票；而法国的生态绿党也猛增到 13.5%，成为第三大党。欧洲绿党党团从上届 52 席跃升到 70 席。目前反欧、排欧势力不具备主导欧盟的可能性，处于相对孤立状况，同时传统左右两大政党党团又无法占据多数，在此情况下，绿党有可能与中间力量结盟，在生态气候等议题上约束可能的合作党团，在此基础上与某大党团合作，最终直接影响欧洲的政策走向。绿党的这次大胜，深刻反映了最近几年欧洲人在气候变化和环保方面出现的急剧的观念变化。在许多人尤其是年轻人眼里，气候与环境问题已经成为或者至少应该成为政治最重要的课题。此次 35 岁以下年轻人的投票率有很大的增长，而其中绝大部分是投给了绿党。大选前一段时间，全世界尤其是欧洲范围内年轻人围绕气候与生态问题的大规模集会抗议，都有效动员了年轻人在相关议题上的政治参与热情。某种意义上讲，此次欧洲大选标志着，一个欧洲新的绿党政治时代、一个生态气候政治议题时代已正式开始。如果说那些民族主义、极右翼势力的政治努力是要维护过往，那么绿党的跃起就是指向未来了。

世界的欧洲，欧洲的世界

作为现代文明诞生地，也经历种种冲突、战乱，走过艰难的建设之路直到今天的欧盟，一直是世界各国参照，对话乃至博弈的对象。美国的一些极右翼不希望看到一个更加协调合作的欧洲的出现，挑战美国的地位。班农的许多相关讲话对此直言不讳，且在欧洲设立相关机构试图推动欧洲的民族、民粹包括极右势力合作协调，瓦解欧盟。此次大选前几日，班农还专门飞来巴黎观察，给“国民联盟”助威，导致“国民联盟”为避嫌不断发布声明，撇清关系。此次欧洲大选，欧洲人似乎更清醒地认识到欧盟的存在与当下及未来世界的关系。几乎所有竞选人都不断提到欧洲因世界的巨变所面临的挑战，特别提及美、俄、中，提及环境与气候变化对人类的威胁。与以往相比，中国被以从未有过的频率提及，且基本上是以一种负面的对欧洲可能造成威胁的角度涉及，从这一侧面，也反映出整个西方世界对中国的态度在近几年发生的深刻变化。

欧洲是民族国家、民主制度的诞生地，也是欧洲人尝试着超越民族国家，在新时代更新再造民主的场域。此次选举向世人揭示了欧洲一些重大的政治变动趋势，政治格局在发生深刻的解体与再造。这种演变的结果不仅会影响到欧盟的存亡和发展，也一定会拉动世界政治格局的变迁，全球旧的政治文化的消解和新的政治文化的生成。这一切，是欧洲的，但似乎也不止于欧洲。有些类似的旧的政治解体、新的政治变动、政治文化的孕育，难道不也在世界范围内以各种形式展开着吗？以往，世界是欧洲的；今天，欧洲也是世界的。希望这个“世界的欧洲”能迎接好各种挑战，为自身也为世界提供一些新的参照、新的资源。

阿尔及利亚之春与伊斯兰世界的现代性

——阿尔及利亚学生与民众民主抗议浪潮简析

（FT 中文网 2019 年 3 月 14 日）

春天又到了地中海，地中海南岸阿尔及利亚的政治抗议也拉开了序幕，近两个月来，一场反对已执政 20 年的 82 岁的老病总统布特弗利卡（Abdelaziz Bouteflika）试图第五次连任的民主浪潮席卷这个阿拉伯世界的重要国家。

3 月 11 晚，在民众的抗议压力下，前一天从瑞士刚刚返回阿尔及利亚的布特弗利卡宣布不再争取第五届连任，宣告此次抗议取得重要的阶段性成果。不管下一步事态如何发展，阿尔及利亚的历史就此掀开新的一页，面临一个历史转折点。

独立、权力斗争与发展

要理解此次运动的爆发以及这个结果的历史性意义，或许我们需要将其置于半个多世纪来阿尔及利亚的历史中才能更好地理解。

众所周知，阿尔及利亚原为法国的殖民地，在二战后的民主独立风潮中，经各种抗议、武装斗争，最后于 1962 年获得独立。独立后，历届重要的总统，从菲尔哈特·阿巴斯（Ferhat Abbas，1958 临时政府—1963）本·贝拉（Ahmed Ben Bella, 1963-65），布迈丁（Houari Boumediène，1965—78），沙德利·本杰迪德（Chadli Bendjedid，1979—1992）直到布特弗利卡，多是出于一党专政的“阿尔及利亚民族解放阵线”（FLN）这个民族独立时期（1954 年）诞生的政党，且最重要的几位领袖如本・贝拉、布迈丁、本杰迪德都是军人出身。1990 年代初有过几个任期非常短暂的非 FLN 阵营总统，其中任期稍长的利亚米纳・泽鲁阿勒（Liamine Zéroual）是以独立候选人身份出任总统，但也是军人出身的军队势力代表。

从建国初以社会力量为主导的“临时政府派”和以布迈丁为首的少壮军事“乌季达派”（以当初武装斗争时驻扎的摩洛哥小镇命名）之间的斗争，到 1990 年代初与伊斯兰分子“伊斯兰拯救阵线”（FIS）进行内战时的总统任命，上层的权力斗争中一直贯穿着军人的绝对性影响。1965 年，作为“乌季达派”的掌门，当时任・本贝拉助手并身兼副总统、国防部长、军队总参谋长、情报首长的布迈丁，因不满本・贝拉试图削减“乌季达派”的影响以及与一些政治反对派如 Hocine Aït Ahmed 等达成的政治妥协，发动政变推翻本・贝拉，开辟了军队力量左右政治的一个传统；虽然布迈丁以继承革命传统为口号，后来一直否认其从事的是政变。事实上在那之前，本・贝拉在独立后的关键时刻之所以能在与各种力量的纷争中稳住权力，也与布迈丁率军进入阿尔及尔以实力压迫各方，对其表示支持有关。

这种昨日是战友、上级，今日是敌手、阶下囚的宫廷争斗循环，后来一直伴随阿尔及利亚政治迄今，充满暴力、阴谋、尔虞我诈、监禁、暗杀，这其中除有个人的野心、好恶、恩怨等，也自然与一些意识形态立场、政治选择有关。其中涉及的一些基本问题贯穿后来几十年阿尔及利亚的历史：如何对待过去的殖民历史，如何构造战后阿尔及利亚在国际上的地位，国家的发展道路、方向与方法的选择，国家权力的合法性及构建，如何对待伊斯兰的历史传统，以及在构建一个民族国家过程中如何处理各种族群关系等等。就最后一点来讲，中央政权与占阿尔及利亚近三分之一人口的少数族群柏柏人（Berbères）的关系，一直是一个棘手的政治问题，每每因政治、文化、语言的因素造成冲突。

就整体来讲，尽管本・贝拉当选后首访的国家是美国，但很快基本国策就确定为走社会主义的道路。对外亲近苏联、中国，参与不结盟，反帝，对内禁止一切其他政党的存在，实行一党专政；FLN 的党主席也是当然的国家领导人；虽然也有名义上的选举，但候选人永远只是一位；党和国家控制一切媒体、宣传，经济上走国家主导主控的道路，将重要资源石油国有化，联手其他产油国发动对西方的石油战……像所有战后初期实行社会主义经济政策的国家一样，在布迈丁时期这些政策取得了一些重要成果，生活与教育水准提升，国际影响增强。一时间，阿尔及利亚成为反帝、推动第三世界革命的一个重要中心。

1988 年：第一次“阿尔及利亚之春”

但这一切都随外部苏、中两国的发展停滞、势力的相对弱化而发生重要变化。在阿尔及利亚内部，权力专断造成的腐败与社会不满也日益侵蚀政权的合法性。1980 年代初，在布迈丁 1978 年去世后出任总统的本杰迪德，在社会与经济的压力下试图推动一种促进社会缓和、改善经济的政策，如取消以往经济上的国家垄断，营建社会住房，欢迎外资进入等等，在国际上与西方尤其是美国改善关系。但政治上依然坚持专断，有唯一的工会，单一被严控的信息渠道，军事与国家安全警察监视着人们，腐败在继续。1980 年代中期的石油价格剧跌（相当大程度上是因沙特要给伊朗难堪而加大产出而致），给 99%以上的出口、60%的财政收入依靠石油的阿尔及利亚经济以重创，柏柏人的权利要求日益高涨演变成抗议，最终受到政府镇压，社会紧张加剧。但是，掌权的“革命一代的大家庭成员却依旧故我，以因他们民族才得以解放为由，垄断一切权力”，一位阿尔及利亚记者 Akram Belkaïd 多年后在一篇有关当年事件的文章《1988 年 10 月：回到“阿尔及利亚之春”》（Octobre 1988：retour sur un ‘Printemps algérien’）中如此评论说。

1988 年夏，酷暑高温，断水断电，物价飞涨，腐败、包括本杰迪德的一个儿子参与非法挪用阿尔及利亚外贸银行巨款的传闻，都为一场社会抗议准备了条件。10 月，阿尔及利亚多个城市爆发由年轻人发起的抗议并演变成骚乱，蔓延到全国多个城市，后来被人们参照“阿拉伯之春”命名为第一次“阿尔及利亚之春”。对那场事件，Akram Belkaïd 在该文中不无感伤地认为，世人迄今也没有给予其足够公正的关注：事实上它既发生在次年全世界性的各种事件与巨变之前，也远早于“阿拉伯之春”的爆发。

那场导致几百人死亡（官方与民间的数字迄今不一）的抗议虽被压制下去，但面临社会的骚动和变革的要求，本杰迪德这位在 1950 年代就参与独立运动的老牌军人与政治家、在布迈丁去世后被同事与军人们推上大位的总统，下决心进行政治改革。事实上，那次抗议之所以能平息下去，很大程度上也跟他在 10 月 10 日晚向全国所做的政治改革相关承诺以及立刻采取的措施有关，例如，11 月 3 日，立刻以通过宪法补充案的方式将过去常混淆的总统与总理的职权相互分离。

该年底当他开始第三任期，宣示要建设一个“不同以往的阿尔及利亚”。1989 年 2 月通过全民公决，颁发新的宪法，开放党禁、报禁，允许公民社会具有自组织权利。阿尔及利亚迅速出现很多社会组织与政党，新的媒体，一时间，社会充满活力与希望。但三年后，这场改革却悲剧性地嘎然而止。

“伊斯兰拯救阵线”与“黑色十年”

长期以来，因一党专政，阿尔及利亚的所有反对派无论是左翼的共产党、托派，还是伊斯兰传统力量、伊斯兰极端势力都被打压，要么流亡，入监，要么转入地下，理性的自由派及现代的公民社会组织也受到严厉压制，得不到健康生长。而麻烦的是，一旦受到极大压力、政治需要开放之际，现政权就往往要面临社会与政治上极端力量挑战的困境。这在“阿拉伯之春”及稍后其他阿拉伯国家的演变中表现得非常明显，而远在 1991 年，阿尔及利亚就已给我们提供了这样一个例证。

因专断的执政党与社会不可避免的疏离，加之现代化过程中必然要出现的种种问题缺乏有效的制度解决途径，传统伊斯兰势力在社会中借此土壤气候逐渐复苏。当年就曾有了解情况的朋友告诉笔者：许多阿尔及利亚的伊斯兰主义运动的活跃分子，挨家挨户地去访问许多被政权忽略的民众，送寒问暖，帮助解决困难，吸引了社会许多基层民众的支持。同时，在伊朗发生伊斯兰革命的国际背景下，伊斯兰主义运动也在一些渴望公正、富有理想的大学生中得到一定响应。1980 年代后期，“伊斯兰拯救阵线”（FIS）运动终于逐渐浮出水面，在 1988 年 10 月的抗议中积极行动，在获取了合法地位后，先在 1990 年阿尔及利亚独立以来第一次自由的市政选举中获取重大胜利，接着在次年年底的议会第一轮选举中，在 231 个席位中拿下 188 席，笃定会成为绝对多数党。（执政党 FLN 只获得 15 席），其所宣示要成立的“伊斯兰共和国”似乎也出现了迫在眼前的可能。

关键时刻，尽管本杰迪德作为总统表示，如果该党获胜，准备尊重结果，与其合作管理国家，但军方做出强烈反应，逼迫总统辞职，且中断选举，由一个主要由军人组成的委员会管理国家，解散“伊斯兰拯救阵线”。随着军方对反对派尤其是伊斯兰分子的镇压，阿尔及利亚进入一个近十年的内战状态。一方是军政权，另一方是逐渐转入武装暴力甚至是恐怖主义的伊斯兰分子，一些本不是伊斯兰组织成员的年轻人也因对军方压制的反抗而加入伊斯兰暴力组织。一些自由派知识分子被伊斯兰极端分子视为西方现代文明的代表而被暗杀，其中许多人被迫逃往国外以躲避危险。1990 年代初，笔者当时攻读博士的研究所就接待了一位阿尔及利亚的著名社会学家。

顺便提一句，那场对多半是能操法语的自由知识分子学者的暗杀潮，现在有信息表示，阿尔及利亚军方也参与其事，借伊斯兰极端主义分子之手一方面清除一些批评者，另一方面也借此在国内与国际上营造舆论，以促使人们对伊斯兰分子产生愤怒与反感，强化军方的权力与对其所做作为的合法性的认可。以建设一个“伊斯兰共和国”为意识形态的“伊斯兰拯救阵线”据称在组建过程中曾分别受到伊斯兰世界对垒的两个阵营的主要国家沙特与伊朗的支持，尤其伊朗的支持是作为伊朗革命后推行的所谓“全球伊斯兰革命”的战略部署中的一部分而进行的。而后因伊朗只支持什叶派的伊斯兰革命活动，事实上放弃了推动伊斯兰全球革命，这个目标被后起的基地组织接手。而阿尔及利亚的“伊斯兰拯救阵线”在转入武装暴力恐怖活动后，也分成在山野的一支“武装伊斯兰运动”（MIA）与主要在都市活动的一支“伊斯兰武装小组”（GIA），二者为争夺资源与领导权又发生残酷的内部厮杀。在军方的打击以及这些伊斯兰极端分子尤其是 GIA 的滥杀无辜引发的社会愤慨的压力下，且随着 1990 年代末民族和解进程的展开，这些暴力恐怖活动最终式微，只是由 GIA 分化出来的一个小派别后来转而效忠基地组织，继续间或有些零星恐怖活动。这近十年的历史，造成阿尔及利亚迄今数目不详至少十几万人的死亡，因此被称为“黑色的十年”。

布特弗利卡、民族和解和新的抗议

一个历史人物的出现往往是因缘际会的产物，可能因成功地回应一个时期所面临的挑战而崛起，又因权力的腐蚀不能与时俱进，最终被社会所抛弃。在民族和解历史进程中扮演了关键性角色而今天被人民厌恶抗议的布特弗利卡，就是一个新的例证。

布特弗利卡年轻时就参与阿尔及利亚独立战争，属于布迈丁为首的少壮军人“乌季达派”中最重要的成员之一。阿尔及利亚独立后他成为一位政坛新星，出任体育与青年部长，后又以 27 岁的年纪在 1963 年成为当时世界上最年轻的外交部长，在国际舞台上长袖善舞，为作为不结盟运动、第三世界、阿拉伯国家重要成员之一的阿尔及利亚赢得了声望，也因其在各种调停中展现的外交才华而备受称赞。1974 出任联合国轮值主席时推动对南非种族隔离政权的制裁，为阿拉法特赢得第一次在联大的发言，都是他外交生涯中最精彩的几笔之一。他在阿尔及利亚政坛中有相当大的实力，当初本 • 贝拉为削弱布迈丁一系的权力，一个最重要的步骤就是想解除布特弗利卡的外交部长职务，也恰恰是因此契因，让布迈丁加速下手发动政变，废黜了本·贝拉。但布特弗利卡的政治生涯却因其保护人布迈丁去世受挫，加之其挪用外交公款一事受到法律追究，从 1979 年被迫流亡国外直到 1987 年才归国，被排挤出权力圈近 20 年。在自 1992 年以来几任总统要么短命被暗杀、要么辞职的混乱背景下，1994 年最高管理委员会宣布恢复总统制之际，军方曾试图推举他为总统，被其拒绝。然而，在军人总统利亚米纳·泽鲁阿勒（Liamine Zéroual）着手推动民族和解、重新规划国家选举制度后举行的 1999 年大选中，布特弗利卡出面竞选，以 78.3%的得票率在 62 岁当选总统。

布特弗利卡上台后实行民族大和解政策，通过和解法案、大赦等政策，稳定了政局，赢得社会上与国际上的一些声望与支持。同时他铁腕治国，继续维系对社会的严控，控制媒体，2008 年为达到继续执政的目的，策划了在阿尔及利亚议会“人民宫”的修宪投票，废弃总统不得超过两届任期的条款（500 票赞同，21 票反对，8 票弃权）。他还利用各种系统操控总统选举，第三和第四次当选的得票率越来越高，达到 80%、90%；但与此同时，他的声望却江河日下，专断，任人唯亲，靠包括两个弟弟在内的一些亲信寡头统治国家的做法，以及社会经济政策的绩效不彰，都使人们日生不满。近几年布特弗利卡病患缠身，2013 年中风后几乎不事政事，坐轮椅，很少在公共场合露面，在此情况下，竟在 2014 年第四次连任。他长期大搞个人崇拜，靠自己的画像展示在政治生活中的存在，愈发引起人们的厌恶。去年底一些献媚的人士与组织公开“以国家利益的名义”劝进、主张他第五次连任的消息一经传开，抗议便陆续在阿尔及利亚爆发，最初是在外省城市小规模出现，就是象征性地以毁坏、弄脏他的巨幅画像开始的。或许，全世界的专断独裁者都有搞个人崇拜的嗜好，但到头来似乎也都面临一个精心营造的光环崩塌，被人唾弃，画像雕像被人捣毁、砸烂的下场，这几乎是一个通律。

2 月 22 日星期五，由于已接近 4 月 18 日的总统投票日，第一次大规模的以学生为主的“愤怒的星期五”抗议活动爆发，在阿尔及尔等各大中城市展开。长期笼罩在人们心头的对政权的恐惧感开始褪去，久被压抑的那种强烈的不满终于爆发。许多年轻抗议者的共同心声就是：腐败的高官们是“小偷”，“我们需要真正的民主”，“我们不要那个老病象影子一样的总统再来管制我们五年”。他们高喊着“阿拉伯之春”时流行的口号，让腐朽的总统“滚开！”……抗议引发社会大规模的支持。艺术家们创作的歌曲“让阿尔及利亚自由”响彻大街小巷。于是，政府的各种官员、军队、警方出面以维护“国家稳定”的名义指责这种抗议，声称“有各种内外部势力的挑唆”“不符合民主规则”，威胁要严厉压制。同时当局控制媒体：官方媒体自然掩饰事件，很少或不予报道，一些私营但与权力关系密切的电视电台媒体选择性地报道；一些记者因不愿被迫造谣而辞职。只有一些相对独立一点的报刊冒着风险尽可能地做些评论与报道。

面对社会的抗议，3 月 3 日，布特弗利卡却还是在法律规定时间前让其助手（按规定是需要本人）递交了他参选连任的候选人资格申请。他同时发布一封公开信，称这是最后一次任期，如他当选，会召集允许反对派参加的会议讨论修改宪法，赋予人们更多的民主权利等等。此举更激怒年轻人与民众，3 月 8 日星期五，上百万人在街头抗议，宣布大罢市、罢工。这最终导致布特弗利卡紧急从其长期居住治疗的瑞士周日飞回阿尔及利亚，这才有了 3 月 11 日晚发布公开信，称身体条件不允许他再连任一届（“从来就没有想要连任第五届这样一个问题”）这样一个戏剧性结果的出现。

这场抗议尽管是指向布特弗利卡的任期，但事实上反映了社会深层的不满，预示着阿尔及利亚又到了一个历史发展的新节点。25 岁以下的年轻人占人口 40%，面对社会的不公，官员们麻木自私腐败，失业的威胁，个人与国家前途的看不到希望，许多人的唯一理想就是能离开阿尔及利亚北去法国；成长在一个信息时代，却多年只能在一位老迈病弱的总统严格的管制之下生活，从没有过另外一位国家领导人，因此愤怒日积；而同时，因历史的远去，他们对权力的恐惧也远比上一代要淡弱。此外，因最近这些年石油价格大跌，使得迄今依旧占外汇收 90%、财政 60%的石油出口收入锐减，这也加剧阿尔及利亚的经济恶化，物价上涨。这些都为此次抗议准备了条件。

僵化的官僚体制，裙带风盛行，执政党卖官鬻爵，腐败至极，早已被人们唾弃。政权与布特弗利卡最倚重的力量军队的关系也在发生变化。布特弗利卡为削弱军队和情报机构的权力，减少对其可能的威胁，前些年陆续解除过一些将军的职务，造成军队和情报机构的一些不满，而参加过独立战争的老一代军人也几乎都退出舞台，他安排到军队总参谋长位置上执掌军队多年的亲信 Ahmed Gaïd Salah 也已达 79 岁高龄；一代新的军官在成长，在军队中的影响也日重，军队内部的立场也逐渐分化。从前些日子对抗议者发出的威胁到最近有关军队与人民是一家的讲话，Gaïd Salah 及军队立场的变化，一方面肯定是社会压力的结果，另一方面也反映出军队内部态度的变动。

“阿拉伯之春”中的例外与阿尔及利亚的未来

2011 年“阿拉伯之春”时尽管阿尔及利亚也爆发了一些抗议，但并没有产生大的政治变动，可谓阿拉伯世界几个例外之一。个中原因，除刚刚过去不久的“黑色十年”的记忆造成人们对变化的担忧肯定是一个重要的心理因素外，一些伊斯兰极端势力利用阿拉伯世界的抗议从中获益，赢得权力的事实，也让有过惨痛教训的阿尔及利亚人心存戒备。而当时布特弗利卡及时采取的一系列经济与政治措施也适当地缓解了社会的压力：他依托当时充裕的石油收入（每年 500 亿美元）大搞建设，给公务人员涨工资，要求私人企业也给雇员加薪；同时，取消实行多年的戒严，修改各种政治规定，承诺扩大政治参与，增加议员名额，将社会成员尤其是年轻人的不满从街头吸纳进议会。这一切使得阿尔及利亚避免了那场席卷整个阿拉伯世界的抗议风潮，也因其稳定与政治上至少表面的某些开放赢得外部世界尤其是西方的某些赞赏。

但所有这些带有工具性的局部措施，并不能从根本上解决阿尔及利亚现代发展所面临的一些根本问题：如何在经济上摆脱依赖单一资源的结构，如何重建一种新的现代国家政治，如何更新政治精英，确立新的国家意识形态，在变动的全球与区域环境中重新确立自己的地位与身份认同……这些，显然都不是以布特弗利卡所代表的一代人、一些掌握大权的政治-经济寡头们所能完成的使命。而一直沉浸在自我与他人营造的个人崇拜氛围中，被几位亲人亲信包围、成天幻想着在总统宝座上“鞠躬尽瘁”而后被民族以国葬的方式安葬到他自己主持修建的国家公墓的布特弗利卡，一介老朽痴呆、发音不清、坐轮椅的病夫，又怎么能有效地把握历史的脉搏，很好地回应历史的挑战？曾经作为一个社会稳定的象征、推动了民族和解的重要人物，就这样最终像许多专断者一样悲剧地丧失掉他光荣地退出历史的机会，直到此次人们抗议大潮涌起。

不过，尽管布特弗利卡宣布不再竞选，但他最新的公开信里却宣布要推迟原定的 4 月大选，且要在年底前组织一次全民讨论，以再次修改自独立以来已多次被修改的宪法。同时他任命了新的亲信总理、副总理。总统大选何时再进行，并无确定的日期。因此，年轻人、抗议者昨日在得知布特弗利卡不再连任彻夜狂欢后，今天再次走上街头，罢工也在继续组织中。因为，人们完全有理由怀疑这是布特弗利卡的亲信们抛出的一个狡猾的缓兵之计。是的，即使布特弗利卡退出政坛，与其利益相关的一些寡头和团体也绝不会轻易放弃既得利益，他们会以怎样的方式捍卫自己的利益或做出妥协呢？今后数天，以及一段时期内，阿尔及利亚的政治演变还存在相当的不确定因素，一切都只是刚刚开始。但有一点却是可以肯定：后布特弗利卡时代已经启动。而在这个时代中，如何以一种恰当的方式回应年轻人与民众对自由与民主、有尊严的生活的诉求，将是一个关键性的问题。

全球化时代与伊斯兰世界的现代性

一年前，历史悠久，在法国出版，在欧洲与非洲非常著名的杂志“青年非洲”（Jeune Afrique）主编 Marwane Ben Yahmed 就在一篇谈及今日的阿尔及利亚以及布特弗利卡可能的第五届任期的社论里说到："阿尔及利亚现在最需要什么？现代性！就那么简单。"而在他看来，最重要的又是政治现代性，阿尔及利亚必须展开一场对民族前途的民主讨论，更换僵化了的政治阶层。要改革僵硬、过时的行政管理体制，这种体制让本来属于普通人和企业家日常生活的一些事情却成为他们必须像要打一场仗才能解决一样；要改变经济，"永远结束那种对私人经济的病态的不信任、将其长久以来视为必须打倒的敌人的看法。"赋予私人经济更好的合法地位，才能改变单一的经济结构，释放民族的压抑的活力，激活长久以来陷于僵死的工业，创造就业。自独立以来，阿尔及利亚取得了许多成就，但当下要做的一个最重要的事情是：观念的革命。在这篇题为《布特弗利卡第五届任期：当阿尔及利亚醒来之时……》的文章结尾，他说："2019 年不管谁当选，都有一个沉重的责任在肩，带领国家走向未来"。

一年过去，阿尔及利亚已再次醒来，布特弗利卡也已注定不会再有第五任期，一页新的现代性历史正徐徐掀开。在笔者看来，如何写就这页历史不仅关系阿尔及利亚自身，某种程度上也会关系到整个伊斯兰世界的演变。尽管其历程注定曲折困难，但如果阿尔及利亚能够较好地更新政治架构，处理好今后的政治、经济、社会与文化发展，或许能在土耳其威权化、沙特和伊朗各自困纠于一些国内与国际历史与现实的挑战而现代历程的脚步蹒跚、"阿拉伯之春"后转型各国变动不定的情况下，给伊斯兰世界增添一个新的范式。

从某些方面来讲，阿尔及利亚是有一些经验与条件的。首先，与法国的特殊关系，如果更进一步地处理好以往殖民历史的遗产，显然对阿尔及利亚的发展会有正面的助力。法国的某些政治制度与运作事实上都会对阿尔及利亚有直接间接的影响——隔着地中海，法国现在进行的有关国家政策与方向的全民讨论是否是给了布特弗利卡的顾问们要搞一次全民大讨论的灵感？而连续几个月来"黄马甲"的抗议运动会不会也从一个侧面刺激了阿尔及利亚年轻人的抗议冲动？尽管法国在此次抗议上尽量谨慎，不多置评，只就一般原则加以声明。但在法的众多阿尔及利亚侨民或双重国籍者，多半会以自己的方式支持祖国的民主进程。

此外，正如我们文中提及，阿尔及利亚的民主抗议要远早于其他国家，而且多年来政治运作尽管是威权，但制度架构还是累积了许多开放的要素，也有过转型中伊斯兰极端势力的沉浮、与代表世俗的权力的冲突以及连带对国家造成的威胁与破坏的经验；像是接种了某种疫苗，如果笔者的观察不误的话，在伊朗革命丧失光环，去魅后，在自己国家以往惨痛的经验基础上，在“伊斯兰国”（ISIS）正在崩解的时代，在阿尔及利亚以一种伊斯兰宗教的意识形态来进行社会动员，吸引年轻一代的可能性已经甚微。此次抗议也显示了这一点：尽管伊斯兰宗教极端势力依旧在活动，但影响有限。不过，在还没有彻底完成世俗化的社会，对伊斯兰政治势力起来利用民众的不满再次趁势攫取社会抗议的成果，还是需要抱有警惕。此次作为阿尔及利亚抗议主体的年轻人所向往的，说到底是现代的自由、享有权利与尊严的生活。此次抗议平和，也从另一个角度向人们展示这一面：几十万、上百万人游行抗议后，许多街道依旧干净，原因是有许多抗议者拿着垃圾袋收集垃圾，维护治安与清洁。这其中所传递的文化意涵显然是已远离独立战争时代的暴力与革命的抗议文化了。

众所周知，伊斯兰世界的现代性构建一直面临诸多困境，其中之一就是作为传统的代表与精神依托的伊斯兰宗教与常常是革命、独立后产生的代表现代性的左翼或右翼威权政权之间的紧张。一种认同现代性的自由力量、公民社会往往在两者的挤压下相对势弱，无法有效地进行自身的组织，进而有效推动或主导国家的理性进程。由于政治打压和收买，阿尔及利亚现存的在野势力不仅微弱，更失去民众政治上对其的信任，比如没有一位可信度高的在野人物作为总统候选人，许多民众对某些在野政治人物抱有怀疑，认为其与现政权有各种连带关系，服务于现政权，也因此在运动中也拒绝这些政党与政治人物介入。一位刚刚从阿尔及利亚返回法国的作家 Mohamed Kacimi 在接受法国国家电台 France Inter（3 月 4 日）采访时认为：现在这场抗议运动的力量特点就在没有领袖。这既显示了运动的自发性，显然也会是其下一步发展尤其是需要进行运动整合、政治协商时的一个先天不足。

但不管怎样曲折，从一个大的历史宏观角度看，现代性的进程也依然在诸多伊斯兰国家中曲折地发展着。女性地位的变化，就给我们提供了一个很好的观察视角。许多伊斯兰国家的妇女都在艰难地争取着自身权利，也尽可能积极投身改变国家与自身命运的历史过程中。此次阿尔及利亚抗议中，诸多女学生、妇女参与抗议，就是一个例证，以至于布特弗利卡在其公开信中也大肆吹捧妇女的作用及价值，视为阿尔及利亚未来发展的一个重要方面。

显然，一种最理想的方式是在国家维系有效稳定的前提下，以一种渐进的方式培养社会的理性力量，构建一种合理的开放的政治架构，以消解发展难以避免带来的社会失衡与紧张以及造成的可能的不满。须知，伊斯兰极端势力的生成除有一些亟待改造的文化、传统因素外，也往往是与一些政权的腐败与威权压制分不开的。**“阿拉伯之春”的结果在各国不一样，并不能以此来说明这些国家的转型必然失败；各国转型的成效相当大程度上要取决于转型前的状态与历史，一些国家遭遇到的困难甚至是灾难，几乎都可以在转型前找到根源，常常是改革延误、缺乏必要深度带来的后遗症。历史上专断权力的一个通病就是总是低估人民的勇气，也高估了人们的耐心。**这次在许多有关阿尔及利亚抗议的评论中，笔者常听到看到评论者不约而同地提及这一点：执政者错误判断了人们的耐心。像上面提及的Mohamed Kacimi，历史学家KarimaDirèche在接受《世界报》（3月1号）采访时，德法电视台“Arté”等相关评论都用到了类似的表述。布特弗利卡代表的权力集团以为人们对“黑色十年”的痛苦的记忆、对稳定的需要，就可以让他们以不能有动乱的名义将权力永远地锁进自己的保险箱，永远地消除反对声音，显然是再次犯了这通病。

还是笔者过去常说过的那句话：是脓总会冒，只是一个代价、时间与方式的问题；用脓破之后的惨状来证明脓破之前的光鲜美好显然是虚伪至少是不智与缺乏远见的。在“阿拉伯之春”爆发多年后今日爆发的第二次“阿尔及利亚之春”，再一次说明了这一点，即便在某些国家转型不理想的情况下：**该来的还是会来，那是由其内在的**

一些逻辑、因素所决定的；最明智的方式还是未雨绸缪，早日以恰当的方式改革除弊，善待持不同意见的人们和政治对手，这既符合国家民族的利益，甚至某种意义上讲，也是对统治者的一种最佳选择。缺乏制衡及对手的权力所有者往往会落入某种灾难性的自闭、短视与疯狂；一时强制造就的社会稳定也常常会暗积着爆发动荡的能量。这是千古旧戏，迄今依然不断悲剧地上演着。这里，我们只能祝愿后布特弗利卡时代阿尔及利亚的现代之路能走得顺畅了。

“黄马甲”抗议、马克龙的危机与民主面临的挑战

（FT 中文网 2018 年 12 月 3 日）

10 月底，因法国政府拟从明年 1 月起加速提征燃料税，引发社会不满，催生了一场“黄马甲”抗议运动，蔓延至今，甚至从上周六在巴黎香榭里舍大道引发骚乱后，这周六在巴黎市区多个地点再次发冲突、骚乱。马克龙政府面临执政 18 个月以来一场最严峻的政治考验。

一场非传统抗议

自马克龙上台伊始，便着手开始推动一系列重要改革，取消针对富裕群体征收的一种特别税种“社会团结税”（ISF），逐步取消居住税，改革以往过于僵固的劳动就业法，改革法国铁路总公司等。尽管这些多曾列入其竞选纲领，但轮到具体落实，每次改革都引发很多争论，尤其是“劳动法”与“铁路总公司”的改造，更引发一些抗议罢工，但基本上最终都尘埃落定，得以实现。

但每次，其声望也都因改革牵涉到的人群利益受损不满而受到一些折损。此次爆发的抗议，可谓是这些积累的不满的一次大爆发。“黄马甲”是每个驾驶汽车者所必备的装饰，以备行车发生故障、尤其是在高速公路上发生故障时穿戴，以便示警。此次抗议人群把它拿来作为标志，积聚在各种交通路口、高速公路付费站，拦截车辆，抗议，表达不满。

与以往有些重要不同的是，此次运动与任何政党、工会组织等都

无关，抗议者自己也宣称是“自发与非政治性”的，其社会动员完全是依靠社交媒体，没有任何代表与组织；抗议者内部也抵制产生代表，对任何所谓具有代表性的代表都表示怀疑；诉求也随加入的人众的不同而日渐多样：取消燃料税，增加收入，保证退休老年人更高的基本收入，重设“社会团结税”（ISF），强化铁路运输，中小学每个班级的学生不超过25人，恢复一些被放弃的乡间国家邮政与公共设施服务，设立网站如果一项法案签名超过70万就需要拿到议会讨论，回归七年总统制，解散议会，遣返非法移民等等，五花八门，不一而足。

如果按传统的政治光谱来分类，我们可以看到其中有从左到右的各种主张，涉及很具体的日常生活诉求到很浪漫的想法——提倡幸福的生活方式等。其中不乏相互矛盾、对立的立场。这可能是这场抗议除以社交媒体为组织动员方式、没有代表人物之外的另一重要特点。传统上，社会冲突尽管有街头抗议的形式，但基本上各种社会组织如工会往往能扮演一种媒介角色，在与政府的谈判中最终寻找到一种解决方式。但此次抗议，不仅传统的政党无法再扮演原有角色，即使工会组织也不被抗议者认可，而自发的抗议者中迄今为止又没有产生任何具有代表性的代表，各说各话，只是在对政府不满这一点上有共识。也因此，处理解决这种冲突抗议的困难大增。当政府表示愿意与抗议者代表对话时，却没有人愿意来甚至敢来与总理对话，因其受到其他抗议者的压力，甚至人身安全受到威胁。

也是因此，不仅对话上陷入僵局，在社会秩序的维护上，困难也极大增加。传统上法国每次有游行抗议，常常就有一些无政府主义者、流氓混进游行队伍，制造事端，这是老问题，过去组织游行的工会也会加以注意，警方也有一些应对方案。但上周六与本周六两次“黄马甲”的巴黎游行抗议，尽管人数并不众多（据统计全法国三周前的抗议参加者为28万，而最近两次游行都在十几万人，巴黎万人左右），但因这种游行抗议的无组织状况，这类打砸抢分子有了可乘之机，再加上一些“黄马甲”抗议者的激进化倾向，造成的影响甚大。区别一个真正的“黄马甲”抗议者与这类装作是抗议者的捣乱分子也确实很困难，任何人都可以随便套上一件黄马甲，声称自己是和平抗议者。一些法西斯极右翼小组织如“法国民族党”公开在网络上号召参加这些游行，目的在与警察发生冲突，制造混乱，将马克龙政府赶下台，在他们看来，这个政府具有“社会主义色彩”；另一方面，一些极左翼群体，也极端痛恨马克龙，视其为资本主义代言人，也欲去之而后快。这些极端团体与流氓捣乱分子，是这两次巴黎香榭丽舍大道、凯旋门骚乱的主要力量；当然，也有一些本是和平抗议者，在混乱中情绪激动，与警方发生了冲突。

马克龙的执政风格

正如我们在最近几年西方国家发生的一系列抗议中可以发现的，在全球化、网络媒体时代，传统的民主体制正面临新的挑战，旧的政党与政治人物接二连三被人们抛弃。其中，社会分配的不公正，日渐强烈的个人意识与权益的要求，社交媒体带来的信息表达与传递方式的改变，给这种变化提供了动力与土壤。从西班牙的“愤怒者”到纽约“占领华尔街”运动，到处我们都可以看到这轮全球化经济增长分配不平衡所带来的愤怒与抗议。事实上，法国此次这场自发抗议，在相当多方面与这些运动有类似的地方。抗议者选择代表富裕、某种意义上讲是一个全球化橱窗的香榭里舍大道来表达不满、发泄情绪，而不去那些传统的抗议场合如“共和国广场”“巴士底广场”等，在笔者看来这本身已经传递了某种信息。此次抗议相对来讲暴力色彩更加强烈，除了上述提及的法国的抗议传统中的一些问题外，或许就与法国当下的政治格局、马克龙的执政风格有关。

事实上，马克龙可能是法国最早意识到这种社会与政治、文化变动的人物，也是他能够从传统的政党格局中脱颖而出、战胜对手入主爱丽舍宫的主因。但是，正如历史上许多事物的辩证发展一样，他的执政纲领和个人风格既是他的长项，也可能在某些情况下成为他的短板。比如，笔者过去就曾认为，他的不分左右、兼顾左右的中道、实用路线，既是他区别于传统政党、打破传统政党结构、赢得大多数选民支持后胜选的关键，也可能内涵一个执政风险——左右不是人，在政策实施上，左也不高兴，右也不满足。此次“黄马甲”抗议者包括各方人士，从最初基本上是一场收入低群体的不满表达，扩展为囊括各种诉求的抗议运动，其中显然就有这种心理因素作用。这也可以解释为什么民意调查中对“黄马甲”抗议会有高达 50%左右的支持，另有 30%左右表示理解的原因——各种人都会找到各自的不满，一个月收入不足 1000 欧元、生活困难的人对加燃料税不满，一个收入不错的人却对国家税收居高不下不满，两人能在这一点上找到共同语言。一个环保主义者可能对加征燃料税感到高兴：因为所有研究以及其它国家的相关实践都表明，这是一个引导人们减少使用石油燃料的极其有效的工具。但他可能同时对社会的贫富差距感到愤怒。根据民调，91%原先投给接近激进左翼的“不屈的法国”的选民和 86%投给极右翼的“民族阵线”的选民，这次在“黄马甲”运动中走到一起，抗议马克龙。

法国此次爆发的不满是长期积累的一个结果，指望执政 18 个月的马克龙能一下子解决问题，显然不现实。但显然，马克龙执政风格也确实值得检讨。这位年轻的没什么家世背景的总统，如果没有极强的个性和自信，当然是绝对无法走到这一步的。坦白讲，相较于过去几任总统几番着手改革面临社会反弹最后退却的经历，这种能承受压力的性格对法国面临的艰巨的改革任务来讲，显然是重要的。但具体操作上，如何更精细、更好地把握社会心理脉动，拉近与民众的距离，展示出亲民形象，争取社会的理解与配合，也绝对是改革能深入下去、成功的一个非常重要的因素。在这点上，这位年轻的总统似乎就有所欠缺，他在一些问题上直言快语，这在一些人看来或许是新一代政治家不讲虚套话的优点，但在另外一些民众看来，就是总统不解人情、高高在上的表现。在笔者看来，马克龙的个人风格显然是引发此次抗议的一个社会心理原因。他总是希望自己掌握节奏，讨厌外界强加给他一个进程，不愿给人自己受外界压力左右的印象。因此，他往往在事态发生后不第一时间做危机处理，造成后续不佳效果。从萨科奇开始，到号称要做“普通人”的奥朗德总统的一些过于大众化的言行，都曾对总统应有的威严造成损伤；适当地在民众中修补总统的这种权威感是必要的，但以增强公民参与为标志上台的马克龙在重建总统威严方面所做的或许有些矫枉过正，至少让一些民众有了相当的距离感。此外，一些触动人的利益、在社会接受度上具有敏感性的改革措施，在笔者看来没有很好地向民众解释说明；马克龙竞选时曾多次宣示要做到的政策制定方面的公民参与，并没有有效落实，做到家。这些都是造成今天这种局面的原因。

以争议最大的取消富裕人群的“社会团结税”来讲，事实上，这是一个欧洲国家曾普遍实行后因效果不佳而全部取消的税种，法国取消该税也是向其它国家看齐，而且也并没有全部取消，在房产部分依然保留征收。取消的税收总额在40亿欧元左右，并不是一个很大的数目，某种程度上也具有象征性，传递某种信息，目的是鼓励向产业投资，吸收外资，改善过去一些年法国资金外流、投资疲软的状态——据经济学家Eric Pichet分析，20多年来，法国有近2000亿欧元资本外流。从经济上讲，这本是一个有道理的措施，也曾明确写在马克龙的竞选纲领中；但在一个改革期，社会心理承受能力如何，中低收入的社会人群如何解读此政策，就可能是一个大的问题。正是因该税收的取消，左翼反对党与社会左翼人士就此展开的批评，让马克龙戴上了一个“富人的总统”的帽子。这难免不让那些生活困难的人们觉得不公、反感与愤怒。著名经济学家、《21世纪的资本》作者皮凯蒂周日晚在参与法国电视二台就“黄马甲”抗议所进行的讨论时就认为：“马克龙政府误判了时代，这种措施是九十年代市场至上时代流行的做法。”也许他有道理，但如何激励投资依然是个问题。马克龙政府曾经宣称这种取消并不是永远的，今后会根据实施的情况做调整。在今天相当一部分抗议者将诉求集中在恢复该税种上的情况下，马克龙会怎样做出抉择呢？

根据各种统计数据，一年多来法国多种经济指标都展示绿灯，态势良好；法国人的购买力在多年停滞后，因最近一年的改革取消了许多工资上国家扣除的部分，并取消了大部分人的居住税，实际上增加了近 1.7%。但为何一些人依然觉得收入状况在恶化？除了某些群体确实存在收入恶化问题外，在笔者看来，马克龙在实践自己的著名的“同时”（en même temps）的兼顾哲学（既要照顾好经济效率，也同时要关注社会正义等）时，并没有很好地掌握时点、节奏，及措施实施上的协调。比如，如果当时在宣布取消“社会团结税”的同时宣布一些他后来就贫困问题实施的政策，在取消工资中某些费用扣除、增加人们收入的同时，增加一些燃料税，在前一段油价上涨的时期暂缓推出燃料税加增，人们的心理反弹或许就不会如此强烈。那些生活困难者的愤怒是完全可以理解的，任何有关未来的许诺、各种说辞和解释，都无法替代那些民众日常生活的困窘，他们走上街头显然是有他们的合理性的，国家在进行改革时如不能适当照顾他们的利益，争得他们的理解，改革是很难走下去的。

也许正如《Capital》杂志不久前在一篇相关文章中引用里尔大学学者 Alexandre Delaigue 的话讲的，马克龙“是想吸引更多的富人来法国，最终增加税收，然后再分配给穷人”。但人们或许很难有如此长的耐心。该文还引用日内瓦大学学者 Charles Wyplosz 的猜想：马克龙是要让法国人先把难过的过了，然后在下次选举前让人们尝到改革的果实。笔者认同这种对马克龙经济改革政策策略的观察。但问题是，如果改革节奏过快，社会不能接受，其预期的结果可能就不会如期而至，改革就会陷入危机。成功的改革从来就不仅仅是一个设想方案的问题，也是照顾到各种利益、细微的技巧操作和心理把握的结果。

在阿根廷出席 G20 峰会的马克龙，12 月 2 日一早回到法国后立刻前往凯旋门及附近遭受损失的大街视察，并慰问警察、消防人员，当天下午与总理、内政部长等召开紧急会议商讨对策。他能否在今后这些天找到合适的方式，消弭“黄马甲”抗议者的不满，重新确立社会对他的信心，不仅将决定他能否很好地化解此次危机，也将决定他剩下几年的执政是否会提前跛脚，能否继续推进改革。事实上，他在坚持自己的改革立场与满足抗议者的要求之间回旋的空间并不很大，这将是对其政治智慧的一场极其严峻的考验。

乌托邦与现实：变动时代民主的新挑战

传统上，国家在法国的生活中就占据一个非常重要的地位。20 世纪初法国著名的“老虎”总理克莱孟梭就不无讽刺地说过：“法国是一个非常丰腴的土地，我们在那里栽种公务员，培育各种税收。”（La France est un pays extrêmement fertile : on y plante des fonctionnaires et il y pousse des impôts.）这种模式，肯定有其长处，对社会弱势群体的照顾，对公平的重视，都可以通过国家的政策适当落实。2008 年以来的金融危机没有对社会生活造成大的影响，这应该也是一个主因。各种研究表明，法国是在西方发达国家中最近 20 多年来不平等发展最弱的国家之一。不过需要指出的是，法国的经济模式也并不是一贯如此，两个世纪以来的经济政策也是在自由放任与国家主义之间不断做阶段性的调整。现在的模式与战前的模式有很多区别，与战后重建以及所谓汲取战败教训、“冷战”背景下设立的制度有关。但这种模式的有效运作需要条件。当经济资源的增长因各种原因，如经济增长放缓、社会老龄化等，不足以平衡国家支出的继续增长时，社会对国家的不满就可能积聚，更多地压在国家身上。这时进行调整、改革就成为必然。

多年来，法国社会积蓄了许多改革的动能。人们不仅希望改革经济制度，也希望改变现有的政治体制。马克龙告别旧的政治运作模式的竞选方案，让长久以来对政治失望不满的人们燃起一种强烈的希望，不过也许正因为这种希望很强烈，碰到具体的政治现实约束，无法让人们感到满足时，人们的失望可能就更强烈。此外，正如一些政治观察家指出的，当代政治中，人们对政治人物有越来越短的期望周期，希望尽快见到效果，许多政治人物的资源耗损速度加快，这也带有某些普遍性。最近几个月马克龙的民意指数急跌近 20 个百分点，除了因他的前保卫员贝纳拉在观察游行抗议时超越权限参加逮捕行动而带来负面影响外，说到底，与人们期望的效果未如期而至或者至少不理想有关。

今天，社交网络的普及，让直接民主的乌托邦借这种技术造成的幻觉再起，使人们觉得不需要任何中介代议人物与制度，就可以更好地实现高水准的民主。这也强化了人们对现有运作体制的怀疑。但事实上，除非在小群体的范围内，否则政治实践、权力运作永远需要某种代表，这不仅是技术上的必然，也是政治理性化的一种必需。民主政治中这种代议的特点，与民主政治本意上的人民主权之间的张力，自民主诞生时起就存在，只是今天随着全球化与信息技术的发展而进入一个新阶段。当然，信息技术的发展绝对有其有助于民主发展的正面意义，但这带来的种种问题也日渐凸显。整体上讲，相当多的民主国家的制度架构还依然带有很多工业民主时代的制度特征，如何调试，回应全球化、社交网络、个体认同、权益诉求高涨时代的挑战，将关系到民主制度能否健康运作，更新升级。此次法国“黄马甲”抗议中各种纷呈的有许多带有个人境遇色彩的诉求，从某种意义上讲也传递了这种信息。至于个人与社会、长远与短期利益间的冲突，再一次以一种新的形式展示出来，给当代的民主运作及制度提出了新的挑战，例如环境等课题越来越成为政治的一个重要议题，但处理不好，显然是与民众的收入、经济增长是有些矛盾的。法国此次冲突也凸显这一点。

所有征兆都显示，我们在进入一个新的时代。正如在历史上所有大的转型时代所表现的那样，会有各种乌托邦甚至极端的思潮出现，民粹主义也一定会是这个时代的一个重要特征。伴随人们的困惑、痛苦、探索，各种抗议、冲突、甚至极端的冲突形式都会出现，各种制度都会经受考验。民主也依然如此。不过有一点应值得我们注意：人的主体性的伸张、权利的诉求，正成为一个世界性的潮流，也衍生出许多新的紧张与课题，任何制度、政治人物如不能有效回应这种诉求，在社会正义与发展之间寻找到平衡，就注定要被狂风席卷而去，最终只是一个形式与时间的问题。如果从这个角度看，且不讲价值问题，民主制度还是会有其不可替代的优势。

就以法国当下的危机为例，假使最坏的情况出现，矛盾冲突升级，最后也就是解散议会再次选举，或者象当年戴高乐时代一样，举行公投，即便是告别马克龙，法国人最终换了总统，法国国际地位因此受损，欧洲建设暂时受挫，但法国也不至于大乱，这也是显见的。因为，除了那些无政府主义者、暴力的打砸抢者之外，对民主制度还是迄今最能保护人们权益与自由的制度这一点，那些“黄马甲”抗议者也是明白、同意的。星期天晚上，一位“黄马甲”抗议者就在法国电视二台的节目上讲，会有很多“黄马甲”出来参加今后一些年的选举，代表抗议者。事实上，西班牙的“我们可以”政党，意大利的“五星”运动，都是一种类似“黄马甲”运动的产物。此次抗议出现后，马克龙创建的本是代表社会对旧的政治势力的拒斥的“共和国前行运动”会有怎样的变化，也是我们要继续观察的。

（说明：此文写于“黄马甲”运动高潮期，本拟续撰两篇相关文章，做进一步的探讨，因杂务缠身，终未能成文。而需要指出的，事实上后来马克龙采取的一系列全国的对话活动，征集民众的政策建议，经济上采取一些对低收入者的补助，取消实行“燃料税”等措施都还是对运动起到极大的平抑作用的，而次年五月的欧洲议会选举，最终成为这场运动告结的标志——“黄马甲”运动推出的候选人得票几乎微乎其微，没有取得政治上的合法性，走进历史。但其遗绪迄今还能在某些社会抗议中看到痕迹）。

女王、传统和与时俱进的英国王室

（FT 中文网 2018 年 4 月 23 日）

这两天英国新闻不断，好多就是与女王伊丽莎白二世与王室有关。前有女王将退位，由查理王子接位的消息；4 月 21 日又是女王 92 岁生日；而威廉王子的第三个孩子即将降生；三星期后，哈里王子将举行大婚，迎娶具有非裔血统的美国演员 Meghan Markle，据估计全球将有超过 20 亿观众观看婚礼转播，将有十万游客特意为此赶往英国，伦敦那些 pub 将破例被允许延长营业到凌晨。6 月，将迎来女王加冕 65 周年的纪念……全世界喜欢 people 故事的人们，在这个初夏季节会有很多英国提供的真实节目可看了。

看到这些新闻，着实也让人生些感慨：这个世界上现存的最古老的王室之一，能够穿越时空，经历种种危机与考验，不断与时俱进，承续传统，赢得国人与世界上许多人的尊重与爱戴，也是人类现代历史上的一个奇迹。要知道，这世界上，多少旧时王谢堂前燕，早已飞入百姓家；在现代性巨潮的冲击下，尤其是百年前的一战后，很多绵延数个世纪的王朝帝国巨厦般崩塌，断垣残壁处，族群冲突的战火至今依然不绝；而王室成员早也花果飘零，湮没人世，甚至身世凄惨。

可英国王室依旧，那白金汉宫前依然挤满前来观看礼兵的游人；女王照旧深受人们的热爱，在可见的未来，我们看不出任何王室消失的可能。在英国，虽然也一直有激进共和主义者主张取消王室，包括在上次大选中取得意想不到成绩的工党现任主席科尔宾也曾持类似观点。但坦白说，任何想真正要执政的政治人物，最好还是打消此念，以此为政纲大概是不会有当选的可能。英国人对宪政、对传统的坚持是与对王室的爱戴相连的；人们对民主深化扩展的向往也与王室不断的自我更新相互作用、协调而至洽合。

这里的关键，显然不仅是王室在这个不具成文宪法的宪政国家所具有的重要的象征意义，也是因王室本身对现代基本价值的认可和遵守。从13世纪的“大宪章”到“光荣革命”后的《权利法案》，英国的权力重心也不断在下移，从贵族、都市资产阶级到普通公民，人们的权利得以不断的扩展。正是在这一过程中，王室的权力得到限制，却也同时不断得以再确认，合法性得以更新再造。也正是因在与社会的互动中对权力契约的遵守、对权力的自我约束，对各阶层权利的扩展所持的基本上是开放与接受的态度，王室很好地保持了自己的存在，同时也给国家提供了一种稳定的制度框架，避免了社会的动荡。这背后，有着一种智慧的哲学，没有权力独揽的愚妄。

设想，作为十六个王国的主权代表者，今日女王依然具有几个重要的功能与权力：她是军队的统帅，英国教会的领袖，同时还具有与首相定期会面商议国家事务的权限，最重要的，她还有一个人们经常忽略的法令上的否决权，如果女王权欲熏心，在某些事务上漫不经心地滥用这权力，英国的政务显然会不得安宁，或许社会就多些不满，某种废除王室的革命或运动也早就发生了。在不能当皇帝的时代硬要当皇帝，而在位的国王不能很好地适应时代，要用过时陈旧的方式管治人民，这些都难免不会最终要失败。

此外，王室的与时俱进也体现在其与社会的关系与文化观念的更新上。在世界上有许多人还在排斥摇滚乐的六十年代，女王已经给“披头士”乐队颁奖授勋。前几年英国奥运，从不接受媒体采访的女王却接受导演的创意，与007“空降”开幕式，那其中所展示的英国式的自嘲幽默，显示出一个民主自由国家的现代国王所具有的真正的自信，也与民众拉近了距离。女王从继位就懂得，尽管因其可以理解的命运，但不能像维多利亚女王她那样，与社会疏远、退隐，应该保持王室在公众视野中的存在，因此，她要求她1953年的加冕仪式全程直播，让所有国民像一个受邀的嘉宾一样有一种参与感。

但挑战还是会常常要面对的。1990年代，王室接二连三经受一系列危机。1992年那个被女王自己称为“可怕糟糕的一年”里，二儿子、女儿先后离婚，女王在德国访问被扔鸡蛋，温莎古堡火灾，政府宣布王室税务改革，女王像所有公民一样从此缴税，面对社会对王室的一些不满与批评。她表示：所有的制度都应该接受批评，但希望这些批评能“具有幽默、文雅，充满理解”。年底查尔斯王子与戴安娜的离婚，结束了一个童话般的故事，也成为王室后来二十多年来一些故事的开端。离婚终于随着现代生活的脚步，也成为王室生活的组成部分。而当年，1936 年，那个也是现代英国王室历史上关键性的年份，一年内，英国人曾有过三位国王。元月，参与领导一战的乔治五世去世，如果不是伊丽莎白那浪漫、痴情的叔叔爱德华八世执意迎娶那位离过婚的美国女性，当了八个月国王后让位给伊丽莎白的父亲乔治六世，英国人也就不会有今日的这位伊丽莎白女王了。那时，二次世界大战已经战云密布，开战在即。乔治六世也可谓临危受命，在二战中与丘吉尔一起，振奋民心，坚定抵抗，直至赢得胜利，那段故事，在前几年 Tom Hooper 执导的电影 The King's Speech 中，有非常精彩、传神的展示。

1997 年戴安娜巴黎车祸去世，因戴安娜参与人道事业在全世界范围内获取的良好声誉，以及作为一个离婚的年轻母亲与王室紧张关系，人们一直对其抱很大的好感与同情。王室在处理该事件上的迟缓，引发众多批评，造成另一场危机。记得当初在电视机前看法国一家电视台葬礼实况转播，当女王出现在白金汉宫门口，与千万英国人一起长街送别戴安娜棺椁那一刻，法国一位英国问题专家评论道：这场危机，也许从另一个角度能帮助王室再延续一个世纪。

也是在那一刻，人们记住了那弱小、无助、悲戚的 11 岁的哈里王子的身影。从那时起，伴随他和威廉王子这对失去母爱的兄弟的成长，他们的故事，从最让人喜悦、欣慰的，到让人失望、愤怒的就一直占据英伦三岛甚至是世界媒体的版面。如哈里前些年像一个反叛少年的一些乖张的行为举止，一直引发英国人乃至世界的关注与批评。但这同时，这些也像一个真实的电视王子真人秀一样，从另一角度拉近了人们与王室的距离。前些年，哈里从军，坚决要去伊拉克，因风险太大，他很可能成为恐怖分子攻击、绑架的对象而被国防部坚拒，最后据说还是女王帮助做通工作，让这位她有些偏疼的孙子终于上了战场，去了阿富汗，驾驶战斗直升机。一次，一位电视记者正在基地跟他做采访，警报拉响，哈里转头看见同袍向飞机奔去，也立刻拉上驾驶服，追跑而去……这些是典型的欧洲贵族的传统。一个总要在享受上高人一等、占尽权力的便宜、临危却贪生怕死、不能与平民生死与共的精英，是绝无法成为一个令人尊重的贵族，也注定无法真正赢得民众的信赖与支持的。哈里也因其对社会公益事务的积极参与，真诚，赢得人们的谅解与喜爱。迎娶离过婚的 Meghan Markle，他们的爱情，传奇更增添了王室的平民与开放色彩，让王室更像一个现代英国人触手可及的普通家庭，亲切的“家人”。

如果说现代性与传统一直有些内在的紧张，而英国人、英国的王室以其智慧尽可能地消解了这两者间的紧张，并将其相互转化为资源。传统之鲜活很好地体现在王室今天的地位与表现上；而现代生活的动能，又不断给传统提供了新的资源。当然，英国的故事，英国王室的故事也是有其些特殊的历史和地缘因素的。但如果我们仔细去倾听，在这些故事里有些值得人们品味的隽久的东西：越是勇于开放、宽容、积极迈向现代，越是能更好地保存传统，赢得未来。十九世纪中叶，法国卓越的思想家托克维尔就认定，那种社会意义上的民主也就是社会成员的地位平等是一种现代的巨潮。今天，依然在这种巨潮中的世界里，不论是怎样的权力形式，政党或是王室，自我封闭，自大骄奢，与社会疏离，无法把握社会的脉动，最终，都注定面临被这种巨潮席卷而去的危险。当年的维多利亚女王后曾猛醒觉悟，努力去重新拾回人们的爱戴以挽救王室；现今的伊丽莎白女王以她的平和、真诚与变通，维系延续了王室的声望。一年后将真正进入脱欧的英国，因脱欧公投和全球化的拉扯而有些撕裂、分化的社会，会怎样面对新的历史呢？而即将继位的查尔斯王子又将会怎样继承母亲的政治遗产，做好作为英国内部几个不同民族、社会不同意见的综合者，协调者，国家统一的代表这国外的角色呢？

这几天英国的另一重要新闻就是 53 个国家首脑参加的英联邦峰会召开。这个有着 23 亿人口的松散的联盟似乎并没有全然失去其效力，证据之一就是已经脱离的津巴布韦等申请重新加入。脱欧公投时主张脱欧一派的一个论据就是英国可以在脱欧后利用英联邦市场。这个论据是否成立，需要今后的历史给以证明。而如何处理与其中的新兴大国印度的关系，回应其要领导英联邦的企图，这也都将是再次考验英国人政治智慧的大题目。英国人曾明智地将世界的领导权主动地让给美国，而今后会否再让出英联邦主导权？

女王出席了开幕式。从1940年代她随父母出访非洲开始在世界舞台上亮相起，大概这次，也将是她漫长的国际事务生涯中最后一次国际性出场。岁月流逝，她从一个豆蔻年华的少女，成为子孙满堂的祖母，世界上最资深的领袖，对她来讲，即使这是最后一次，也是一个光彩、无缺憾的出场。历史已经掀过一页，剩下的英国王室的未来历史，该由她的子孙们来续写了。

（补充说明：女王于2022年9月8日离世，享年96岁。生前两天还按惯例接见任命了英国新任女首相特拉斯，兑现了她一直宣示的要为英国人民奉献服务一生的承诺。事实上，本文结尾时提及的她参加的那场国际活动，也不是她最后出席的一场重要的国际活动：2021年在英国举行的G7首脑聚会上，我们再次见到她的身影。而生前，她也见到了全英国人由发自内心对她的热爱而组织的各种官方及民间庆祝她在位七十周年的庆典活动。而从她逝世后各国政要及社会各界对她普遍一致的赞扬来看，她确实不仅赢得了本国人民的热爱，也赢得了全世界人们的尊敬。就她葬礼所参与的各国政要名流的嘉宾人数之众与多样性来讲，或许世界上未来再不会有如此场景。她被人视为一位世界上伟大的君主，是因为她从不显得高高在上；她代表历史与传承，却不断开启皇室迈向未来之门。她所代表的一个时代终结，但她代表、展现的一些智慧和操守，应该不会终止，且会被人们继续称道，传播，学习。在结束整理此文时，发现当初在写就此文后三周，2018年5月19日，在自己的微信朋友圈还留下过这样一段话，也录此留证补充。

——前几天给FT写过一篇“女王、英国王室与与时俱进的政治”，今天哈里王子大婚，刚刚插空看了一眼现场转播。还是很有感慨：千年王室、年迈的女王，好莱坞、童话般的爱情故事、黑奴的后代嫁给王子……一切都有点不真实，却实实在在地存在。世界上现存47个王室中，影响力、受民众的爱戴又何者能与英国王室堪比？奥秘或许就在于女王说过的那句话：我的权力是于我的属民的认可而来的。看到消息说，此次大婚，嘉宾中请了两百左右公民社会的代表，主要是那些从事人道慈善事业的。这又岂能不强化王室与人们的联系？顺便说一句：据说哈里王子拒绝中国的邀请访问，因中国的人权状况！要不要为此给他点赞就任人自定了。二十多年前自己的儿子刚出生时恰恰他的母亲在巴黎车祸去世，电视上看到弱小悲戚的他跟着母亲棺椁在父亲、哥哥身旁行走的身影，留下很深印象，心里甚是替他难过。生命之河流淌，终于他也长大成人，走到今天，结婚，或许有一天也会生子，做父亲。这里也祝他幸福吧！[玫瑰][玫瑰][玫瑰]）——

他现在确实已经成为父亲，但这两年他与皇室的种种嫌隙，不是我的兴趣所在，就让感兴趣的人去评议吧）。

对叙利亚灾难成因与责任的六点观察

（FT 中文网 2018 年 4 月 19 日）

作者说明：昨日（4 月 16 日）看到一些朋友就叙利亚事态所传的几篇文字，做了几句评语，引来数位朋友的关注，强烈要求我写点相关评论。盛情难却，也觉得是个责任，硬着头皮今日挪开预定事务，抽空花了一天从早到夜，写了下面这篇 7 千多字的东西，属于信手写就，绝不是严格的文章，也因其他任务压身，无法再去抽时间查证修改，只是就几个相关问题草草写出，属于自己的一点了解与观察。本人不是这方面问题的专家，只是提供一点信息和看法，若有疏漏、差误与不足，希望行家批评指正。

一、关于西方与叙利亚的关系

叙利亚不是什么西方有意要搞乱的，恰恰相反，西方出于自己的利益多年就一直不希望叙利亚出乱，因为那对自己没有任何好处，此次叙利亚战乱后难民问题对西方的冲击及恐怖分子对西方的威胁就是个例证。须知，西方的情报部门与叙利亚阿萨德政权的情报部门过去多年就了解、控制伊斯兰极端恐怖分子的情况有合作，这种合作因西方支持反对派后有些中断。西方与叙利亚政权的关系过去一直不错，尽管在人权事务上，西方各国政府都因与叙利亚政府的这种关系长期受到各国人权人士的严厉批评，承受很多压力。以法国为例，2001 年阿萨德刚接班不久，希拉克授予过阿萨德法国骑士勋章（最近取消这个勋章的程序已经启动）。2008 年萨科奇还接待过阿萨德到访，阿萨德还参加过法国国庆庆典阅兵活动，受到极高的礼遇，法国人权界还因此群起批评。

不过当时阿萨德在接班后确实曾有些励精图治、推动叙利亚现代化的企图，强化改善与西方包括与以色列的关系，包括替西方到伊朗去解救人质。总之，那是个具有希望的时期，不仅叙利亚内部还是其对外关系，都是如此。

叙利亚与西方的关系的根本逆转是 2011 年“阿拉伯之春”后，因民众的抗议，阿萨德大开杀戒，导致西方的制裁，开始对叙利亚要求民主的反对派进行支持。要知道，受了伊拉克战争的影响，尤其是从伊拉克撤军后的美国，不到必要时刻，并不十分愿意参与该区域事务，特别是美国油页岩革命后石油基本自给，对中东地区的石油依赖大幅减少。（2011 年，在给研究生上的地缘政治的研讨课上，我曾提及当时刚读到的位于伦敦的国际能源研究所的报告，称美国很快会因油页岩技术达成石油自给，提醒学生中东的问题可能因此会有些变化，因美国势力的某种撤离而会有新的麻烦。）除对以色列作为盟友的利益的保护外，美国对该地区的利益相关性锐减，加之因伊拉克战争在经济与人员上遭受的损失，2008 年经济危机后美国财力上的弱化，使得美国人不再如以往那样关注该地区。

这也可以解释，2013 年当法国具有理想主义性格的左派总统奥朗德主张对阿萨德释放毒气屠杀民众进行打击惩罚的关键时刻，为什么奥巴马会自食其言，没有对跨过他自己设下的红线的阿萨德进行打击的原因之一。而最新这次打击前几天，主张美国第一、日渐采取孤立主义外交政策的特朗普还宣称将把在叙利亚作为军事顾问的美军全部撤回。奥巴马当时主张以外交解决叙利亚毒气化武问题，普京抓住机会，外交上长袖善舞之机，进一步强化了其在叙利亚问题上的存在，排挤了西方在该地区问题上的发言权。这是阿萨德政权能够借助俄罗斯支持苟延残喘，在几乎崩解的情况下再度复苏、攻城略地、赢得现在事实上的军事胜利的大的国际背景。说西方故意搞乱叙利亚既不是实情，也不符合逻辑。

二、叙利亚灾难的成因

叙利亚今日灾难的成因是十分复杂的，但大体不外乎这样几个面向：政治与宗教，外交与内政。叙利亚的立国历史是既悠久又短暂，该地区历史漫长，但政权更迭频繁，各种文化交织。此都与其所处的地理位置，地缘政治因素有关，在此无法详说。

但需了解的是，叙利亚这是一个全新的国家政权，其组成与一战后阿拉伯世界的民族觉醒，奥斯曼土耳其帝国的崩解有直接的关系。阿拉伯世界这些被奥斯曼帝国长期压迫的人民在形成各种解放运动时是借助了西方、主要是英法的力量，但稍后又受到英法的压制，但它们并不是严格意义上阿尔及利亚那样的殖民地。组建现代叙利亚的第一位领袖是费萨尔（Fayçal）国王。（著名电影《阿拉伯的劳伦斯》就是讲这一段历史。）英法依据“国联”的规定在奥斯曼帝国崩溃后对这些地区进行托管时，也曾有些相关设定，比如培养这些国家的政治与经济力量，待其成熟发展后让这些国家独立，但这其中各国的具体做法各有区别（英国人对其托管的地区是按一种君主制准备其撤离后的政治模式，法国人则是按共和制在准备）。

从今天这些国家及该地区的状况，我们依然可以看到当初托管时期留下的许多后遗问题：英法“赛克斯·皮科协定”（Sykes-Picot Agreement）对该区域的划分，叙利亚与黎巴嫩的关系等等，不从那个时代去了解是完全不能得要领的。叙利亚今天的状况与一战后直到二战后的 1946 年独立的历史是密切相关的，那个时代展现的一些问题已经预示着今天问题的复杂：与西方英法的关系，独立、现代化与传统势力各种错中复杂的交织，部落、族群、宗教精英与势力的演变，民族国家的构建，宗教派别的因素等等。

此外，了解这个区域的另外一个视角是宗教派别之间的冲突与阿拉伯现代民族主义意识的相互交织影响作用。逊尼派与什叶派乃至其中各个次派别的冲突源远流长，积怨甚深（仅就这一点讲，中文世界里那种简单化的以“伊斯兰”全称，整体主义地分析当今伊斯兰世界出现的一些现象是有很大的问题的）。进入现代以来阿拉伯世界的精英中，尤其是在奥斯曼帝国崩解和西方势力的刺激下，一直有一种泛阿拉伯主义的企图，试图统一整个阿拉伯世界。“阿拉伯复兴社会党”就是这种政治企图的最重要的表现。这个先受法国近代民族思想后又受列宁主义影响的政党最后在今天人们关注的两个地区伊拉克与叙利亚分别掌握政权，但却相互矛盾，并没有完成统一大业，其中除权力的逻辑外，不同派别的宗教也是重要因素。而老阿萨德就长期是这个政党在叙利亚的领袖。

少数派什叶派下一个小支派“阿拉维派”（占叙利亚12%人口）出身的老阿萨德领导的下的叙利亚一直采取一种世俗政策，除与这种少数派的背景需要最广泛赢得其他各宗教的支持有关外，就是与“复兴党”的意识形态相关。但作为非阿拉伯人的库尔德人却反对这种阿拉伯民族主义，因此也长期受到打压。老阿萨德长期铁腕治国，不惜放毒气、出军队大肆屠杀任何反对势力，其中最著名的就是1982 年造成几万人死亡的哈马大屠杀。他多年以来的主要对手就是伊斯兰兄弟会。后者不断地以各种方式挑战阿萨德政权，也遭致不断的残酷打击。而西方在对待老阿萨德政权上的态度一直是矛盾的，这一是因冷战，二就是在处理伊斯兰世界这种世俗与宗教的紧张上左右为难。既不希望看到这些国家专制，但面对伊斯兰的极端反西方传统势力，又需要与这种世俗的具有某种现代取向的政权打交道，维持好关系。当然，就美国来讲，还有一个以色列的问题。而阿萨德政权一直也在西方与过去的苏联今日的俄罗斯之间寻找平衡，以消解来自内外的各种压力，同时也通过与同属什叶派的伊朗的协作关系、支持“真主党”、出兵黎巴嫩等举措维系自身安全，并提升自己在阿拉伯世界的地位。

今日叙利亚的悲剧，显然是与老阿萨德时代严酷的维稳体系积压下一系列的严重的矛盾有关。冷战结束、经济与信息的全球化时代这种体系开始受到严重的挑战，石油资源的重要性相对降低，价格低落带来的财政减少，各种族群、宗教派别群体意识的复苏与强化，年轻一代的主体意识的提升，都给政权带来新的挑战。也因此，在小阿萨德上台后，也曾试图通过一些列改革得以摆脱困境，曾使国内外曾燃起一些希望，但有些为时已晚，且因各种原因有些措施也只是走走过场，不动根本的既得利益者的格局，权贵骄奢淫逸，迷信权力，缺乏利益调节机制，2011 年“阿拉伯之春”的风暴一起，一些中产阶级、都市居民对民主与自由的要求，作为多数族群的逊尼派（近 80% 的人口）的不满，长期受迫害的库尔德人的愤怒一并爆发，受打压的伊斯兰兄弟会也迅速浮出台面参与领导抗议。面对这种局面，阿萨德效法其父，再次动用军警特残忍镇压：杀害青少年，肢解尸体，大批因抗议被捕的女犯被强奸，殴打……这进一步激发民众的义愤，导致某些军人的哗变，抗议四起，叙利亚进入一个动荡期。——顺便说一句，为什么叙利亚没能及时地改革，或许我们回想一下作为少数族群统治大多数人的满清王朝末年的改革史也许就不难理解了。

三、阿萨德政权与恐怖分子

严酷的镇压往往是激发恐怖行为的温床。老阿萨德统治时期针对阿萨德政权的恐怖行为就一直不断，而老阿萨德也对其毫不留情地镇压。对这些行为，西方一方面是批评，谴责，尤其是民间；另一方面出于各种现实考量也保持与其关系、合作。小阿萨德上台后，这种状况维系到 2011 年的抗议。面对这种抗议以及随后的镇压，西方开始谴责制裁阿萨德政权，如欧盟停止作为叙利亚国家三分之一收入来源的叙利亚石油进口。

阿萨德为保权，削弱西方对反对派的支持，便打开牢门，将所有在押伊斯兰恐怖分子全部放出，甚至纵容他们的某些活动。比如，在西方展开伊斯兰恐怖袭击的最重要的设计者、理论家 Abou Moussab Al-Souri 就是叙利亚人，当年在老阿萨德哈马大屠杀后从一个学生转而激进化，参与许多激进伊斯兰活动，后在巴基斯坦被情报部门逮捕，引渡回叙利亚关押。2011 年后被叙利亚当局从监狱放出，至今下落不明。但他有关在西方发动“圣战”、诱发西方对伊斯兰的憎恨从而在内部引发伊斯兰与主流社会的冲突、毁灭西方的上千页的论述，迄今依然是恐怖分子的实行的战略蓝图。

随后，趁混乱在伊拉克出现，与原基地组织有关的“伊斯兰国”（ISIS），也借机小股渗透到叙利亚，以其凶狠以及在与阿萨德政府军的作战中的勇猛逐渐赢得影响与地盘，坐大，使得西方在支持叙利亚反对派上投鼠忌器，生怕这些援助落到这些极端分子手中，也因此使得反对派力量无法有效壮大；当然，反对派因各种历史与现实的原因派系众多，也是限制了其力量发展的一个原因。而这股伊斯兰极端势力最终在占领伊拉克的摩苏尔后，成了气候，尤其是对西方发动的一些列恐怖袭击，震撼世界。但其得意忘形，且开始对那些属于逊尼派原来对其态度暧昧甚至最初有过某种支持的一些海湾国家造成威胁，使得全世界包括伊斯兰世界动员起来对其进行打击。这客观上给阿萨德政权又提供了资源和合法性：以打击恐怖分子的名义，阿萨德政权在西方寻找代言人为其辩护，也影响了世界包括西方的舆论。俄罗斯也更堂而皇之地在叙利亚展开自己的活动，强固对阿萨德的直接军事支持。一直希望突破某种地缘政治限制的伊朗，也借此出兵伊拉克、叙利亚参与打击 ISIS，扩大其影响，缔造所谓的从伊朗经伊拉克到叙利亚的“什叶派新月轴心”。从因恐怖分子活动弱化了西方对阿萨德的谴责与压力上这一点上看，阿萨德当初支持伊斯兰极端势力崛起的这一招还是很有成效的。某种意义上讲，也是 ISIS 帮了阿萨德的忙，尽管他自己也要应对 ISIS 的挑战。

就恐怖袭击来讲，黎巴嫩真主党至少其军事部门被世界上许多国家也视为恐怖组织。而除伊朗外，该组织长期的另外一个支持者就是叙利亚。此次叙利亚内战，真主党也派兵参与，与伊朗一道在叙利亚与政府军一起，展开对 ISIS 和反对派的打击。

关于 ISIS，这里顺便说一句，其起源与发展是与基地组织有关，也与美军占领伊拉克后的一些重大政策失误相关：美军解散了伊拉克前军队，且将许多高官送进军事监狱关押，是在那里，一些被关押的极端分子与这些前高官建立了联系，后者后来许多成为 ISIS 的高级官员。此外，伊拉克许多逊尼派民众、军官不满什叶派掌权者，与

ISIS 暗通款曲，导致后来 ISIS 在伊拉克的攻势势如破竹。当然，奥巴马当选后仓促撤军，客观上也为这些极端势力的扩展提供了条件。有些人混淆基地组织与 ISIS，两者是有关联，但在 ISIS 崛起、基地组织相对衰落后，两者又有争夺伊斯兰极端势力领导权的矛盾。

四、俄罗斯的角色

从一开始俄罗斯就采取坚定的支持阿萨德政权的立场。最主要的原因就是地缘政治原因，俄罗斯冷战后在海外唯一的军事基地就是在叙利亚。如果丧失该基地，俄罗斯的影响将彻底从地中海地区退出，在中东的影响也将基本丧失殆尽，这北方大国几个世纪向南伸延力量的梦想将受到致命的打击。其次，俄罗斯卖给叙利亚的武器高达几十亿（叙利亚内战初曾看到一数据说上百亿）美元的高额账单也将再无法收回。同时，鉴于西方在叙利亚问题上的犹疑、软弱——这除有上面提到的美国的态度的原因外，也与干涉利比亚后其后续局面的演变与其期望相比不理想有关——普京发现了叙利亚问题作为提升俄罗斯国际地位，赢得新的外交筹码的价值，开始更加积极大力度地介入叙利亚事务。这尤其是在 2013 年阿萨德大规模释放毒气杀人事件之后。俄罗斯现在叙利亚直接进行深度的军事干预，支撑阿萨德政权。阿萨德政权现在取得的军事胜利，基本上可归结于俄军、伊朗“民兵”（军队）参与的结果。

五、关于阿萨德政权的化学武器及西方的反应

阿萨德政权过去就有用化学武器屠杀平民的记录，可能也是中东国家存储毒气最多的国家之一。近半个世纪以来，从两伊战争到萨达姆政权时期针对库尔德人，中东是毒气使用最频繁的区域。2013 年在叙利亚古塔地区政府军大规模使用化学毒气事件后，奥巴马缩手，满足于与俄罗斯签署一个协定，阿萨德政权宣布不再生产且销毁所

有化学武器，且加入“禁止化学武器公约”（已有192国家签署），不仅阿萨德得到一个喘息机会，也就此测试到西方的底线。斡旋的普京因此在国际上赢得相当的掌声，也在此问题上吃定西方。但自那以来，叙利亚至少发生另外近40次化学武器攻击。国际禁止化学武器公约组织（OPCW）试图派遣调查团去查实，在联合国设立针对阿萨德政权是否继续使用存储化学武器的检查监督机制，但均遭到俄罗斯否决。

去年叙利亚发生毒气攻击，造成很多儿童死亡后，据报特朗普原并没有动武惩罚叙利亚的计划，是他的女儿伊万卡拿着那些受毒气攻击死亡儿童的照片给特朗普看，激怒后者。当时正值习近平访美期间，他下令发射59枚导弹摧毁叙利亚发动化学攻击的空军基地的部分军机。但事先通知俄方，以免造成俄方的人员伤亡，扩大冲突。美方警告如果再发生此事，会继续惩罚叙利亚阿萨德政权。

4月7日，在争夺大马士革东部战略通道的战斗中，据各方证据看，确实在杜马镇发生了新的一起化学武器攻击，至少造成数十人死亡，几百人受伤。那些孩童遭受化学攻击后几乎被窒息的场面传遍世界，引起人们的愤怒。俄罗斯驻联合国大使称没有发生化学武器攻击，是反对派捏造、摆拍。西方再次在联合国提出针对此事进行特殊调查遭俄罗斯否决，此后俄罗斯提出另一版本调查方案，亦遭西方国家否决（中方两次就俄美各自的提案投弃权票一次，投一次赞同俄罗斯方案票）。在此情况下，英美法三国在精心准备下，对叙利亚的据怀疑是存储、研发化学武器的三个地点进行精确打击。据三方宣布，打击结果彻底摧毁预定目标，而即使俄罗斯、叙利亚也承认，打击没有造成平民伤亡。

按一些专家的看法，只有叙利亚政权掌握了使用化学武器的能力。而俄罗斯、叙利亚政权一直声称是反对派所为。按美英法领导人的说法，鉴于阿萨德政权使用化学武器和俄罗斯的阻扰，为捍卫国际公约的权威，必须对阿萨德政权施以惩罚，但这绝不是要使战争升级，也不是对叙利亚政权、俄罗斯的宣战，是属于国际法惯例中对保护平民免遭灭绝性杀伤所采取的强制人道性措施。俄罗斯与叙利亚包括一些西方人士曾就美英法三国不等国际人员到达毒气攻击现场调查就对那些可能的存储研发化学武器的地点展开攻击表示批评，但最新的消息（4 月 16 日）是，当国际调查人员抵达叙利亚时，俄罗斯及叙利亚官方却以道路不安全为由，禁止专家调查团前往杜马镇，称需要几天时间准备，这也立刻引发各方怀疑。

显然，这次打击并不能解决叙利亚问题，更是带有象征性，它事实上是再次向俄罗斯、阿萨德发出讯号，划出底线，为下一步的外交磋商创造条件。这里需要说明的一点是，西方人对化学毒气如此敏感，或许许多人不可理解。今年恰是一战结束一百周年，只要是了解一点一战的历史就会明白，具有那种毒气造成成万士兵死亡的历史记忆，不可能不在看到化学武器被再次使用时在西方引发强烈的心理反应。

六、几点一般性的感想

叙利亚的悲剧最终的受难者是普通平民（已造成 50 万死亡，几百万的流民）。一个国家已经毁掉，重建过程将是漫长而艰难。这场悲剧，既有历史、宗教、族群的因素，也有各种现实政治、民族、经济、地缘政治的各种诱因。2011 年，在一次本人所属的研究所的内部小型研讨会上，我曾说过：与美军打击伊拉克和阿富汗战争不同，叙利亚内战是 21 世纪第一场最具深远意义的地缘政治较量。毋庸置疑，叙利亚显然已成为各大国、区域强权、各种政治势力、宗教派别较量的疆场，其所引发的某些问题会伴随这个世纪。

这里 或许还是有一些基本的问题需要我们回答，以便我们更好地汲取教训，判断世事，型塑未来：在这个互动日渐频繁的全球化的星球上，我们是否还需要、是否可以确立一些基本的原则来超越各种国家利益的计算，借以评判国际事务。显然，这些都是国际关系理论的老命题。此外，一个国家如果政权专断，不管现实的稳定是靠怎样的强力手段得以维护的，从长远看，还是可能酝酿极其严重的危机。

因此，一个能够照顾到各方利益，尊重民众的信仰、情感的合理、富有弹性的制度架构，还是非常关键的；这尤其是体现在各种危机期。日子顺畅的时候，其实不是验证一个制度的有效性的最佳时节，往往是危机到来，才能显出其优劣。

就伊斯兰世界来讲，**其迈向现代的路程依然具有相当的距离，当下发生的许多问题是与此有关的。伊斯兰世界的现代国家建构，内部的经济、社会、文化再造的任务，都依然艰巨。石油资源既是阿拉伯世界发展的福音，也是其进行真正的现代化建设的阻碍，造成其畸形的经济结构和地缘政治紧张的“孽障”。这当中当然有西方的压制、以往帝国主义遗产的问题，但阿拉伯世界自身的问题显然还是一个重要或者说带根本性的因素。有一天，伊斯兰世界的两大派系能像基督教的天主教、新教一样达成理性的和解，在处理政治与宗教的关系上完成某种现代的分离，达成伊斯兰的宗教改革，在承续传统与改造传统上不断进行具有批判性的进展与再造，重新找回历史上曾有过的开放、思想与科学活跃的时期的精神，伊斯兰世界或许就会迎来自己的真正的“复兴”。**不过要说明的是，事实上这种过程早已开始，也有相当的成果，只是达成目标尚远。关于这点，或许以后再另文探讨。

本人从不认为一种浪漫的政治态度会有助于合理地解决复杂的历史问题，并切实地促进政治的进步。以叙利亚的例子来讲，本人既不认为一个完美的民主化是解决叙利亚问题的前提，同时也不认为缺乏民主的要素的适当介入会能很好地解决该问题。叙利亚需要完成一种现代国家的构建，但在这个构建中也必须以某种民主来适当造就一种妥协的机制与共识。

除非再次分裂成不同的托管国家或地区，如果叙利亚人还希望共同生活在一个国度，这种妥协与共识的机制就是必要的条件。不管外界国际风云如何变幻，地缘政治的因素如何影响，如果当初阿萨德政权有远见，未雨绸缪，早些改革，合理平衡各方利益，或许不走到今天，也未可知。其实，某种意义上讲，不谈外界，仅就内部逻辑演变，这种局面难道是全然不可预见的吗？权力的遮障作用再次害了叙利亚的权贵以及叙利亚人民。

最后，不管西方在叙利亚问题上做得怎样不够、不好，但与其相比，俄罗斯这样不顾一切道义原则，支撑一个如此屠杀自己人民的政权和政治人物，早晚还是会伤及自己的利益的。普京如还有见识，该适时收手了，从长远看，对俄罗斯和他自己都有好处。

危机时代的默克尔现象

（某网 2017 年 9 月 23 日）

在我们这个托克维尔意义上的民主时代，不同体制下的政治家的声望的折旧耗损皆呈某种加速现象。然而，德国的默克尔却成了个例外，乃至几乎毫无悬念地将会在星期日的大选中再次胜出，在执掌这世界上最重要的国家之一十二年、经历了罕见的世界经济危机的冲击后，巍然矗立，要再接续一个四年任期了。

在民粹猖獗，民主机制面临诸多危机的时代，这绝对是一个值得研究的现象。它自然会让那些上任不到几个月民意就雪崩、一届任期就铩羽而归的政治家们嫉羡不已。即便对那些担心因民主机制不能长久执掌权柄的政治人物，这也是个提示，默克尔的十六年的任期比中国历史上许多皇帝的任期都要长：做得好，人民认可，不是不可在权位上呆得久一些。

德国人喜欢稳健的风格、对基民党的偏好显然是一个传统因素，该党的阿登纳和科尔各分别执掌德国 14 与 16 年。对选举来讲，胜选的要义在候选人与要面临的历史课题两者的恰当交汇，当代史上，只有 1969 因威廉·布兰特以及其与东方阵营的缓和政策，1998 施罗德回应科尔多年执政后人们希望变革的心理，让社民党赢得选举，此外，德国战后政治便多是基民党的天下，默克尔显然是这种传统的承续者。

从批评的角度，记得几年前，与笔者有过一两面之缘、以“风险社会”理论闻名于世的德国已故社会学家贝克特曾在法国“世界报”上撰文，指责默克尔的“马基雅弗利执政风格”：为维护德国利益，执掌权力，采取实用主义立场。一个左派理论家，有这种批评不让人感到意外。不过，如换一种角度，这未尝不是在另外许多人眼中默克尔的长处：不教条，手段灵活，踏实，很好地维护了德国及其民众的利益。

从正面解读，在笔者看，默克尔的廉洁、简朴与谦和、对公共事务所呈现出的勤业、负责的态度，这些个人特质，是成就默克尔现象的重要原因。而这些恰恰是这个时代大多数政治人物所不具备的。位居大位多年，未听到任何有关默克尔个人的丑闻。这在执掌大权日久者中实属少见。

中国的媒体曾津津乐道谈及过当初默克尔南京访问早上排队吃早餐，拾捡起掉到地上的面包片的细节。如果对其有所了解的人，大概对此细节不会感到惊讶，那是她在生活中一贯的风格。她的政治引路人前总理科尔曾说她在柏林墙倒塌后她初入政坛的岁月是个“连吃饭刀叉都不会很好使用的人”。却可能恰因此，她让人么感到亲切，没有距离感，乃至有了今日德文中一特指名词“Mutti”（妈妈）。

政治是离不开政治人物的信度的问题的，在日渐世俗化的民主时代，加之信息技术的发达，维系一个政治人物的威信并不是件简单的事。默克尔这东德牧师的女儿所表现出的操守、节制与自然的为人风格，恰成为她最大的资源。也是她能长期获得人们信任的基础。

但作为政治家，如果她缺乏必要的智慧显然是不可持久的。如从最低工资政策的推出所显示的那样，默克尔鲜少自己推出重大的改革措施，却能因势利导博采众家，择善而为，最终却获取最大政治收益；身为右派政党的总理，却能联合左右，中道而行，把握德国绝大多数人的利益倾向，善用各类政治人才包括自己昔日的对手，掌握政治主动，让反对党、政治对手陷于无还手之力的境地，政治技巧可谓高超过人。社民党去岁推出前欧盟议会主席舒尔兹来对垒默克尔，既背负社民党参与执政联盟的负面后果，又缺乏有效明智的策略，在一阵热闹过后，舒尔兹民意上节节退败，大概也只能眼睁睁看着社民党与总理之位再失交臂。

当然，德国经济强劲的势头，仅 7%的人对自己生活状况不满的现况，既是当初施罗德改革的遗泽，也是默克尔执政多年的成就。加之难民政策的调整和难民潮的缓解，都对默克尔是利多。天时地利人和俱备，何事不成？

不过，今后四年包括后默克尔时代，默克尔及德国是否会像其连任这般顺利，将是未定之事。那将是另一话题了。在笔者看，德国像许多国家一样，一些新的变化其实或已经在酝酿了。

（补充说明：原文经编辑要求限制在1500字内。文章发表时，标题被改成“德国大选，为何默克尔支持一路高扬”，现改回原标题。默克尔可谓战后德国甚至是欧洲、世界最重要的政治家之一，就内政外交来讲，都成就非凡，就个人操守上讲也可谓民主国家政治家的楷模之一。但未来的历史学家或会在几点上对她多有批评，某种意义上讲也是她的负面遗产：一是在能源转型如关闭核子电站上草率行事，未留足余地，造成的问题在俄乌战争爆发后尤显突出；二是对俄国缺乏必要的警惕，能源依赖过重；三在移民问题处理上是否也有考虑不足之处。就这第三点来讲，或者见仁见智，但前两点或许会争议较少。遗憾的是默克尔在俄乌战争后在面临一些其政策造成的严重后果后依然为其辩护，是让人有些不解，甚至是损伤其形象的。须知，没有任何政治家能绝对地预卜未来，决策绝对不会失误，但重要的是要肯正视现实，承认有误，而这一点上，默克尔显然让人有些失望）。

与时俱进的政治才有未来

——法英立法选举述评

（“思想的云”网 2017 年 6 月 23）

6 月 18 日，法国议会立法选举第二轮投票结束，近一年来法国空前激烈的选战以此次号称“总统大选第三轮”的立法选举的结束而告终，一个几乎两三年前名不见经传、选战开局时无任何人看好的年轻政治家跃上舞台，拿下总统宝座；而其麾下创立一年的政治力量“法国前行”（现更名为“共和国前行”）也在此次大选中压倒性地获取议会绝对多数。法国历史的新一页幕已徐徐揭开，未来的剧目将如何上演，我们拭目以待。同时，英国在脱欧公投后仅一年，再次举行立法大选，结果又一次超出许多人的预期，保守党失去多数，脱欧谈判将艰巨难测。这些纷杂的现象及令人有些瞠目的结果内含着何种对这些国家包括对世界政治未来的走向值得关注的信息，这里尝试着做些粗浅的分析。

“滚开主义”的狂飙

如果说法国此次立法选举中有什么最大的特点的话，那就是“滚开主义”的狂潮！法文中 Dégager, 可译成“滚蛋”“滚开”，源自几年前北非的阿拉伯之春抗议中出现的类似口号。这些年在世界范围内因不断出现的各种对旧政治势力和政治人物的排斥，召唤政治更新的现象，法国人创造了一种政治新词“dégagisme”用来描述这种带有愤怒情绪的政治抗议现象。**这里顺便说一句，正如所有革命性的变革都难以避免地会出现某种反弹，因转型中出现的种种问题，在北非阿拉伯世界一如在东欧，变革后都出现了某种对推翻的旧秩序的怀旧，但那只是某种心理投射，在解决掉旧秩序的恶之后对面临的新课题的一种反射，人们从来都是在面对现存的各种问题时根据不同的情形做带有理想性的心理投射，要么指向过去，要么指向未来。正如笔者多次提及：这很难说是代表一种对旧秩序的全面认同，更难证明人们真要回归过去，可以借此拿来做反对变革的证明。面对旧秩序以及其造成的问题时，人们首先要解决的是这种旧秩序带来的恶，而一旦这种问题解决，课题便发生转移，人们不同时期的心理预期会发生变化，不能轻易以此推彼，不能混淆反证。从某种意义上讲，这种怀旧恰恰证明改革的必要，只有落实那种真正解决了某些旧体制的弊端、避免了那种推倒重来的真实的改革，这类怀旧才不易滋生、才会淡化。**

此次法国大选，从左右阵营的总统大选初选到最后结果出炉，一路残酷地淘汰了左右多位包括在任总统的重量级人物，此次立法选举再大规模地淘汰两百多位左右各阵营多年活跃在法国政坛的政治人物、议员、前部长，法国政治势力发生大地震般的洗牌，传统政治结构崩解。新的政治重组和代际更新开始。一代全新的政治人物跃上舞台：竞争 577 议员席位的 7882 候选人，平均年龄 45 岁，要比上届几乎年轻 10 岁；最终当选的此届议员平均在 48 岁上下，最年轻的议员只有 23 岁。上届议员平均年龄则是 54.6 岁。在总统大选第一轮投票中，各种非传统主流政治势力获得的选票远远大于代表传统政治主流的左右两大党“共和党”和“社会党”及其与其结盟的绿党的选票。这种现象在此次英国的选举中也有表现，几十位工党、保守党包括已连任 12 年的自由党党魁前副首相克莱格（Nick Clegg）和苏格兰民族党（SNP）党魁老牌政治家萨蒙德（Alex Salmond）等纷纷落马。尽管因为两年前英国才举行过议会选举，这种更换显得不像法国此次来得那么突兀，但趋势还是明显的。从一侧面显示出人们希望变革的强烈意愿。

民主的危机与民主的深化

毋庸讳言，这种现象显然是与民众对政治人物的不信任，对现行的某些制度、传统政治势力缺乏活力和有效地解决国家面临的问题的能力的不满有关。此次法国从总统大选中左右两极极端势力的扩展，到议会两轮选举未投票率创下历史性的新高都从不同角度展示着这种民主的危机。就未投票率来看，这种现象的升高是一个长期的趋势，但在法国总统大选上，传统上投票率却一直保持着80%上下，但这次第一轮投票只有77%，而第二轮投票率只有74%，为半个世纪来新低。至于立法选举两轮投票，自2002年总统改为5年任期，立法选举在总统大选后一个月举行，人们已经习惯性地投给总统所在党多数票以便让总统具有多数，顺利施政。此次依然如此，“共和前行”独自一党便占据议会绝对多数说明了这一点，这说明法国选民政治上的理性取向。但与前几届不同的是，立法选举投票率创历史新低，两轮投票缺席率分别为51.29%,57.4%。一种解释是人们以默许的形式投了总统的政党的赞同票，不出来投票；另一种解释是这种对政治的不信任依然深重，尤其是对那些下层选民和青年选民来讲尤其如此——此次弃权不投票的选民中，这个阶层和年纪的选民比例最多。显然这两个因素都存在，才造成如此低的投票率。且在所投下的票数中有创纪录的近10%的空白票或废票，似乎也说明了这一点。

一般来讲，两种情形下选民最容易被动员，一是选战交织激烈，有那种每张选票都可能有影响大选结果的意识产生；二是政纲、意识形态上高度对垒，会有效动员投票选民。但此次总统大选后，在法国的立法选举上，许多人认为结果已定，缺乏投票意愿，加之马克龙“共和前行”的政纲综合左右，模糊掉一些传统的左右分野，也造成选民的某些困惑，弱化了选民投票的冲动。特别是一些在总统大选时将票大规模地投向极左极右两势力的最年轻段的选民，对立法选举更缺乏热情。这也是造成立法选举较总统大选投票率低的一个重要原因。与其他年龄层的选民相比，年轻人对政治冷热跟选举的性质和议题有更直接的关系。脱欧公投时并不踊跃但多半主张留欧的英国年轻选民，在老年人占多数的脱欧派胜出后追悔莫及，指责老年人断送了他们的前途影响了他们的自由，此次汲取教训，有百万多新的年轻选民登记投票，在 18 岁到 24 岁的选民中有 72%参与投票，而原来很多不参加选民登记，而登记者也投票率不高，两年前的议会选举则只有 43%，脱欧公投只有 64%。此次由年轻人大规模的投票造成“年轻人地震效应”（“youth quake”），是导致工党在许多人并不看好的情况下获出人意料的优异成绩、保守党失利的一个主因。这次英国大选投票率近 69%，为 1997 年来新高，相信青年人的参与也是一个提升投票率重要的因素。当然，年轻人的这种热情，也跟工党领袖科尔宾推出的一些与保守党一味紧缩相反的有利青年的学习、就业的相关社会政策有关。

此次英国首相特莉莎•梅自信满满地提前三年举行议会大选，本以为挟其“硬脱欧”的立场，在与欧盟就英国脱欧的谈判中采取强硬态度，尽可能断绝与欧盟的连带，会赢得公投脱欧后英国选民的支持，大幅提升保守党的议会席位，且以此作为后盾与欧盟讨价还价。岂不知因各种经济社会的因素的变化，比如某些商品的物价因脱欧公投一年来的上涨，已引发社会心理某些微妙的变化，已有民调显示人们后悔脱欧的民意开始超出赞同脱欧者。而梅却依然采取“硬脱欧”政策，与许多选民尤其是年轻选民的意愿相反，结果如她的前任卡梅隆一样，误判民意，让自己落入自己设下的陷阱。前有卡梅隆因这种误判黯然退场，今日特莉莎•梅因保守党不仅未得到更多的席位还丧失掉原有的微弱绝对多数，必须与更加保守的民主统一党（Democratic Unionist Party）结盟才能保住政权，个人地位权威受到严重削弱，大有点陪了夫人又折兵的味道。其中所透露出的一些信息耐人深思。这两任保守党首相是否都欠缺些政治敏感，与社会有些隔膜，对其脉动的把握欠佳？笔者曾做过的判断现在不幸言中——历史情境不再！尽管想学，但从政治才华、个性，修养到眼界、思想的高度，梅既不是撒切尔夫人，川普也不是里根。这或许要让对这两位寄予某些厚望者们失望了。

尽管民粹势力的扩展，信任赤字在累积，恐怖主义威胁，贫富差距，文化认同问题，移民的整合，经济与福利的持续等问题，都给法国与英国等民主国家的民主运作带来些严峻的危机与挑战，但同时，我们却也可以观察到一些民主深化的趋势：此次英法议会选举，两个国家的女性议员都前所未有地增长；女性历史性地向权力进军的脚步在加快。1958 年法国第五共和第一次议会选举只有 8 位女议员，2007 年已有 107 位，上一届 2012 年是 155 位，占总数 26,86%，而此次已经达到 224 位，达 38. 8%。这当然与马克龙要推选男女对等的议员候选人出征的政治承诺有关，但更重要的是这些年法国政治与社会演变的大势使然。在英国，两年前女性议员有 196 位，此次达到历史性的 208 位，占 32%。

此外，少数族群的议员也明显增多。此次法国议会大选，出现第一位法国本土非海外省的华人议员。英国非白人少数族群议员从两年前的 41 位上升到 52 位。至于另外一些群体比如说所谓 LGBT（Lesbian, Gay, Bisexualand Transgender，男女同性恋，变性和双性）人士中当选议员者也达 45 位，且横跨工党、保守党、苏格兰民族党等不同党派。……这些都不能不说是民主权利在继续扩展与深化。

右转时代的左翼需求以及民主再造

以笔考看，这种民主的深化与民主的危机在我们时代并存，或许是这个全球化以及信息化大转型时代的某种必然；在某些问题上甚至可以说两者是互为因果。一方面是各种个体以及群体主体权利的诉求的强化，公民社会前所未有的活跃，造成对一些传统的政治势力以及政治运作模式的冲击，出现一些制度不适状况。传统的观念、制度、运作方式出现危机。此次法国总统和议会大选，对第五共和制度的批评和质疑在某些候选人那里前所未有的高涨，一些人在谈论所谓“第六共和”的可能。尽管这不见得能立刻实现，论据也不尽然都成立，但第五共和制度的某些问题，如当下显示的总统大选和其后一个月举行的立法选举既不同时又相距甚近，弱化了立法选举的重要性等问题却是不能不认真考虑加以调整的。

没有人相信在可见的将来英国会取消君主立宪制，但持有反君主立宪制立场的科尔宾差点当了首相，这也不能不说其中没有某些现象值得思考。几年内，英国举行如此多的重大选举与公投，是否也从一个侧面透露出英国现行机制运作上的某些问题，一方面是诸多重大的历史和现实造成的重大课题，必须回应社会和公民的压力、诉求，另一方面又要维系英国历史上常以为傲的制度的稳定与延续，这种紧张的出现，对英国历史到底意味着什么？

一如历史上出现过的，在这种从一个时代向另一时代转型的过渡期，往往会浮现一些浪漫主义思潮；乌托邦和怀旧趋势都会在政治上有所体现。某些传统型的政治人物应势而起，用某种重拾旧日荣光或造就所谓新的“美好未来”的承诺来换取人们的支持，回应一些人们的抗议、不满诉求。但多半不会达成其目标，往往只会延误迎接挑战，度过过渡期的机会和时间，搞不好会就此衰败。在世界范围内，我们再次贯彻到此类现象的蔓延。

就西方民主国家来讲，**在经历几十年一个以权利平等意识深化，权利扩展的色彩相对偏左的时期后，在各种因素的刺激下，一个重新强调国家权威的重要，强化传统文化认同，社会整合的必要、安全至上等偏向右翼价值的右转时代已经形成。但尽管如此，这种右转并不能回避、抵消一些左翼诉求，一些新的有关全球化时代社会公正，某些民族国家范围内新型的社会福利诉求也正在加速浮现。此次法、英大选都从不同侧面给我们展示了这种趋势。如果不能很好地正视这种诉求，很可能在一些事件的激荡刺激下发生向极左或极右的摆动，断丧民主的生命。上世纪的历史殷鉴不远。这是所有民主国家负责任的领袖和公民都必须要特别当心的。**

在法国，马克龙尝试着走出一种新的道路，融合左右，如果我们这里尝试着对正在型塑的马克龙主义做点归纳的话，仅就经济来讲，他的想法或许可归纳为：能利用市场的尽可能利用市场，需要国家的地方国家决不缺席。改革的主轴将围绕此展开。释放个人与社会的活力，国家要扮演好国家必要的整合和保障角色。这或许是他此次成功当选的主因之一。而在英国，被人认为快要过气年过花甲的科尔宾鲤鱼翻身，带领工党打了一个漂亮翻身仗。除了他的一些个人表现、有效地利用网络、成功吸引了年轻人三分之二以上的选票等外，也显然是与他的一些极其鲜明的带有传统左派政策色彩的主张有关。且不讲这些将铁路、能源、电力、邮政收归国有，反对资本主义的措施是否能在英国有效施行，是否合理，但仅以此次其受到的欢迎可见，英国的政治风向也在发生转移，几十年来撒切尔主义直到布莱尔的中间路线以及卡梅隆的保守紧缩政策开始受到质疑，正在激起某些回摆。尽管政策上具体主张不同，但他的某些思路与法国此次大选中获得将近五分之一选票的偏极左派的梅朗雄有类似之处。后者虽然大选败北，但在此次议会选举中，他所领导的“不屈法国”运动超出选前预期拿下 17 席，可在议会成立党团，从一个侧面也反映出这些偏向极左的势力的发展。此外，在上届议会只有两席的法国极右势力“民族阵线”此次也获得 8 席。其中好几位都是来自传统的现在深陷转型危机、失业居高不下的传统左派选区。从极左到极右，许多地区都在发生这种既符合逻辑又让人有些吃惊的政治板块迁移。事实上，极左与极右的许多文化基因、政治思维都是有其内在的一致性的。此次左右相对极端的势力都在议会中获得新斩获，可以预见，在今后的有关改革、各种政策的议会论辩中，会时时听到他们的声音。但毕竟，这种代表了不同利益和立场的议会中的抗议，或许比他们不断地以诉诸街头抗议的方式来参政对法国的整体利益还是利大于弊。

面对当下民主面临的某些危机，笔者多年来看法就是：**就现代政治来讲，专制的问题可以用民主来解决；但民主的问题却不应该且最终也无法用专制来解决，只能以民主的调试、更新、改造来解决民主的问题。**英法美可谓西方民主国家中具有历史和理论参照性的最重要的范式型国家，今天都在各自以不同的方式回应着挑战，尝试着新的走向未来之路。就重建社会对政治人物的信任来讲，马克龙此届第一个要推出的法律，新议员马上要表决的法律就是“政治信任法案”，将以更加严格的规定规范政治人物的行为，以杜绝那种雇用家人领空饷、接受游说进而腐败的可能。英国脱欧大选后梅首相已经表示将更多关注下层人们的利益，经此大选，所有政党也都不会再忽略年轻人的呼声，英国也有就此回归 1970 年代的传统左右两党政治的趋向；而海峡对岸的法国却在历史性地打破传统的两党格局。……显然，历史没有终结，民主的历史也在继续。但不管如何，一个基本的道理还是显见的：**只有能把握社会脉动，时代方向，与时俱进的政治势力与政治家才会有未来。**

马克龙迈向希望的权力征战

（财新 2017 年 5 月 9 日）

欢呼！当地时间 5 月 7 日晚 20 时，当电视频幕上倒数计秒结束，马克龙的画面最终出现那一刻，在法国许多普通家庭中、会合在咖啡馆、各地不同的场所的人们、在卢浮宫前集聚的支持者，都爆发出发自内心的欢呼！像一场让人屏住气息、惊心动魄决定性的球赛，终于那一关键的让人们等待已久的球被踢进球门。

毕竟这不是球赛，这是一场攸关法国甚至欧洲的命运博弈：极右派玛丽·勒庞如果出线，不仅法国这个以自由、民主、人权为旗帜的最重要的民主国家将蒙羞，半个世纪以来寄托着人类和平进步希望的欧盟建设也将有崩解之虞。尽管一年多来，各种民意调查都展示，玛丽·勒龙会进入大选二轮，却不见得会赢得总统宝座。但鉴于英国脱欧，美国特朗普当选，各种黑天鹅事件层出不穷，许多人依然无法不对最后的结果抱有担心。尤其是，即使玛丽·勒庞落选，如果是高票，也将极大提振其士气，使得法国今后的政治生活面临被极右阵线绑架的危险。当马克龙最终以 66.1%的得票胜出，打碎“民族阵线”即使败选也要突破 40%得票的企图，许多人岂能不情不自禁为之欢呼！

最漫长的总统大选

但这确来之不易。电影爱好者们大概都看过那描述诺曼底登陆的经典巨片“最漫长的一日 The Longest Day”，此次法国大选，其曲折、戏剧性在民主政治史上都极其少见，被许多观察家称为最非标准、非典型的大选（atypique）。不过笔者觉得，或许这也是一场最漫长的大选！这种漫长感，不是因时间因素，这方面与以往大选并无二致，主要是因为一方面大选过程先有各党初选，复选，后又各种意外迭出不穷，令人眼花缭乱，应接不暇，许多希望燃起，落空，人们的心理像坐过山车一样起伏动荡，消耗甚巨；另一方面也是因为选战所涉及的问题重大，牵涉法国未来的文明选择，欧盟的生死存亡，甚至也因此会影响到世界的和平、稳定及走向。选战空前激烈，且第一次是在法国因反恐实施某种戒严的情况下进行。到最后几周，且不说选战的当事者，候选人，就是各种家庭，普通的人们，也因彼此间的探讨、辩论、争执，因各种事态、民调的发展、对再次发生意外而引发的焦虑、愤怒、喜悦而显得有些疲惫不堪，“快点结束吧，受不了了！”成了一些人的日常感叹。国际社会除了那些希望看笑话，因各种利益盼望玛丽·勒庞能入主爱丽舍的人和势力，很多人都是提心吊胆在日夜跟踪在法国大选中发生的一切，担心其结果引发新一轮无法预见的国际后果。现在，这一切终于尘埃落定！

从去年夏季右派共和党前总理菲永、朱佩，到希望卷土从来的前总统萨科奇等陆续宣布参与党内初选，选战正式打响，到左派社会党现任总统奥朗德前所未有地宣布不争取连任，再到社会党现任总理瓦尔兹辞职参加社会党初选，结果却是因政见不合去职的反奥朗德政策的前部长阿蒙在社会党初选中胜出，这场总统大选在左右初选阶段就不断爆出冷门，民调看好的左右两大党温和候选人瓦尔兹和朱佩相继被残酷地淘汰。正式大选第一轮，原本被看好的菲永也因丑闻最终出局。一个现任总统，一位前总统，三位前总理，在这场最高权位的竞赛中皆陆续败北。代表社会党的阿蒙得票之低创下历史纪录，不仅个人地位被极大削弱，也连带作为执政党的社会党遭受分裂，被边缘化。

政坛经历巨大的洗牌。两位进入二轮的候选人都是非传统主要政治势力的代表，一个属于几十年老店但在玛丽·勒庞女承父业后试图向中间调整的极右派“民族阵线”，一个是新近崛起仅仅成立一年的中派政党“法国前行”。统驭半个世纪法国政治的传统左右两大政治势力社会党和共和党一个近乎瓦解，一个面临严峻考验。各种其他的政治人物要么在大选中积累了政治资源，崛起，要么承受了重大的消耗，折损，法国政治格局和政治人物面貌就此将发生极大的更迭，重组。

立法选举与政治重组

总统大选虽已结束，但某种意义上讲，却依然还在继续：一个月后，被称之为“总统大选第三轮”的法国立法选举即将举行。从希拉克时代起，第五共和宪法总统任期经公民投票修改为 5 年，其主要目的在避免过去 7 年总统任期中出现总统为一派，而因立法选举反对党成为多数总理由另一派政党人物出任的左右共治局面。议会在总统大选后一个月举行。自 2002 年三届实施下来，基本上立法选举带有某种形式性，选择了某党总统侯选人的法国选民多半也明智地将大多数属于该党的议员送进议会，组成多数内阁，以便让总统贯彻政纲。不过，此次情况却大不相同：“法国前行”只成立一年，没有属于自己的议员，现有的议员都是因认同“法国前行”理念转而投入该组织的；其地方组织根基不深，人才储备有限，能否在 577 位议员席位的争夺战中获得多数，将关系到马克龙能否顺利施展其改革方案。因此，从总统大选结束，立法选举事实上已经开始起跑。或许，马克龙只有在 6 月 18 日立法选举第二轮最后出现对其有利的结果后才可宣称其取得 2017 年大选的全面胜利。

也因此，在两轮大选期间便不断有对手以此来打击马克龙，宣称因他无法取得多数，故无法实施他的改革计划。但由于马克龙的高得票率，下一步选举的势能强劲，从中展示的法国人变革的意愿强烈，立法选举中再创总统大选所展示的奇迹不是没有可能。此外，14 日总统权力正式交接后，马克龙选择何人作为总理，或许也会很大地影响到立法选举结果。迄今为止，马克龙一直说将选择一位既富有政治经验，又能展示政治更新理念的总理，这两种逻辑显然有某种矛盾，但如果真能找出这样一位合适的人选，让人耳目一新，领军立法选举，自然将会极大地增加马克龙的威望，也会为各地的议员竞选加分。以笔者见，这样一位总理最可能是来自温和右派阵营或中间派，以利政治平衡，也有助于马克龙继续消解传统右派阵营的实力而壮大自己阵营，推动改革落实。

为达成政治更新的目的，“法国前行”明确宣布在其推出的议员候选人中，将有一半全新的面孔，来自公民社会各界；另一半是已经有过各种政治经历原属其他各党的人员。候选人将有一半为女性。所有候选人都将经过委员会的严格审查，不能有任何法律上的前科、公共形象上的瑕疵。目前，已经有一万四千位候选人主动报名，最终代表“法国前行”出征立法选举者的名单在经过审核后于本星期四公布。当然，对出现未得到多数的局面，马克龙也有所准备。鉴于他的中道政策路线，他还可以像他曾宣布的那样，可以就一些议案经各方协商达成多数，自然，这种局面一旦出现，也将考验马克龙及未来总理的协调能力，政治技巧。

虽然“政治前行”面临一些与其草创相关的挑战，但其他各政治势力和政党内部也是问题重重，包括进入二轮获得前所未有选票的“民族阵线”内部的新的路线和权力之争在大选后会随之展开，也很快会体现在一个月后的立法选举上。当然，因选战需要，这种内部分歧对“民族阵线”或“共和党”两个政党来讲，要么因具有权威的领袖，要么因派系协调尚能维系，暂不会发展到一个伤筋动骨的程度。但像社会党这种已严重分裂、遭受总统大选严重挫败的政党，在选举的压力下，选前就很难说能一定达成一个相对一致的意见而不彻底分裂。总统大选第一轮投票展示法国政治“四分天下”（中间势力“法国前行”，极右“民族阵线”，传统右派“共和党”以及偏极左的“不屈法国”），但因选区制度及长期经营等因素，这并不保证立法选举结果会依次分布。——还在总统二轮投票前的 5 月 3 日，一个民调（Sondage Opinion Way-SLPV Analytics）显示，在现有单一选区两轮制选举制度下，在法国本土 535 个进行调查的选区，“法国前行”可能会得到 249 个到 286 个议席，如果加上马克龙受到绝对支持的海外选区，“法国前行”得到超过多数的 290 个席位是有可能的。传统右派或可获得 200 到 210 席位，民族阵线 15 到 25 席，社会党大跌到 28 到 43 席，而总统大选中风头很劲的“不屈法国”却只能获得 6—8 席。

可以预见，即使最坏的情况下“法国前行”运动不能得到议会绝对多数，该党也将一跃而起成为法国第一大政治势力。“共和党”能否重新占据右派政党第一的位置，取决于其能否维系整合，不因“法国前行”和“民族阵线”的吸引拉力而分裂。同时，分裂的“社会党”能否再次聚合，不就此消失在历史的烟尘中，也取决于其围绕此次立法选举的所为。当然，以梅朗雄为代言人集合了各种不同的偏极左的势力联盟的“不屈法国”能否经得住选举各方利益拉动，维系团结，统一行动而不解体，也是未知之数。其中，与法共能否继续保持联盟至关重要。

法国社会的愤怒与分裂

显然，这种政治上的板块分裂，是法国社会分裂的一种反映。此次大选，我们常听到候选人嘴里重复的一个词汇就是社会的 colère（愤怒）。这种愤怒由来已久，对那些在全球化列车中感到被抛弃的人们，那些居住在乡村、缺乏必要的公共设施与服务保障的人们，那些已经失业和面临失业威胁的人们，不满和愤怒已经积累日久。多年来改革的不力，精英阶层与社会的某种脱离；在应对全球化压力、欧盟建设的进程上国家所制定的某些政策与一些民众当下利益的脱节和冲突，传统的制度无法应对新的经济和社会要求所引发的某些脱序，这一切都在危险地分裂着法国。

此次大选第二轮竞选中发生的一个事件，以一种最直接、形象的方式将这种社会的愤怒和分裂、紧张展示在人们眼前。4 月 26 日星期二，首轮大选后第三天，马克龙按以往的承诺到他家乡亚眠市与在该地的美国电器公司 Whirlpool 的一个生产基地的工会代表会见，因商业上的考量，公司决定将这个本为盈利的生产基地关闭，将其搬迁到波兰，引发工人们的罢工。而正当马克龙与工会代表们讨论如何更好地帮助工人维护权益之时，玛丽·勒庞却忽然来到工厂前与工人见面，受到罢工工人的热烈欢迎。她指责马克龙不敢见工人，躲在一旁空谈，许诺在她当选后帮助工人甚至以国有化的方式保证其就业。

午后，马克龙在与工人代表商谈后也来到现场。尽管一些工人们指责他是受到玛丽·勒庞访问的压力后不得不来此，但事实上工会代表作证，这在他们会见的时候便已经确定。迎接他的到来，是各种混杂着罢工工人和当地“民族阵线”活动分子的嘘声、口哨甚至是带些谩骂的叫喊，空气中到处弥漫着罢工工人燃烧的轮胎散发的黑色烟雾。激愤带有些绝望的工人七嘴八舌指责马克龙没有更早来探望他们，帮助他们，马克龙的回答不断被人打断。而被工人围着的马克龙却坚持不做任何不切实际的承诺，耐心解释：国家不能无缘故地阻挡企业的自主运营，但却承诺会在法律允许的范围内，尽最大努力维护工人的权益。在众多记者的摄像机面前，马克龙如做任何任意的承诺，软弱，或是缺乏对工人的同情和理解，因情绪控制不住，犯下举止和言语上的失误，都可能让此次选情发生重大逆转，导致对马克龙来讲难以预料的后果。但他成功地在不做任何廉价承诺的情况下，靠一个多小时的对话解释，平抑了工人们的一些情绪，在离去时甚至赢得了些掌声。

笔者从头到尾观看了整个事件的现场报道，隔着电视荧屏，听着因紧张声音都有些不连贯和僵硬的现场记者的报道，清楚地感受到那场面的紧张，也由此对马克龙的性格特质有了些更直感的体认。那日他确实展现了些“虽千万人吾往矣”的领袖气概以及作为一个民主国家政治人物所具有的对他人尊重对话的素养。虽然在此次大选中他也多次遭遇各种不满的选民的诘问并做各种不同的解释，但从没有一次如此火爆，将法国的诸种问题做如此戏剧性的凸显。

社会的愤怒常常诱发极端。从这次投给“不屈法国”和“民族阵线”左右两大相对极端的选民将近一半的比例我们就可看出，社会在向两极分离，社会共识在弱化。这不仅给民主制度的正常运作带来严峻的挑战，社会的整合也面临极大的危险。大选第一轮投票后，许多选民出于对阻挡“民族阵线”掌握政权的考量转而在二轮投票给马克龙，但事实上并不全然认可他的施政纲领，对此马克龙是有清醒的认识的。获知当选后，马克龙在其于竞选总部发表的讲话中，没有丝毫的喜悦，口气极其严峻，陈述了他对面临挑战的艰巨性的认识，誓言将弥合法国的分裂，重振法国作为他施政的最重要的考量。

希望的权力之旅

总统大选暂告段落，马克龙这个让人瞠目、有些不可思议的飞跃上升的故事，会被人们长久地分析讲述，如果我们去除那些偶然的命运之神的眷顾，马克龙到底是靠什么最终赢得人们的尊重和信任将国家大位赋予他？在笔者看来，最重要的可能是在他的坚持和某些政坛已经少见的理想性格、某种真诚，且唤醒了人们某种希望。

就这场大选的一个关键性议题欧盟建设来讲，首轮11位候选人，相对其他人，在欧盟建设面临挑战，社会批评声浪高涨的当下，只有他一位对欧洲建设始终抱毫不动摇的立场，主张深化欧洲建设。这将他与反欧洲，以退出欧洲、欧元区为主轴之一的玛丽·勒庞形成鲜明的反差。此外，面对各种困难的政经议题，从不提那些廉价的刻意讨好人心的口号，方案大多现实可行，却同时不失原则和理想性。与所有其他候选人有一个重大的差别，他的竞选纲领正面，给人以对未来的憧憬。这在十几年来各种失败主义、衰退主义的论调甚为流行的法国，在经历多次恐怖袭击后，对未来充满困惑、疑虑甚至是恐惧的人们心中，重新唤起对法国，对未来的信心。正如“法国前行”竞选时采用的色调：那是天上彩虹般的各色组合。也正因此，我们或许才能理解“法国前行”的活跃分子，有近一半过去都是从不参加任何政治活动的各界普通公民为何能如此热情地投入选战。马克龙成功地唤起他们对政治和公共事务的热情和信念。

7日晚在总部发表讲话后，马克龙赶往卢浮宫，与在那里等候的两万支持者会面。选择这样一个充满历史感，又极富现代气息，承续着历史，又象征着面对世界的地方集会，与传统右派集会的共和广场以及左派集会的巴士底广场和共和广场加以区隔，展示着这位年轻总统的强烈的企图心，也从一个侧面与这位既保持着某些年轻政治人物的热情和理想，又具有某种非常成熟、极具文化素养的新总统的特质相匹配。或许，在他的这种特质的形成中，他的夫人起到了至关重要的作用。当他一人从卢浮宫一侧出来，在夜色里伴随着现已为欧盟象征的音乐“欢乐颂”的伴奏下，一步步穿过广场，走上讲台，在金字塔的背衬下发表激昂的演讲，宣示法国将承续起在世界上宣传“自由、平等、博爱”理念的使命，自己将以“谦卑、力量和爱”服务于法国人民时，人们回想起当年的密特朗手持玫瑰走向先贤祠那一幕。一时间，他也使十年间因萨科奇和奥朗德而有些折损、变得轻飘的总统形象重新变得厚重起来。这个怀着改变法国的希望开始其权力征战之旅的有些传奇的年轻胜利者，已经燃起人们对未来的某些希望，希望他能将这个希望长久地延续。

（说明：本文写于大选次日。五年过去，今日回看，尽管这些年有过些曲折，马克龙的执政也有许多可检讨的地方，但总体执政是富有成效的，受到法国人肯定的，这是他能够连任的基础，法国人今日对未来的希望尽管经历疫情危机，总体还是上升的。2017年法国人当时做出的选择还是极其重要的，不仅对法国也是对这个世界）。

终结左右还是终结欧洲？马克龙与勒庞的分歧所在

（搜狐 2017 年 4 月 25）

4 月 23 日（星期日），法国总统大选第一轮选举结果揭晓。马克龙（E. Marcon），这位 39 岁的年轻政治家成功“出线”，造成不啻于一场革命的震撼，一场不同于传统并将极大地改变法国政治面貌、运作方式、政治文化的“革命”。

拿破仑般的崛起

仅仅两年多前，这位两周后有可能会成为法国总统的人物还不为人所知晓。他从未参加过任何选举，且只有被奥朗德以非社会党人士延揽进总统府做副秘书长的短暂从政经历，后因意见分歧挂冠而去；后又再次被召回出任经济部长，却再次辞职，创立政治组织“法国前行”（En Marche）运动，仅一年，这组织已有 25 万成员。今天，经此一战，马克龙已站在爱丽舍宫的大门，只等 5 月 7 日总统大选第二轮的认可，如不意外，他将拿到钥匙，成为法国历史上自拿破仑以来最年轻的国家领导人。这在有着深厚的传统、政治关系与传承复杂的法国，不可谓不是一个奇迹。

那些各种有关其崛起的阴谋论的传言，在经过选战的各种揭传攻讦已被证明是虚构的。如果说马克龙令人眩目的崛起是什么人设计的结果，倒不如说正如历史上所有类似的政治人物一如当年那年轻的军官拿破仑的浮现一样，是他自己的才华，更是历史的机缘、社会渴望改变的心理、政治力量失衡沉滞共同造就的现象。

一个政治天才最重要的体现，首先在其对政治态势和社会潮流的洞察，其次就是其敢于行动的勇气及其在政治操作上的智慧。就这些来讲，此次选战已充分展示马克龙的政治天才：仅就这一两年来的行动包括此次竞选来看，基本上可以说没有什么大失误，且成功地利用了左右两大政党的内部分裂和政治失误，迅速壮大发展了自身。在许多人将其视为某种“政治泡沫”并不看好其前途的各种传言的泛滥、别人的轻视甚至是诋毁中勇往直前。这都是其政治素质的显现。

此外，或许是上天的意旨，要法国来一次彻底的政治更新。马克龙的崛起不能不说有幸运之神的眷顾。此次大选，先有现任总统奥朗德因民意支持率不高宣布放弃争取连任，后有法国的传统的左右两大党的初选，都将初选中相对温和的候选人——右派的前总理朱佩（A. Jupé）和左派的前总理瓦尔兹（M. Valls）淘汰出局，左右两大党“出马”竞选的候选人阿蒙（B. Hamon）、菲永（F. Fillon）都是双方阵营中相对激进、向更左或更右立场偏移的代表，由此为试图在传统左右阵营中打开新中间路线的马克龙开辟了广阔的中间地带。

而随着 1 月底 2 月初右派候选人菲永长期以雇用妻子做助手为名领取额外工资的丑闻被相继披露，这位初选后曾在民调中有过近30%的支持度，被许多人认定是下届总统不二人选的候选人的声望急剧下跌，两个月来一直徘徊在 17%到 20%的支持度之间，尽管保持了一些右派基本盘，但一部分与朱佩立场相近的右派温和选民已转而支持马克龙，菲永最终“无力回天”。

同样，在左派阵营中瓦尔兹出局后，阿蒙固执其初选时的立场，没能很好地及时调整其路线向中间靠拢，加之在两次大选候选人辩论中都并不出色，给代表更加左派激进立场的梅朗雄（J.-L. Mélenchon）以趁势而起的机会。这位参加过两次总统大选代表相对激进的左派阵营“挂帅出马”的老将，极富口才，具有传统革命家街头动员的经验，很好地吸纳了对阿蒙不满，也反感现总统奥朗德的政策，同时也不认可马克龙的主张的左派选民，民调飙升。但这同时也造成一些对其激进政策立场有保留，包括反感其过去亲近古巴、委内瑞拉极左政治立场的左派选民，因担心他或右派的菲永出线进入二轮而转而投票给马克龙。而且，阿蒙和梅朗雄这两位左派候选人各执立场，互不相让，最终彻底堵塞了左派进入二轮的可能。让马克龙坐收成利。此外，在几次电视辩论中马克龙出色的政策说明和才华的展示，也相当程度上帮助人们增加了对他的了解，消除了对其经验不足的疑虑，这一点一直是右派攻击的一个重要依据。

传统左右政党的终结

不过，马克龙及其力量的崛起，说到底是有政治、社会和经济等更深层的原因的。就政治来讲，众所周知，法国的左右派政治传统由来已久，其在维系了传统的民主运作的活力的同时，也在新的历史背景下，逐渐呈现一些新的问题。如因党派立场延缓政治效率和共识形成，使得改革无法有效展开等等。因此。马克龙以打破左右传统界限，再造法国政治结构和运作方式为诉求，成功地赢得政界和社会相当一部分选民的认可。须知，对法国左右政党过度对峙带来的一些问题，过去也多有人提及，政治人物如柏胡（F. Bayrou）曾几次尝试打破传统的左右两大势力的垄断，参与总统大选，构筑一种中间政党力量。2007 年他还曾位列第三，获 14%的选民支持，但毕竟时机尚未成熟，一直未能突破，此次他转而支持的马克龙却成功实现他过去的梦想，中间力量在法国政治上获取前所未有的地位，说到底是历史的条件发生了变化。

马克龙的出线，不仅彻底打破法国传统的左右两大政党垄断政治资源，在两者间进行权力更迭的传统，也造成右派“共和党”和左派“社会党”前所未有的危机。——菲永只获得 20%的选票，右派在第五共和的历史上第一次未能进入二轮角逐；而自社会党 1969 年改创以来，除创党之初得过 5%左右的选票，再没有阿蒙此次获得的选票 6.4%如此低程度的败绩，一下子将社会党打回近半个世纪前，“坠入地狱”（法国一些评论员的话语）。左右两大党长期以来内部存续的分裂、路线和派系之争，既是这次双方失败的重要原因，同时也因挫败而进一步公开化、白热化。两党因此都面临大的洗牌、一些旧人更迭淘汰的命运，一代活跃于法国政治舞台上的人们熟悉的左右派政治人物将不得不退出历史舞台。至于社会党是否会像有些人分析的那样分崩离析也尚未可知，但力量的重组已经注定不可避免。

当然，因政治立场的差异，左右政治界限不会就此消失，但肯定会重新界定，此次大选第一轮投票将成为法国政治的一个重大分水岭。一个政治历史的周期宣告终结，一个新的时代已经开启。——这里，或许可顺便提及一句：许多人因缺乏对法国历史和政治的了解，常常简单地将法国认定为一种左派国家。其实，这是大可值得商榷的：从历史上看，法国长期都是右派执政，二十世纪只有 1936 年到 1938 年“人民阵线”的短暂执政，再就是八十年代以降，密特朗（其中还经历与右派的共治期）到希拉克作为总统时期的与社会党约瑟潘左右共治，再到此届的奥朗德，法国的左派社会党执政的历史远短于右派。大体来讲，如果从执政期限，选民结构，法国右派还是占据主体。只是文化、教育、媒体界更具理想色彩的左派人士较多，或许给外界造就一种这样的印象。而这种现象的成因之一也许恰恰是因为右派社会与政治势力的重要激化所然。

最近几年，法国的社会在各种因素的刺激下，已经发生所谓社会价值再右倾化的现象，最近几次选举右派选民的比例大体在 60%上下。而在奥朗德五年执政政绩并不被大多数人认可的情况下，本来右派以为总统大位势在必夺，却因菲永与其再度失之交臂。

更新、分裂与再造的时代

菲永的失败看上去有些偶然，但事实上却是某种大的潮流使然。在此次选举中“le renouvellement”（更新）是一个经常被提及的词汇。长久以来，人们已经对那些政治上的老旧面孔发生厌烦，对他们的怀疑也日深，加之一些被揭露出的腐败，社会面临的某些经济和社会危机，人们的不满加剧，希望有些更深层的改革，更换一些政治人物。在这种背景下，菲永的丑闻被揭，自然加剧了许多选民的反感。

事实上，因工作的方便，许多法国议员常常雇佣自己的家人作为其助手，已成某种不成文的惯例。只是有些人严格履行了正当程序，作为家人的助手也确实从事了该做的工作，而菲永的问题在怀疑他为妻子开空饷，且有与其他商界人物利益输送的嫌疑。这些或许过去不是什么大问题，而 1981 年 27 岁时就当选最年轻议员、已从政 36 年的菲永可能没意识到：时代已变。人们已经不会再像以往那样宽容这些行为旧例，人们对终身从事政治的人物也越来越难以接受。即使没有丑闻，他所属的那一代也已经发生政治上的“折旧”，渐渐失去人们的青睐和信任，我们所处的时代要求变革的诉求强大而且深刻，所有对此没有察觉和敏感的政治人物终将被历史席卷而去。只有那些能不断回应这种变革要求的政治家才会有未来。

马克龙在政治上的跃起，说到底就是感受到了这种历史的脉动，回应了社会变革的诉求。从世界范围看，从加拿大到前一段的意大利，都出现四十岁上下一代新政治家执掌最高权力的现象。或许这都不是偶然。不过，假如马克龙当选法国下一届总统，他未来执政之路却也绝不会那么平坦。正是这种变革的诉求，以及各种危机的挑战，失业、安全、国家发展、移民、环境、欧洲、法国在急剧变动的世界中所处的位置……都将是考验这位未来可能的年轻总统的智慧和决断力、眼界和心胸的课题。

其中，最艰难的或许就是如何重新整合一个显而易见具有深深裂痕的法国社会。社会分裂，一个国家几乎一分为二，这几乎成为某种世界性的现象，从脱欧的英伦三岛，到美国特朗普当选后的社会，再到最近土耳其的修宪公投，一个又一个国家陷入此种困境。显然，这与每个国家的内部的问题有关，却同时具有这时代的某些共性，具有一些与全球化过程相关联的共同特征。此次法国的大选也不例外。一个主张开放、对未来具有信心、都市性的法国，一个沿海的法国，与一个保守退缩、高举保守主义旗帜、怀疑的、乡村与地方、内陆的法国；一个赞同欧洲建设和一个反对甚至是敌视欧洲的法国，立场泾渭分明——第一轮投票的政治版图最明显地展示了这一点：法国东部的省份基本上是法国极右派玛丽·勒庞领先，而在西部沿海以及大都市，皆是马克龙领先。这种社会的分裂有其历史根源，但今日尤甚，也表现在四位领先的候选人彼此的得票率上，马克龙 24%，玛丽·勒庞 21.3%，菲永 20%，梅朗松 19.6%，除马克龙稍高出第二位的玛丽·勒庞有百万票之差外，彼此相距并不甚远。这也是法国此次大选空前激烈，举世瞩目，到最后一刻也很难有人敢断言四人何人能最终杀入二轮的原因。尽管现在看来法国各大民调机构事先前几日公布的结果与最终投票结果几乎相差无几，在世人面前再次挽救了民调业的声誉。但法国不幸地分裂成四大政治版块也是不争的事实。这些政治版块今后如何移动，两周后的第二轮投票便可见些端倪。

在 2007 和 2012 两次大选中，第一轮投票中胜出的两位往往接近 30%，而此次最高的得票者马克龙也只有 24%，而极右和相对来讲属于极左包括各大小候选人的总体得票率却远超半数，这不能不说是一个严重的警讯。尤其是极右派玛丽·勒庞在其父 2002 年出人意料偶然进入二轮后，15 年后再次进入二轮，尽管没有像一年多来民调显示的那样以第一高票进入二轮，但传递的信息已非同小可。鉴于各种力量包括败选的菲永都号召人们投票给马克龙，组成反对极右派的“共和联盟”，马克龙二轮成功当选应是没有大的悬念的。但如果今后数年，法国的一些危机性问题不能有效地缓解，五年后马克龙将更难阻挡玛丽·勒庞入主爱丽舍。当年按戴高乐“量体裁衣”制定的法国第五共和制度，在某些方面也越来越受到批评。此次大选中两位左派候选人都提出第六共和的问题。如何重建社会共识，弥合社会分歧，不仅需要制度的某些更新，也需要某些政治文化的再造

作为一种中道哲学的主张与践行者，马克龙试图在现有的制度框架内纳入新的内容，如在削减现有议员的人数基础上导入议会的比例代表制，给与各种非大党能够进入议会的机会。不过，这种更符合民主原则和诉求的体制，也一定会增加议会在寻找共识、通过法案上的某种程度的难度。因此，总统大选后 6 月将举行的议会选举，马克龙能否让其新生的政治力量大有斩获，取得议会多数，这既要取决于左右两大主要政党在总统大选败绩后能否在一个多月内迅速提振

士气，投入选战以获取好的结果，也与马克龙将在二轮中得票多少，在 5 月 7 日当选后组成何种中间联合政府有关。

以改革达成革命性的成果

在选战中，马克龙多次重申其在坚持法国的一些基本价值和理念下采取灵活和实用的政治策略的哲学，以更好地应付法国现在面临的种种挑战。这种跳出左右、重视实效的新思维的提出，对习惯了左右意识形态立场的人们来讲也不啻是场政治思维和政治文化上的“革命”。这位给已故举世闻名的哲学家保罗·利科（Paul Ricœur）做过助手，出身医生家庭，获取过家乡 Amiens 市钢琴比赛第三名的钢琴爱好者，法国最精英的国家高级公务员、政治家“摇篮”的国家行政学院（ENA）的毕业生马克龙，在 Rothschild 银行工作三四年已赚取 200 万欧元，主持过 90 亿欧元的业务，却对钱财不感兴趣，志在从政报国，36 岁做了经济部长，不到 40 岁的生涯已是充满传奇。现在他以这种非传统政治运作方式将自己送进爱丽舍宫，某种意义上讲有与特朗普“革命”类似的地方。在主张给企业更多的自主空间、“松绑”上，两人也有类似的思路。

但不同的是，他更具文化、思想修养，坚持欧洲建设的理想，反对贸易保护主义，高度重视环境问题和旧生产方式的转型、信息经济的发展，提倡公民社会在政治更新再造中的决定性作用，强调人权传统的传承与发扬；捍卫共和传统、政教分离原则，不认同一些左派青睐的文化多元主义和社群主义，却主张尊重公民的宗教信仰自由；认为全球化既是人类发展的机遇，同时对全球金融资本主义的弊端也直言抨击。与娶了比他小几十岁模特的特朗普相反，马克龙因爱与比他大 20 岁的中学文学老师成婚。从中透露出的某种个性和抗拒他人社会压力、特立独行的性格自非常人。显然他又是与特朗普属于不同背景尤其是不同代际的政治人物。他们都在以各自的“革命”性方式，改变着各自国家政治的传统运作方式，传递着有关我们时代美、法这两个西方民主发展史上重要的范式国家面临的重大挑战和正在发生某些重大变动的信息。马克龙在去年 11 月发表的政见著作题为《Révolution》（革命），4 个月后他所设想的改变法国国家运作及现状这个“民主革命”的第一步已将要实现，而以后的岁月，他通过改革重振法国、再造富裕、深化民主的“革命”能否达成，就是我们现在尚无法预见的了。只是，为法国人民的福祉，为欧洲的稳定和发展、人类的进步，希望他能有所成功。

马克龙胜选反映法国社会求变的深层冲动

（法广 2017 年 4 月 24 日）

今年法国总统选举终于随第一轮投票结果揭晓勾勒出一个较为清晰的轮廓。根据最终检票结果，从未经历过竞选洗礼的政坛新秀、前奥朗德政府经济部长马克龙以 23,75%得票率领先所有对手，将在两周后，5 月 7 日的第二轮投票中，对阵极右翼政党国民阵线党候选人玛丽娜-勒庞。此前各方舆论担心的极右翼政党在首轮投票中领先的预测没有变成现实，但半个多世纪以来在法国轮流执政的传统左右大党的候选人全部出局。在特朗普在美国总统大选中意外获胜、欧洲各国民粹色彩政党势力成长的背景下，本届法国总统选举结果格外引人关注，更何况首轮角逐中，大部分候选人都或多或少的代表着一种对欧洲建设的怀疑甚至排斥的倾向。法国蓬多瓦兹大学副教授张伦先生认为，首轮投票的结果反映出法国社会寻求深刻变革、寻求新的未来发展方向的一种深层冲动。

法广：首先，2017 年法国总统选举首轮投票悬念重重，远超出过往历届总统选举。您对首轮投票选举的结果作何评论？

张伦：总体来说，这次大选是法国政治史上大概也在西方的民主政治实践当中，几乎十分罕见的一种情形。且不说有如此多的候选人总共 11 位候选人参加第一轮角逐，而且各方面民调显示，主要竞选人之间的差距甚小，所以选况空前激烈，悬念甚高，一直到昨天（4 月 23 日）20 点根据投票情况发布初步预测那一刻，大概没有任何人能预见到马克龙先生会出线。当然，从我个人角度讲，我觉得这其中还是有一些基本的脉络可寻。马克龙先生寻求中间路线，寻求一种全新的管理国家、再造法国、重建欧洲的中道政治哲学，有很深的内在道理，这也是昨天法国选民将他推上第一线，让他第一轮出线的一个主要原因。过去一年多来各项民调对玛丽娜-勒庞可能会在第一轮投票中占据第一位的预测被颠覆。首轮投票结果中，是马克龙高居第一。这样的结果有偶然的、不确定的因素（要知道丑闻事件是造成菲永败选的一个很重要的原因），但另一方面也要看到这其中有法国社会寻求变革、寻求新的未来发展方向的一种很深层的冲动，这也是为什么传统的左右两派政党全部兵败如山倒的主要原因，这在法国第五共和国历史上前所未有。从这个角度讲，法国社会期待变革的要求是很深刻的，法国的政治史到了一个转折的时刻。这是马克龙先生在一两年之内迅速崛起、最终成功出线、甚至可能当选总统的一个深层背景。

法广：但是，从根本上看，马克龙胜出是否真的代表一种未来的、新的社会模式呢？还是说他的胜利更多地来自选民对传统大党的失望与排斥？

张伦：我的看法是他恰恰代表了未来发展的一种取向。我们可以来看一下梅朗雄和勒庞各自代表的左右两派相对极端的选票。他们的这些选票恰恰是对传统政党和现行体制的一种抗议性的投票。如果细致分析，这两方其实都缺乏引领法国走向未来的合理的、富有建设性的、可行的方案，这两方，无论极左还是极右都有这样的特征，这也是法国民众为什么最后选择马克龙的一个最根本原因，毕竟马克龙的方案有它的可行之处，能够尽可能地综合各方意见，为法国未来走出某些问题上的困境提供了一种可能。在这次选举中，我高度关注了各个选战的一些情况和各路候选人的竞选纲领，在我看来，只有马克龙的方案当中有一些很强的关于法国未来的志向，有一种对未来有很强的信心，有带领法国走向未来、重建欧洲这样的色彩。我想，这一点是法国都市的一些相对理性、对未来还抱持一定信心的选民最后投票支持他的最根本原因。

法广：无论是梅朗雄，还是玛丽娜-勒庞，他们的竞选纲领中都含有一种对欧洲建设的排斥。您觉得马克龙的欧洲政策对他的胜利是否也起到了一定的作用？

张伦：当然。您刚才提到的这两位左右两派阵营的强势候选人，他们在欧洲问题上都是抱着极大的怀疑、拒斥的立场，甚至不排除要脱欧的可能，这引发了整个欧洲和国际社会对法国这次选举的强烈忧虑。首轮选举次日，我们看到欧元在上涨，法国股市也在上扬，全世界，全欧洲，所有对欧洲未来、甚至在某种意义上说对全球人类的未来走向抱着一些理想、抱着一些希望的人大概都松了一口气，因为毕竟欧洲建设代表着一种方向，一种理想，在今天这样一个充满动荡、充满不确定性和各种各样的危机因素的背景下，欧盟的稳定至关重要，不仅仅是对欧洲，甚至对全球都非常重要。许多法国理性的选民了解这一点。同时，就纯经济利益而言，这两位左右派候选人考虑退出欧元区这样的一个大致导向，也是许多法国民众不愿意看到的。很多法国人对欧洲、对欧盟目前的建设许多方面有不满，有排斥，这是马克龙在主政之后需要非常当心之处：马克龙已经再三强调欧洲要重建，要调整。但另一方面，如果真正要脱离欧元区，那会对法国经济，甚至包括对法国一些人的个人财产都会造成很大损失。从这个角度讲，马克龙对欧盟的信念赢得选民的信心。

这次法国大选暴露出很多非常深层的问题：如何看待全球化？如何看待欧盟？是寻找一个进取的，开放的法国？还是一个退缩的、封闭的、排斥外界、甚至敌视外界的法国？这其中有很多不同的社会心理、不同阶层的利益在发生冲撞，包括对历史、对未来的看法。但毕竟马克龙所代表的是对未来的一种信心，是对欧盟理想的坚持，目前看来这种信念经过了这种考验。

法广：玛丽娜-勒庞和梅朗雄的支持者大部分都是比较底层的民众，是经济条件不太好的一群人，而马克龙，尤其是他有曾经是银行家的背景，他的支持者更多的是在城市，是属于精英阶层的一批人。虽然马克龙这次获得了胜利，但是玛丽娜-勒庞获得了超过 20%的支持，梅朗雄的选票也接近 20%。从这一点看，法国社会的分裂状况、精英阶层和底层社会之间的裂痕还是非常大，马克龙要在下一轮投票中团结整个社会的希望是否也还是一个非常难以达到的一个前景？

张伦：对，毋庸置疑。这种情形不仅仅是在法国发生，英国脱欧、特朗普在美国当选、包括最近土耳其的修宪公投等等，我们可以从中看到，在全球化的浪漫期高峰过去之后，这个时代在各个国家造成许多问题，造成很多社会比较深层的断裂。中国其实也一样。在这样的前提下，如果与中国相比，西方国家，比如法国，他们唯一的一个好处是选民可以通过媒体、通过选票把这种不满、这种诉求表达出来。这可以有助于政治家做各种各样的调整，避免发生一些爆炸性的事件，这是值得庆幸的事。这次选民投票情况所代表的几大社会板块以及选战中表现出来的各种问题，是法国未来社会面对的严峻挑战，也是马克龙未来如果当选总统需要面对的严峻课题。但也恰恰因为如此，马克龙的这种中道政治才是法国唯一的希望。假如梅朗雄当选，他的个人风格，还有他的一些方案，很难赢得传统右派选民的支持，如果他进入第二轮角逐，那玛丽娜-勒庞出线的可能性就会大增；反过来，如果是菲永出线，许多比较激进的左派选民也不会选他，那么，法国社会的这种分裂状况就会更加严重。所以，马克龙在这个时候应运而出。这是他当选的一个重要原因，同时也是法国真正的希望所在。您刚才提到的这种城乡差别、底层和精英层的差别，这都是显见的。马克龙的竞选纲领在左派和右派都受到攻击，但他其可贵之处也正在于此，在经济上，他主张开放、自由化，让经济活跃起来，法国社会才能够有资源可支配，否则一切都无从谈起。另一方面，在这样一个全球化的时代，在贫富差距加大的情况下，国家又必须扮演社会保障的角色，这是他的（马克龙纲领）一个基本脉络。当然能否成功还要拭目以待，但至少，以一个观察者的角度来看，用法文说，他的纲领是一种 bon sens, 方向是对的，感觉是对的，这是他为什么能成功出线的原因。

这次选举首轮投票结果在一定程度上也是首次面对竞选洗礼的马克龙的个人胜利，但他需要面对的最艰难挑战还只是刚刚开始。他首先需要在两周之内说服更多选民，让此前种种偶然因素促成的胜选条件变成必然的认同与选择。在 5 月 7 日的第二轮投票中，他不仅需要战胜极右翼对手，而且需要赢得足够强大的支持，才能更好地面对 6 月 11 日启动的立法选举，保证一个稳定的议会多数，推行他的新理念。而在首轮投票中完全出局的传统右翼政党已经筹划要在立法选举中翻盘，争取议会多数，在重新洗牌后的政治格局中，与新总统抗衡。

右转的法国，分裂的左派

——法国右派总统初选及其政治影响

（财新 2016 年 11 月 30 日）

27 日周日，法国 2017 年总统大选右派与中派联合初选第二轮结果出炉，弗朗索瓦·菲永以 67%左右高票胜出，阿兰·朱佩以 32%得票率败选。鉴于社会党总统罗朗德五年执政的政绩不佳以及左派阵营各党的分裂，将在明年 5 月举行的法国总统大选最终进入第二轮的角逐有可能在法国的右派和极右派候选人间展开，因此，此次初选至关重要，其出线者很有可能就会成为下届法国总统，故吸引了法国人乃至世界的高度关注，前后两轮有 400 多万相当于法国十分之一的选民出来踊跃投票，超过几年前社会党初选时 200 万投票的两倍。

菲永出线，朱佩饮恨

这次初选最让观察家感到意外的大冷门就是菲永最后胜出。这位萨科奇时代的总理，在一年多的民调中一直在低位徘徊，远在希拉克时代总理朱佩以及重返政坛的前总统萨科奇的民调之下，在 10%左右徘徊，直到第一轮前几日，民调才开始一路飙升。初选曾被认为是两位热门人选的朱佩和前总统萨科奇之间的博弈。朱佩的民调一直在 40%左右摆动，被认为最有可能出线；而萨科奇的支持率也一直在 30%上下。

但上周日第一轮初选，菲永却出人意料地以高踞 44%的得票率占得头魁，朱佩跌至第二，得票28%，萨科奇更只有20%被淘汰出局，随后宣布退出政坛，再主爱丽舍宫终成一梦，黯然退场，告别几十年的政治生涯。朱佩在其他未进入二轮的候选人纷纷转向菲永，得票大幅落后的情形下，只能一搏，高调再战，试图扭转局面，创造奇迹。然毕竟仓促应对，已无力回天。虽非常绅士地宣布支持菲永，但难掩失望，充满情感地告慰自己的支持者，冀望众多支持他的年轻人面对未来，继续对国家负责。某种意义上讲，他也如萨科奇一样在告别政坛。从此以后，或许我们还能再见到作为波尔多市长的政治家朱佩，而在国家事务上他的身影和声音都将渐渐远去和淡化。像左派令人尊重的前不久去世的罗卡尔总理一样，朱佩，这一左一右两位前总理，一代出众的政治英才，都时运不济，或者因个人对理念的坚守，政治风格，在残酷的政治博弈中最终败北未能登上总统大位，带着个人政治生涯的遗憾而走进历史。

这样一个令许多人意外的结果，细想来，却也不能不说没有一些脉络和逻辑。首先，从整体上来看，朱佩在战略的选择上有错判。一方面是他个人长期以来所持的希拉克路线的温和右派理念所致，另一方面也是中间派支持他的结果，虽然制定了属于明显的右派的国家改造竞选政纲，但相较于菲永，来得更加温和节制。他对罗朗德五年来执政抱严格的批评态度，却一直主张国家各界的团结，认为文化的多样性是民族的某种财富，在增加工时，削减公务员上采一种较和缓的政策，比如宣布五年内削减30万而不像菲永那样主张削减至50万占现有公务员总数十分之一的公务员等。如果从法国整体的政治势力分布来讲，他的立场或许能最大程度地赢得各界的支持。可这毕竟是右派主持的初选，历史上更多与右派联合的中派力量也相对有限，出来投票的选民主体是传统的右派选民，朱佩的立场显然不如菲永所主张的立场更加激进强硬，无法在初选中吸引多数。

其次，在具体的竞选策略上，他也犯下某些失误。一直高踞民调榜首，成为别人的攻击对象，但他或许太多考虑如何在第二轮整合各候选人，一直采较温和高踞其他候选人之上的姿态，没有就自己的政纲和他人的政纲展开有效的宣传和批评，而第一轮投票之后，差距之大，一周之内已无法再进行有效及时的动员。此外，他个人也可能有些轻敌：一个半月前，朱佩到笔者所在大学演讲，笔者曾就法国的高教问题向他提问，用了“假如你当选总统”的句式，而他回答时则以非常确定的语气称，“我将成为法国总统”。此语以及那晚他的一些表现，让笔者不免有些不祥的预感：大战在即，如此自信轻敌，可能会遭致失败。今日不幸成为现实，当可为后来者戒鉴。

法国右转

最后，意味深长的是，此次初选传递的信息一如在美国大选中我们见到的某些趋向，法国政治在大幅地向右倾斜。这种趋势有其深刻的历史和现实的政治原因。一方面，在战后到六十年代在各种政治、社会和文化的演变的酝酿铺垫下，从七十年代中右的总统吉斯卡尔·德斯坦时代开始，过去 30 多年，虽然其中有相当的时期是右派主政，但法国政治整体的趋势是向左演变。这无论是体现在妇女参政，女权及少数族群权益的提升，还是对外的开放性，文化意识的转变等都是如此。不过近些年来，作为反弹，某些向传统复归的趋势已经日渐明显，全球化的冲击，经济转型带来的增长下降，失业，伊斯兰极端势力的威胁，恐怖袭击造成的心理创伤，欧盟建设带来的种种挑战，移民问题带来的困扰等，都极大地刺激了法国社会，社会心理更加大幅向右摇摆。一种寻求国家重建权威，希望国家提供经济和安全上的保护，再塑法国昔日的荣光，保护法兰西的主权和文化身份认同的情绪在社会中迅速蔓延。也因此，营造了一种强烈的要与过去几十年政策来个某种“断裂”的革命性变革氛围。与过去几十年的不同在于，这次这种变革明显带有传统右翼指向。这些都是此次菲永胜出的深层原因。

此外，罗朗德执政以来的某些政策比如关于同性恋婚姻合法化，尽管两三年执行下来已被大多数人所接受，即便菲永执政也很难再取消回到过去，但在受传统天主教影响较重的某些人群那里，所激发的反感已积聚出重大的能量，亟待得到释放，由此催化形成的政治势力如“普遍抗议”（manif pour tous）运动一直在寻找其适合支持的政治人物，此次菲永的出线，这股力量起了相当大的作用。此外，传统右派中主张经济自由化者，以及主张法国国家主权至上对欧盟建设具有怀疑的某些力量都从不同的角度出发在菲永的旗帜下集结，在法国当选这样一个历史节点上，各种相对传统的右派势力在菲永那里形成一个综合，菲永成为他们的代表，这是菲永政治上成功出线的关键所在。不过，从社会结构角度分析，从长远的历史看，今日这种右翼反弹，如在美国发生的一样，自然是有其内在的历史、政治和文化逻辑。但我们仍无法确认这种反弹最终能否达成这些右派选民的希望，毕竟，某些历史的情景和社会结构恐怕都已一去不复返了。

此次初选，事实上，菲永和朱佩的政纲在相当大程度上有相似之处。但显然一直推崇撒切尔夫人的菲永的政纲来得更加激烈，如能顺利执政，能不能有效地推行其带有震荡疗法式的改革方案，这还是一个让人有相当怀疑的问题。也是因对这计划感到担心，也与厌弃萨科奇的情绪有关，两轮投票都有将近 15%的左翼选民出来投票，其中大部分选票应该是投向朱佩。笔者一向认为，鉴于法国当下的状况，是需要一个右派的方案来推动国家经济和政治的改革，但观之各种微妙的现况，其面临的种种内外的挑战的复杂，与二三十年前相比时空已异，今日采取激进的右派方案能否达成预想的改革效果，是否可行，确是一个问题。因激进改革激起某些社会力量的反弹，改革进退维谷，反而不能达成预期的目标，断送时光机缘，这也是不能排除的一种可能的场景。毕竟，法国的左派选民至少保持在 40%左右，如何能争得他们的认可和合作，推动国家的改革，将不是一件容易的事情。不过话说回来，政治没有定律，如果菲永能够有足够的政治智慧化解反弹，操作精细，其计划得以部分实现也不是没有可能。当然，这也要看其在明年法国总统大选中第二轮所得票的多少所因此获取的权威性。总之，希望自己的担心是某种杞人忧天。

分裂的左派

此次初选一如几年前的社会党初选采开放性投票，这一来是因为除党员外，事实上是无法控制参加初选的选民，二来也为初选出线的候选人能具有更大的代表性，争取总统选举的胜算。只是这次右派初选选民在付两欧元分担初选的费用外，还需签名表示赞同右派理念。但不管如何，初选制经此一役在法国已经生根，那种传统的党内确定候选人的机制一去不返，某种意义上讲，这也是民主的某种深化与扩展，对传统政党政治运行机制的某种修正。下一步人们关注的一个话题将是左派社会党的初选将如何展开，鉴于现任总统罗朗德民意低迷，迟迟不表态是否竞选连任，社会党内部意见纷呈，相当多人希望他不要出马竞选连任，让位现总理民调稍高的瓦尔斯出面。而同属左翼阵营的法共、绿党等各候选人也各不相让，尽管毫无希望当选，却绝不可放弃这展示其所属政治势力的实力的关键性机会。因此，法国左翼呈现一种分裂、群龙无首的状态。因此不断有人希望尽快启动社会党的初选。

问题的关键在罗朗德。出马与否，他都将陷入十分尴尬的局面；不争取连任，是自认失败；参加党内初选，如败北，是自寻其辱；直接竞选连任，毫无胜算，处进退维谷。昨日右派初选二轮日，瓦尔斯接受“世界报”采访，暗示自己已准备好。一时引发各界热评：现任的总统和总理如展开竞争，不蒂为一种宪政危机，为今后半年的执政带来诸多问题。今日右派初选结束，罗朗德乃至整个左派的压力都将剧增，不过因菲永的政纲更右，可以预料这也将进一步刺激起传统左派选民的集结。总之，法国 2017 年大选选战从此进入各种总动员的新阶段。

新时代已开端

英、法、美三国可谓近代以来民主制的三个最重要的范式国家。

从英国脱欧，美国川普当选，到此次菲永出线，即使明年法国极右派玛丽·勒彭当选总统的黑天鹅事件不出现，全世界政治格局大幅向右倾斜的格局已经成型。历史的钟摆回摆！柏林墙倒塌后的全球自由浪漫期终结，一种保守主义甚至是民族主义、民粹主义的政治氛围将会在今后一段笼罩全球。一些新的现象在挑战传统的民主国家的民主机制。——此次初选第一轮有三分之一的选民是在最后一些日子才决定要投票给谁。这种民意的流动性，不仅给民调机构增加了极大的困难，也给执政者带来许多新的挑战。一种对现有建制人物的拒斥成为某种趋势潮流。尽管菲永过去也曾任过 5 年的总理，但最近几年不再有任何职务，一年多来朱佩、萨科奇一直成为热门人选，似乎引发某些人的疲倦感，在这种情形下，他一跃而起，最后一刻成为某些试图寻找新变革的人们寄望的对象。这不能不说是很有些后现代味道的右派投票行为模式，或许值得更深入的研究和理解。

历史不会终结，这场保守主义右翼的世界性回潮何时终结，会带来哪些不确定的因素，是否会激起某些极端左翼的反弹，这些我们都尚不能预测，只是我们可以确定的是至少它一定会拉动地缘政治以及国际格局，比如，在川普之后，菲永这普金公开表示欢迎，与自己交好的总统候选人如再入主爱丽舍，莫斯科与西方的关系会有变化，连带着其与中国的关系都可能发生某些变化。

不过，不管如何，应在尊重传统，再造传统，理解这种右派回摆的某些合理性缘由的同时，人们还是不能忘记对和平，宽容，自由、正义等精神价值的坚持和追求。因为，这些不仅是近代以来人类如果说取得某些进步的基础，更是保证一个社会乃至人类能继续和平生存和发展的条件。

（说明：2016 年 11 月 30 号右派初选结果揭晓之时，马克龙刚刚于两周前 11 月 16 号宣布参加竞选，民调甚低，不被看好。他的当选可能性是在 2017 年一月后，随菲永德丑闻逐渐发酵而一路上升的。其实本文最想分析的是这种西方政治右转的趋势）。

无声地不满

——沉默的大多数将特朗普送入白宫

（搜狐快评 2016 年 11 月 10 日）

“一觉醒来，世界已变！”几个月前，英国脱欧公投，在给“搜狐”撰写的相关评论中，笔者开篇便用了类似的语句描述那夜在几个小时内所发生的剧变。如今，此幕再现。昨夜，美国时间的傍晚，欧洲已过午夜，法国，欧洲的电视，各种媒体，都在前所未有地进行现场直播，许多人都在屏住呼吸注视着这场大西洋彼岸的美国大选的开票进程。凌晨一时左右笔者去休息前，许多特派现场记者依旧在重复各种民调称希拉里会当选，希拉里竞选团队人员对获得胜利表达的自信等等。一如英国脱欧公投，当时夜里，许多留欧派已经在欣喜英国成功留欧……早上起来，“不可能的事已发生！”（一些评论家如此说）——特朗普当选！

特朗普现象——失效与抗议

这是一场前所未有的美国政治海啸。一年半前，这样一个从没有任何从政经验的政治素人开始起跑共和党初选的时候，没有任何观察家，政治人物认真看待其当选的可能。但随着选举过程的展开，尤其是特朗普挟其人气强势赢得共和党提名后，所有人又都开始不得不正视特朗普的能量。但因其经常口无遮拦，信口开河，发些各种不合常规甚至有悖美国主流价值的言论，哗众取宠，惊世骇俗，争议不断，新旧丑闻不断，其民调一如过山车，上下大幅摆动，加之连共和党党内都不断有人与其撇清关系，看好其当选的政治观察家寥寥。现在，历史悠久，一向以精准著称的美国民调此次也步英国民调机构的后尘惨遭滑铁卢，那些著名的各界社会文化精英给希拉里的支持、站台拉票，并没有对选情造成什么大的影响，媒体对特朗普的批评也无法扭转其逐渐上升的民意……这些观察、反映社会的传统指标与手段逐一惊人地失效。到底发生了什么？

虽然还是有个别分析家预见到特朗普的当选，如 Allan Lichtman 用其通过历史和社会分析归纳的曾精准预测了过去美国历届大选的 13 项指标“Keys to the White House”（执政党的地位，中期选举的影响，经济的短期和长期增长，是否具丑闻等），在 9 月时就预报特朗普的成功。但围绕此次美国大选所发生的一切，实在超出许多人理解能力。美国著名经济学家 Paul Krugman 在得知特朗普当选后写到：我们看来是不了解我们的社会。……这场前所未有，让很多美国人神经紧张，精疲力竭的选举，注定会成为今后政治学者、社会学家以及未来历史学家不断探讨的课题。

毫无疑问，特朗普个人的风格，一反传统政治表达方式的直白大众语言，因某种与现有精英决裂带来给一些选民带来的新鲜感等，都是其此次成功的非常重要的个人特质要素。但风起于青蘋之末，三尺之冰非一日之寒；川普现象说到底是与笔者近几年在各种场合文章中多次提及的我们这个时代一些重大挑战有关，是一种导致英国脱欧的各种因素的美国版——对全球化的反弹；一种与之相伴的新民粹大潮；认同危机；因那些转移到中国和墨西哥的工厂所带来的失业；财富的新型生产和流动带来的巨大的不公正；社会主体尤其是中下层因大量的移民现象所感到的某种生活方式和价值传统受到的威胁，以及由此带来的种种心理上的怀疑和不安、不确定感等等，亟需某种宣泄和表达，获取某种外在保证，安全感，因而投射到某种想象的强势领袖身上……川普应运而生，成为他们想象中的美国拯救者。但如果说川普的当选是一些选民明确的要什么的选择，倒不如说是其不想要什么的结果；更多地是选民一种愤怒，一种对现况，对精英阶层对他们的忽略的抗议性投票，是一种值得社会心理学家好好研究的重要社会心理个案。

美国，这伟大的国家，尽管从六十年代起从少数族群到女性的权益都有长足的进展，却依然具有浓重的传统意识。在白宫历史性地出现一个黑人总统后，接下来再接续一个女性总统，显然，许多人尤其是白人男性选民们还没做好接受这种状况的准备。更何况，这位女性候选人确实有相当多的缺点和失误，有太多代表主导国家现状的精英层的色彩；丈夫曾为总统，自己又贵为参议员，现在想再返白宫，虽是要实现自己的抱负，也难免不让人产生要延续政治家族影响的联想。仅凭此，就一定会引发相当多人的反感。未来的政治人物们因此可能要当心了——不管是以美国式的还是什么其他方式出现的政治家族传承现象，靠家族维系政治影响和利益的做法，因民众尤其是年轻一代主体性的日强和信息获取的多元，可能注定要遭致越来越多的反感而失败。台湾国民党这几年的败绩，也给我们提供了一个很好的例证。

不过说到底，**这是一种巨大的历史反弹效应：对全球化的反弹，对内部的社会、观念、族群结构变化的反弹，主体白人社会对其地位和文化感到的威胁的一种反弹，对奥巴马进步主义政策的一种新的保守主义反弹。**事实上，奥巴马成功地将美国从经济危机中解脱出来，获益者众，也从各方面带给美国一些新的活力和新的文化观念，但许多经济增长成果尚未能让全体社会更好地分享，处在某种过度阶段，政策和经济发展的效果尚未很好地衔接，乃遭此挫折。从一种宏观的历史角度看，这种反弹其实是有些内在的逻辑。

分裂的美国和民主的挑战

此次大选造成美国社会深刻的裂痕，如何弥补，将是美国政治和社会的重大挑战，一些潘朵拉的盒子已打开，那种在美国社会中一直就存在的因种族、社会、文化、历史造成的某种分裂选后更加深刻，美国深深地分裂成“两个美国”，不同的族群，阶层，年龄，城市和乡村的不同的美国。裂痕之深，乃美国内战以来少见。虽然特朗普在当选第一时间的讲活中试图表示弥补裂痕的姿态，但究竟其能否做到，或真心为之，证之其竞选期间所表现出的观念，都还是让人有所怀疑。而如果美国不能很好你弥补这裂痕，美国几十年的民权运动以来带来的某些新的社会和解成就或将出现倒退，给美国的未来带来深远的隐患。

政治权力是需要一些适当的距离，才能保证某种理性的特质而不随民意带情绪性的起伏而随性而为。但民主制度因其政治合法性来自民意，人民的授权，又要体现民意，回应民意，因此本身在这方面就具有内在的紧张。这种紧张因新的媒体的出现今日更显尖锐，以往需要靠各种媒介传递、需要一些过程时间才能表达的民意，现在时时可以通过社交网络出现，给执政者施加压力，造成其困扰。这也体现在权力的产生上。历史上，正如 CNN 一位分析者所言，每一次现代新的媒体出现，都给一位能很好利用这种媒体的政治人物带来通往最高权力的机会和工具：过去罗斯福用电台，肯尼迪用电视，奥巴马的互联网小额捐款，今日特朗普用社交网络——他成功地用社交网络颠覆传统媒体的影响，利用社交媒体制造话题，攻击对手，强固其选民的认同并吸引新的支持者。这些，显然都给民主运作带来新的课题和挑战。

而最重要的是，特朗普在竞选中所流露出的对美国一些立国的传统价值的悖离言论，对少数族群权利的蔑视，对代表理性精神的执政官僚的忽视的态度，如果在入主白宫后依然故我，哪怕即使是有 20%的延续，都可能对美国的民主和国家的运作带来伤害，只是会到怎样的程度，我们尚不得而知。特朗普能较好执政的唯一前提就是象他在竞选最后阶段所表现的那样，听从一些幕僚合理的安排，否则，其执政期各种国内外的争议都将不断，影响美国的国家形象和权力的有效运行，损及美国利益。悠久的，经过各种内外战争，冲突，麦卡锡主义的肆虐等考验的民主制度，能否很好地经受特朗普

的民粹主义的这场考验，维系各种族之间的融合，都是我们今后需要观察的。

不过从历史上看，一个具强烈的民粹色彩的领导人上台，长远来讲，普通民众包括给他送上权力高峰的民众往往都会为此付出某种代价；民粹从来只是一种兴奋剂，止痛片，不会从根本上解决面临的课题。也因其内在的矛盾当其无法兑现其所宣示为民众达成的目标，或用权力试图强力落实时，往往就是民粹梦碎，造成一些严重的后续问题之时。如果与也是通过民主选举上台的希特勒或其他当代历史上民粹主义的各种领导相比，最大的不同可能就是美国各种相当牢固的分权设计，这或许是特朗普这发表了些很有种族主义味道言论的总统，最终即使想也无法将美国变成一个更加集权的国家、自己成为一个超级大总统的道理。毕竟，他的任期只有四年，且或许我们很快在两年后的中期选举中就会看到他如何要受到人们的检验，也许某种不利他的反弹就已会发生。当然，如果他从现在起就一百八十度大转身，急速用力调整撇清选举时的某些言行，即使一些恶果已经造成，其支持者中某些也会失望，但其对美国的政治造成的冲击就会相对减少，人们或许就会逐渐将其遗忘或只视为一种选举的不太光彩的选举伎俩而已。

一个时代的终结

如果说特朗普当选预示美国的一个充满不确定的时代开始，对国际来讲，它更是一个终结：冷战结束后启动的二十多年来的这场全球化浪漫期彻底终结。一个时代落幕，未来是一个充满不确定的新时代。作为一个以极端保护主义为其重要政纲的新总统到底会将这种保护主义落实到何种程度，都直接影响整个世界的经济与政治。或许，其副总统 Pence，作为一个坚定的国际自由贸易主张者会对其政策有所平衡，但美国的一种保护主义经济政策基调已是不可避免，也必然要影响到其与整个世界尤其是中国、德国这些贸易大国的关系。

美国历史悠久的孤立主义传统也会再次抬头，即使美国最终不像特朗普所说的那样从欧洲、亚洲各地撤出其军事力量，但即使落实一少部分，也会对世界的稳定带来新的不利因素。美国的单边主义的运作，将有损人类在解决某些全球性的危机上的共同努力。显然，**这再次证明我们依然还无解这个困境：因美国的实力，全世界需要美国扮演一个负责任的领导者，但美国的领导人却只是美国人根据自身利益选择的产物，无法指望其按照世界整体的利益行事。**人类一种共同的权力治理架构及其领导者的产生依然是我们这个世纪人们要思考和努力的课题。

不过，从特朗普当选我们或许可以从中想到的一点欣慰就是：昨晚，美国时间午后，有华人记者从美国来电征询笔者对选举结果可能的看法，受各种消息报道影响，我的回答是："希拉里当选的可能仍然大一点，但绝不能轻视美国中下层所蕴含的那种不满的力量，我们不知道到底特朗普的隐性选民有多少，（现在看来显然这是民调失败的关键）明早一起来，英国脱欧的那一幕重演完全可能"。虽言中，但值得庆幸的是：美国毕竟还有这套民主的定期表达机制，让隐藏的、被权力和精英忽略的社会不满有所表达，宣泄，不至于我们在一早起来，听到的不是美国更换了一个总统，而是发生了无人预料到的革命！也是因这套机制，对那些不希望特朗普当选的人么，或许也不必全然过于紧张、沮丧和绝望。明天太阳照就升起，或许，特朗普的当选会刺激出许多因素，为未来美国民主的更新在准备新的历史条件。

（补充说明：这是一段2021年6月5日写于微信朋友圈关于此文的贴文。转此，略作对此文的说明——四年半前，美国大选那天我过正教授博士导师资格答辩，五个半小时，在答辩辞开篇我说：今天会是个历史的日子，要么一个女性会成为世界上最大的权力所有者，要么川普当选，历史会进入新一页。……答辩结束后喝香槟，聊天，庆贺……九点半到家，过了一会儿在美国的记者朋友打电话来采访，谈怎么看大选，当时消息还是希拉里赢，有消息说他们在准备胜选声明，我说还得看。（见文章结尾）第二天，搜狐网站约我赶出这篇评论。前两天偶然翻出，再读之下也是很感慨。（两个分裂的美国，民粹可能造成的严重的后果等等……）文章标题是编辑加改的，原标题不是这个，也不准确，事实上川普得票从总数上讲是少于希拉里。但如果说是“沉默人当中的大多数”将川普送进白宫也不能说错。——以上为去年微信圈留言。这里还要再补充一句：过去因对世界范围内的民粹主义现象的一点研究、观察，曾经多次提及民粹极易造成暴力现象，当日在写完此文发出后，于最后修改稿中，在“也因其内在的矛盾当其无法兑现其所宣示为民众达成的目标，或用权力试图强力落实时，往往就是民粹梦碎，造成一些严重的后续问题之时。”此语之后，加过一句，“造成暴力现象”。而后来因为文章立刻刊出，这句话最终没有出现在刊出的文本上，但现实中却在几年后发生了）。

英欧分手，民主的胜利还是民粹的狂欢？

（搜狐社论 2016 年 6 月 24 日）

谜底揭晓，英国脱欧！一个注定进入历史影响深远的大事件。

明天是另一个日子：翻转历史的一夜

欧洲人在遇到不快的日子时常会安慰地说道：明天会是另一个日子！但其实谁也无法确定那日子到底如何。历史再一次在英国脱欧事情上向我们展示了其诡谲难测。昨晚直到夜深，各种传递出的信息，包括 sky news 刊出的一份民调还显示：52%的投票选择留欧。所有英国的媒体鉴于以往的教训，都不再刊登那种投票选举时做的现场投票倾向调查，因此这独家刊载的消息更增添了留欧派的某种信心。连续多天，在英各大金融机构和公司，也都在不停地搞相关调查。对这些英国脱欧攸关他们未来的机构和公司来讲，两手准备都是必要的，他们开始在欧洲各地寻找替代的办公场所，一旦英国脱欧便逐渐撤离。但最近几天直到昨日整个金融界的氛围还是谨慎地趋于乐观，到昨晚这种乐观更是上扬到高峰，英镑汇率继续攀升。英国脱欧派的一个主要领导人甚至在当地时间 22 点投票截止时向人表示可能“已经失败”……

世界已再不如以往。当地时间凌晨 5 点 40 多分钟，BBC 一个消息，像给世界扔了个巨型原子弹。脱欧派胜出！据笔者撰文时尚未有最终确定的结果，脱欧派以近 52%几百万选票的差距领先。英国宣告告别加入 43 年的欧盟。一页历史已过去！

悲剧的诞生：何以致此

尽管脱欧派一些人狂喜，但许多人却乐不起来，甚至有些深深的悲哀和不安。“经济学人”杂志今早的通栏标题是“悲剧的分裂”（A Tragic Split），这不仅指英国与欧洲，自然更是指英国内部。英国人从来没有如此深刻地分裂，在公司，在家庭里，政党内部，夫妻父子兄妹朋友，人们为此争吵不休，甚至有工党议员被暗杀的悲剧。而糟糕的是这种分裂，绝不会因公投结果宣布而终结，会长久在英国乃至在欧洲蔓延。

显然，冰冻三尺，非一日之寒；婚姻破裂，是情感的长久流失所致。此次脱欧是长期以来尤其是最近几年各种政治、社会、经济趋势演变的结果。从 1975 年关于欧盟的公投 67%人赞同留欧到今日 52%主张离去，到底发生了些什么？

首先，这是一个有其深刻的文化和历史渊源的故事。孤悬海外，与欧陆分离的英国，历史上从来就与欧陆有着与其他欧洲国家不同的特殊关系。一种不同于欧洲人的欧洲人认同，长期就是英国人身份认同的底色。对欧陆既拥抱认同，又排斥警惕，构成英国人的一种双重心态。欧洲大陆对英国人来讲既是文明的渊源，也是威胁的所在。两次大战皆来自欧陆，英国人付出牺牲却不觉得该负有责任，也无法感受到欧陆人那种通过欧盟建设维系永久和平的深层的冲动。几百年来，英国人是向西，向南，向世界，向海洋，寻找他们的财富、强力与荣光；欧盟只是在一种共同市场意义上才被主张实用主义的英国人认可。随着欧盟整合趋势的加强，一种反弹就自然而生。这是两种不同的始终存于的有关欧盟建设蓝图的新一轮的冲撞。

其次，正如所有分析都提到的，移民问题成为此次脱欧最重要的诱因。在对于有 6300 万国人的某些英国人来讲，500 万的外国人，300 万的欧盟成员国人实在太多了。在一些脱欧派的宣传中，是他们抢去工作，拉高房价，坐享福利，制造恐怖，造成犯罪。但事实上，所举这些，相当大程度上是经不起推敲，许多专家都用事实和研究的成果来说明这一点：比如，就福利支出来讲，大概只有 2%左右的福利支出被来自欧盟成员国的人们所享用，7%左右被来自其他国家的外国人所使用，绝大部分依然为本土英国人所消费。而同时，那些外国人尤其是欧盟成员国人所创造的财富却高于这个比例。此外，脱欧派大肆宣传的所谓英国给欧盟的贡献也是与事实不符的，英国人给欧盟付出的费用，事实上有相当部分是以各种不同的形式回归到英国。

但是，这类信息和论点在此次公投中却没有最终占据上风。人们对信息的攫取是有其某些心理预设的。而在造成这种排斥欧洲的心理预设上，叙利亚、北非难免潮、欧洲的恐怖主义袭击，都强化了这种意识。在一些英国人眼里，留欧预示着更加汹涌而来的东欧人、叙利亚人，北非人，土耳其人……对某些英国人来讲，欧陆再次成为某种恐惧、威胁的来源。全球化时代英国也同样面临深刻的认同危机，在某些英国人看来，限制外国人，脱离欧洲是保持自己生活方式和文化认同不受威胁的唯一选择。

至于那些工作和生活状况不佳处于相对弱势的阶层和某些地区的人来讲 脱欧成为某种“明天更美好”的希望，成为对现有体制的不满，对精英层的不满与对欧盟的不满混同的一场大发泄。在某些脱欧派人物民粹式的宣传下，这种不满得以合理论证和强化。脱欧等同于安全、工作，等同于所谓英国人自己掌握自己命运，按自己的意愿安排生活与世界。显然这不切实际，但与伦敦的繁荣相对照，对那些生活在衰败的城市与乡村，跟不上时代列车，有被抛弃之感的英国人，又怎能轻巧地指责他们抱有幻想的权利呢？几百万中下阶层包括年长对往昔世界怀恋的人们的投票，成了决定此次结果的关键。

日落的黄昏：英国的终结？

英国人与欧盟的婚姻结束了。但麻烦的或许这只是一系列分离的开始。当初日不落帝国的雄风不再，英国只是这世界上众多的民族国家中相对重要的成员之一，且这种重要性恰还与其作为欧盟成员国的身份有关。而今后的问题是，与脱欧派想象的或许正相反，这民族国家是否就此也将衰落，解体，或许不久我们就会看到答案。英国人得到了“独立”Independent，——这是脱欧派此次宣传中最常用的词语之一，但这词语却不会很快从媒体中消失，大概马上就会具有新的指向；只是这次换了内容：苏格兰、北爱尔兰地区将很快进入新的一轮要求进行独立公投的阶段。

在英国脱欧公投成功刺激下的苏格兰、爱尔兰独立公投将会有极大的成功可能。只要看一眼赞同和反对英国脱欧的区域图就可知晓：所有北部地区都是赞同留欧，而南部除个别小区外却都是赞成脱欧。造成欧盟分裂的英国也自身分裂；获得“独立”的英国，却也因此可能会造成其内部的独立；带来欧盟解体危机的英国，或许也先引发自身的解体，就此进入动荡不定，走向某种衰败？一向以冷静，精于计算著称世界的英国人，这次会不会失于计算？在近代历史上，以自由和开放赢得世界、创造无比的辉煌的民族，会不会因其对外部世界的排斥与恐惧而走进历史，彻底被边缘化呢？历史的辩证法则将再一次向我们就此展示其力量？有法国网友在开玩笑：下次 007 过巴黎机场，要花两小时过关了。

欧盟建设的悖论：终结或再生

英国脱欧，以往看到的欧盟形式已经终结。勿庸讳言，欧盟建设面临其自成立起来最大的危机，攸关生死存亡。这既有欧盟领导人和卡梅隆的政治失误的责任，也有欧盟建设中笔者称之为“欧盟悖论”的内在逻辑造成的一些问题所致。在欧盟建设上以法德为代表的欧盟联邦取向和英国为代表的以共同市场为取向的两种不同蓝图一直就存在深刻的矛盾。从欧洲建设的理想、欧元设立、欧洲整合所带来的需要看，逻辑上都必然要求强化欧盟的协调和领导作用，这不可能不带来某种布鲁塞尔权威的强化。欧盟制订的一些规范也自然日渐增多。

但另一方面，有着各自悠久历史尤其是近代主权民族国家成立以来不同传统的欧洲各国，各自具有的经济水平和政治文化、制度却多有不同，差异甚大，对这种超主权国家所带来的约束的反感，不仅民间，就是精英层也是普遍存在，近来日益强化。且今日世界，各种主体意识高涨，希望强化维系自己的身份认同沛然成潮。要求权力更加民主。

此次英国脱欧阵营具有不同层次的政治诉求，其中一个最常用的论证就是对布鲁塞尔高高在上，反民主、官僚化、远离英国人的生活和命运的批评和指责。而这种论据，我们在所有欧洲极左和极右反欧盟的话语中都能听到，即使在不同的中产阶级中也有其依不同理由做出的回响。在新一轮的民粹主义潮流崛起的背景下，反精英的思潮在欧洲与反欧盟的潮流已经合流，这不能不说是此次英国脱欧公投的重要的背景；反过来，因脱欧成功，也会更刺激这种趋向的发展。

英国脱欧，立刻在欧洲到处引发反欧盟的极右派们的欢呼。从法国到荷兰，极右派领导人们都立刻发出希望在本国举行类似公投的要求。当下，欧盟会依据 2009 年里斯本协约相关条文，用 2 年的时间处理英国脱欧过程。但最重要的是，欧洲要重新确立这些年日渐模糊的欧盟建设方向。民粹的趋向要警惕，但人们的呼声却不能忽视。如何更好地连接布鲁塞尔的政策与人们的安全、就业、权利的表达，这种紧张需要新的政策和制度加以调试和应对，这也是欧盟领导人们亟待给出新方案的挑战。

问题是，欧盟建设上缺乏领袖，法国曾经在以往欧盟建设中一直扮演领袖的角色，但 2005 年希拉克在欧盟宪法的公投问题上像今日的卡梅隆一样自信地组织公投失败后，失去了这样一种引领地位，且因内部种种以及经济状况的不佳而缺乏独自扮演这种角色的实力。因此，没有任何时候比今天德法的双驾马车更具有决定性的作用，以便组织深化欧盟的改革，为欧盟确立新的方向，重建人们对欧洲建设的理想和热情。像所有以往的历史一样，某种大的灾难常常也会带来某种重大的历史进展。英国脱欧的震撼如果能促使欧洲建设进行重大调整，注入新的活力，避免最终的解体，或许就是英国人以告别的方式给欧盟做出的最大的贡献。

主体、认同与理性：全球化时代挑战

长期以来欧盟建设一直是世界范围内二战后尤其是后冷战时代一个最重要的国际范式。这片经历战火和冲突，孕育了现代文明的大陆，一直在以这种和平的民主的共同体建设向世人展示处理国家关系的另一种可能性。这种建设过去几十年来取得长足的进展，但因在某些方面过快，不够细化，过于理想，应对外部事务如移民上缺乏必要的机制和协调，所带来的问题也是有目共睹，引发某种意义上讲逻辑的反弹，导致今日这种局面。前有希腊危机，今有英国脱欧，正可谓应了中国的谚语“欲速则不达”。

但就此宣布欧盟的死刑还为时尚早。事实上，如果我们放开视野审视全球，在今日的时代，因全球化的发展，合作的需要，各种不同的国际协作依然是主流之一。只是形式、强度深浅或可不同。欧盟形式受挫，欧盟精神依在。欧洲建设这种人类历史上前无所有的事业遭受挫折并不绝然让人意外，但人类的前途最终依然离不开欧盟建设的精神和方向。

一方面，是作为个人和集体的主体意识持续的高涨，要求权利的伸张，捍卫权利，因全球化而担心自己的认同受到威胁而强化自己的认同意识。另一方面，因全球化所带来的各种益处，尤其是对经济的促进，又必须与外部世界交流互动，才能保持国家的繁荣和个人可能的发展，这也是人们理性的认知。这构成我们时代最深刻的矛盾之一。任何一个民族或个人都无法自外。欲想获得应有的个人与民族的发展和稳定、自由与繁荣，都必须直面这个问题，努力处理好这样平衡。英国的课题，某种意义上讲形式不同也是其他国家面临的课题。靠拒斥外部世界，封闭自己，从来都不是问题的真正解决之道。最终往往是饮尝苦果。事与愿违。

也正因此，民主也面临诸多新的挑战。不过，正因为人们主体意识的增强，却也恰恰是民主最能反映这种时代精神。或许有人因脱欧结果会对民主大骂出口，轻下结论，以归罪公投。其实，问题、裂痕已在，与其让其得以表露，远比掩藏最终酿成更大的灾难要好。该来的总是会来，只是形式和结果可能不同而已。此次公投中脱欧派最常用的一个论据恰就是要争取英国人的民主权利，不希望命运被他人左右，这当中自是有民粹的色彩，但也不乏真诚的民主派甚至是欧洲的赞同者如此认识，用他们的话讲，再不能忍受现在官僚的欧洲。这其实从一个角度也给这个世界的所有领导者敲响了警钟。

九一一、08 年金融危机、恐怖袭击，在这一系列可视为是对上一波自由全球化时代反弹的事件的单子上，今天我们又可以加上新的一件：英国脱欧。只是我们不知道，它造成的冲击波最终将止于何处，它肯定是英国的一个新时代的起始，但是不是也是世界进入一个新时代的开端，这只有未来的历史学家会告诉我们，或许，也将取决于这个世界上所有的人们的倾向与选择。

变动中的欧洲民主

——盘点 2015 年欧洲大选

（BBC 中文网 2015 年 12 月 30 日）

政治现代性的核心是民主，选举是其最基本的表现。作为现代民主诞生地的欧洲，不仅在世界政治舞台上举足轻重，且其民主政治的运作、欧盟建设的状况也一直是当今之世人所关注的重点。2015 年欧洲一系列重要选举，包括刚结束的西班牙大选，充满悬念，激烈空前，令人目不暇接，从不同的方面给我们透露出一些有关欧洲政治的现状、演变趋势的重要信息。

胜利与危机

从年初希腊 1 月 25 日极左派政党联盟 SYRIZA 获胜的立法选举，到 5 月被称为“战后最激烈”的英国大选，波兰民族主义政党候选人胜出的总统大选，再到 6 月丹麦立法选举，9 月让欧洲摒住呼吸，世界提心吊胆的希腊第二次立法选举，10 月葡萄牙立法大选，瑞士国家议会选举，11 月土耳其立法大选，12 月法国大区选举，年底西班牙历史性的大选……

所有这些选举，政治情境不同，也各有其面对的特殊问题，但综观其中，又有一些普遍性的现象和趋势。为讨论方便，这里暂不涉及背景和问题有些特殊的波兰和土耳其的大选，只限于传统欧盟国家的选举。

首先，各种激进或保守的民粹势力都有相当的增长。从长远角度看，正如上世纪我们所曾见到过的，如这种趋势不能被有效遏制，民主制度的运作乃至生存将会受到削弱和威胁。从这个意义上讲，欧洲的民主面临新一轮的危机和挑战。欧洲民主的命运，很大程度上将取决于其能否有效消解这种极端势力扩张的动源。

但需要指出的是，与以往时代不同，今天，即便是极端势力，也几乎都是高举民主的旗帜，以落实民主、改善民主的名义在进行动员，试图通过选举的方式获取政治资源。上个世纪常见的那种试图以暴力摧毁、拒斥现有民主体制、与其割裂的话语和行为基本消失。柏林墙倒塌后以“历史的终结”所代表的民主浪漫主义虽已不再，但从历史上看，却没有任何时候比今天，民主作为一种价值和制度在人们的眼中具有如此的合法性；也可谓民主历史性的胜利。

此外，上世纪发生的某些重大危机，曾导致民主政治在某些国家遭受重大挫折，但迄今，如希腊向我们展示的那样，在如此严重的经济危机面前，政治运作出现诸多混乱和不稳，但作为民主体制本身，却没有受到动摇。相反，成为国家没有发生大规模社会动荡、暴力冲突的最根本的制度保证。我们很难想象，没有这种能够让社会不满、各种利益有所表达的制度，没有社会的民主共识，在这样严重的危机下，希腊还能维持如此的稳定。

左倾与右摆

不过，一如十九世纪末二十世纪初在欧洲曾发生过的一样，在一个以自由话语和实践为主导的浪漫期、一个迅猛的国际化阶段过后，政治天平上都发生了向左右的倾斜和摇摆。而这种倾斜和摇摆，往往也都是以某种危机作为契机引发的。

自2009年主权债务危机爆发以来，欧洲一些国家的经济大规模下滑，失业激增，加上为拯救经济所实施的一些列紧缩政策，民众生活水平由此大幅下跌，怀疑、不满情绪滋生蔓延，使得一些极左、极右势力的影响在某些阶层尤其是下层间大涨。同时，欧盟建设上主权让渡的趋势，移民问题，与此相关的少数族群尤其是伊斯兰族群给社会整合带来的挑战，恐怖主义，也使得一些传统的保守势力、包括一些中产阶级认为主权丧失，民族认同和生活方式受到威胁，向极右派靠拢。

从希腊极左派上台，到丹麦极右势力在大选中获超过 21%的选票，成第二大党，英国独立党获近 4 百万选票（虽只有一议席，但从得票率 12.6%来讲已成第三大党），法国极右派“民族阵线”在大区选举第一轮投票中成为得票率最高（27%）的政党，西班牙此次大选中首次参选的极左派政党 Podemos（“我们可以”）一跃成为第三大党，获 470 多万选票，占议会 69 席……2015 年欧洲各国的大选，清楚地向我们展示了这种中间势力相对弱化、左右极端势力日强的趋势。

因某些政治人物和政党的不良行为，如此次西班牙大选前有关左右两大党的腐败传闻，都造成一些负面影响。但需要说明的是：就其涉及人数和规模，完全是中国人所常见的案例所不能类比。仅举一例：早前法国前部长 Cahuzac 因过去做药业顾问所得在瑞士隐瞒未申报的几十万存款被发现而下台，成一大丑闻。……但这些对一个民主政体下的政治人物且在当下实行紧缩时期，显然是不能被人们接受。

不过，社会的公正、就业、安全还是造成这种左右极端势力大涨现象的核心问题。传统的右派在进行有效的社会整合和维系公正上推出的措施和话语乏力，而传统的左派在如何应对全球化时代、欧盟建设带来的各种外界约束与保持内部的公正上也有些进退失据，左右支绌。

比如，面对欧元区国家财政赤字不超过 3%的规定和经济下滑，资源的萎缩，作为社会党出身的法国现政府，不得不如当年同为左派的施罗德在德国的所为一样，在着手施行某些紧缩政策的同时展开重要的经济改革，刺激增长，这带有传统右派特色的经济理性化政策与其竞选纲领和一贯重视公平的意识形态立场之间显然存在矛盾，导致相当一部分传统左派选民不满，在传统的极左派丧失吸引力后，或选择弃权旁观，或倒向极右派。

上星期西班牙大选中工人社会党遭有史以来最严重的惨败、而英国工党28年来最低的得票率，乃至希腊等欧洲各国以社会党为代表的左翼在大选中的持续失利，从一个角度展示着欧洲传统左翼面临的普遍困境。而传统的右翼政党，除英国保守党此次重获多数党议席外，在其他国家选举效果也并不理想。执政的西班牙“人民党”和法国在野的“共和党”（les Républicains）的选举结果都证实了这一点。

碎片和整合

冷战结束后二十多年来，一个世界范围内个人和群体的主体意识高涨的趋势不断得到强化，沛然成潮，到处我们可以看到那种多元文化的要求给政治带来的强烈冲击。一方面权利意识增强，一些受到压抑的民族、群体、个人以各种方式持续发出声音，争取和捍卫自己的利益。这不能不说是值得肯定的现代性的继续扩展，也是民主巨潮在世界范围内深化的题中应有之义。

但另一方面，这种多元文化和利益的诉求，又给传统的政治结构和政治势力的组合与运作带来新的挑战，如不能有效地加以容纳，即使是那些相对成熟的民主制度也难免不面临某种政治碎片化的现象。

从欧洲今年的各国大选看，这种趋势明显。在英国，保守党虽经大选成功赢回多数，但选前的投票意向以及投票结果的分布都显示，这种碎片化趋向亦存在，只是因英国的（First past the post）选举制，冲淡了其效果。如我们回顾一下历史，两大党的得票率基本是呈一种递减的趋势（2005，65,7%，2001，72,4%，1997，73,8%；1992，76,3%...1951，97%！）

刚结束的西班牙大选，又提供了一最新例证。民主化四十年来传统的左右两大党的格局被彻底打破。左翼政党工人社会党遭前所未有的挫败，虽挽回面子获第二大党的地位，但险些象先前的民调显示的那样被只有两年历史的“我们可以”Podemos超越。在马德里的某些选区，工社党甚至落到第四位。而右派执政党“人民党”虽在推动国家经济增长，走出危机上成绩不错，维持了第一大党的位置，但得票率大幅下滑（丢失63席），二十多年来首次低于800万选票。

这种多元政治势力竞争导致的政治版图碎片化，以往虽存在但从没有如此严重，给左右政治板块相对稳定的传统政治运作模式以及相关制度设计提出新问题，增加了达成政治整合、施政上的运作成本。

但有一点需澄清：**那种幻想倒退到一种整合划一，高同质性板块政治组合的时代可能也注定是一种脱离实际的幻想，各种主体追求利益和意愿表达，在可见的将来依然会是世界范围的一个主流的趋势，任何政治制度都不得不面对其挑战。**在解决政治的弹性和稳定性这一悖论上，迄今为止，依然是民主制提供了最佳方案，但这并不等于说其不面临新的课题，欧洲的现状已说明这一点，而世界各国的政治也都无法回避这一问题。

分离与统一

与上述现象相连，2015年欧洲大选中所揭示的“分离”趋势也非常值得关注。这在两个层面都有所体现：一是在各民族国家内部，二是针对欧盟。一方面，近些年在应对金融危机引发的风暴上，比任何时候都显示出欧盟、欧元区团结、统一的重要，也因此，在推动落实统一的欧洲经济政策上，欧洲近几年都有相当的进展。

但同时，抗拒统一的欧洲政策，反布鲁塞尔的分离倾向也日益严重。而一些老牌民族国家的内部各种地区、族群所表达出的分离主义倾向也相当明显。最显著的例子当属去年的苏格兰独立公投，其结果虽一时避免了英联邦的解体，但这种分离趋势并没有因此消解。5月英国大选，苏格兰民族党历史性地大胜，不仅严重地削弱工党的力量，且给卡梅伦第二届任期带来相当棘手的挑战。对外，卡梅伦在对待欧盟的态度上，因保守党独自执政，来自偏右反欧盟的势力更大而可能对欧盟采更强硬的立场；对内，也需化解来自苏格兰分离运动的压力。

12 月举行的法国地方大区选举中，科西嘉岛的民族主义者第一次在大选中获胜，当选的大区主席 Gilles Simeoni 在就任仪式上竟然用科西嘉语致词，且谈及可能的独立，要释放所谓像 Yvan Colonna 那样的“政治犯”（需说明的是，在科西嘉问题上，并没有人因相关的分离言行被判刑，只有那些采取暴力行为造成人员伤亡和财产损失者才被判入狱，Yvan Colonna 被判终身监禁是因其 1998 年暗杀了共和国科西嘉地区警察总督）。此举导致法国政界一片哗然，在以温和的语调试图化解可能引发的对立后几天，总理瓦尔斯终于以严厉的语气做出回应，强调尊重共和国的宪法和法律的必要性，强势回拒了 Gilles Simeoni 的要求。

在西班牙，与有分离主义运动传统的巴斯克地区不同，以巴塞罗那为首府的加泰罗尼亚地区的分离运动实为晚近二、三十年出现的现象，与中央政府在对待该地区问题上采取的某些愚蠢不当的政策引发的刺激有关，但近些年却有相当的发展。其中 9 月西班牙地区选举中独立派人士获得多数，且于 11 月提出于 2017 年独立的进程表，可为一历史性事件。但在此次全国立法大选中，这种势力遭相当的挫折。以维护国家统一和反腐为诉求的中间派“公民党”（Ciudadanos）的跃起，代表一种反分裂新型政治势力的浮出。

事实上，苏格兰、加泰罗尼亚、科西嘉等地区实现独立的可能大小不等，有的甚至是微乎其微，且从欧洲统一进程和现实的政治、经济的约束条件看，即使实现也是成本甚高得不偿失。——以欧盟的规定来讲，一旦独立便是自动脱离欧盟，需重新申请，其程序的启动和完成，都将费时甚久，就经济运作来讲，即便自认为富庶，想象着独立可能带来的好处，但一旦真正脱离各自国家和欧盟的整体市场，后果都将相当沉重。不过就认同问题来讲，显然又不是仅用利益计算、利益输送就能解决的。因此，某种政治框架上的调整或许就成为必然。

求新与守旧

2015 年欧洲大选显示，人们求新求变的意愿日强。这首先表现在政治新人和新势力的出现上。20 岁刚出校门属苏格兰民族党的金发姑娘布莱克（Mhairi Black）居然打败工党影子内阁外相道格拉斯·亚历山大（Douglas Alexander），成为英国三个世纪以来历史上最年轻的议员。而法国“民族阵线”今年差点拿下法国南部大区主席宝座的玛丽昂·勒庞（Marionle Pen）只有 26 岁，2012 年以 22 岁当选法国史上最年轻的国会议员。而分析家们在谈及“民族阵线”势力的扩张往往也都要提及最近几年该党在吸引年轻人上所推出的一些列做法。西班牙大选中老党工人社会党领袖 Pedro Sanchez 43 岁，而新兴的两个政党“我们可以”的领导人 Pablo Iglesias 只有 37 岁，“公民党”首领 Albert Rivera 36 岁……

这些新人的加入，以他们对新媒体娴熟的运用，直言不讳的语言风格，贴近民情、年轻人的举止，给传统的政治文化带来强烈的冲击，不可避免地改变着现存的从政风格和论政方式，冲击现有政治惯例。如“我们可以”党就规定当选议员者最多可再争取连任一届。作为前游泳冠军、律师的 Albert Rive 竟然在刊物上登载那种类似明星的秀身材准全裸广告，与对手在咖啡馆举行大选辩论。此次西班牙大选，有占四分之一从没有担任过任何政治职务的大批“普通人”进入议会，有评论认为，那种传统的职业政治人物垄断政坛时代在西班牙就此一去不返。

这些新人、新势力的出现，显然在消减一些人尤其是某些年轻人的政治冷淡上会有很好的正面效果，也对重新激活、焕发政治精英的理想色彩有所帮助。不过，政治毕竟也是需要经验的事业，而就各国面临的各种复杂问题，仅靠理想热情显然也是不够的。民众在求新的同时，也希望能有些连续和稳定，英国保守党赢回多数，显然这种心理起了重要作用。法国大区选举中人望极好的68岁社会党国防部长、Jean-Yves LeDrian以高票一轮过半的成绩当选布列坦尼大区主席，或许也传递了类似信息。

求新和守旧之间的张力一直是变动不居的现代性所面临的政治上的一个主要课题。民主政治给解决这种张力提供了一种制度性渠道，但现实中维系好两者间的平衡却不是件简单的事。古老的欧洲面临些全新的挑战，在寻找求新和守旧的新平衡中，传统保守的旧势力（如法国民族阵线）中可以借用许多年轻人，而某些新课题的解答却需要借助对旧原则（如共和原则）的捍卫，再确认和再诠释，现出某种交织斑驳的图景。

变革与延续

几个世纪以来，欧洲以其深厚的文明基础，制度、科技、文化上不断的创新，成就了现代文明，也经历了自我的摧残，严峻的考验，各种危机，两次大战。民主的体制在与来自内部和外部诸如法西斯主义、纳粹主义、苏俄共产主义等威胁挑战中不断更新完善，在给各自国家中的公民带来全所未有的尊严、权利和福祉的同时，也给世界其他国家的政治发展提供了某种范式。

今天，恐怖主义、全球化以及新兴国家的崛起，移民，内部少数族群的整合，身份认同上的危机、老龄化、福利国家政策的调整，环境以及与此相关的生产和生活方式的转型等等，都从不同的侧面给欧洲各国也给作为一整体的欧洲提出新的挑战。

一些深刻的变革在持续。如2015年大选所显示的，女性在政治生活中正扮演着愈来愈重要的角色，在这些传统上属于主流社会禁脔的政治领域，少数族群出身的年轻一代也正在跃上各国政治舞台（英国出现第一位华裔年轻议员，新的保守党内阁出现更多的女性部长面孔）这些都是从60、70年代启动的新一轮的思潮和社会变革在政治上的后续展现。

历史上，每次重要的社会运动和事件都会造成政治上或迟或早的变动。或许，我们在 2011 年的马德里“愤怒者运动”中已经看到西班牙此次大选结果的所有先兆。而也没有哪个国家可以自外我们时代一些普遍的趋势。这里提及的 2015 年欧洲大选所显示出的政治上的某些趋势，近些年也都在世界范围形式、程度不等地有所呈现。以欧洲为例，两年前意大利诞生的带很强左派民粹主义色彩的“五星”政治和社会运动也已早预示了西班牙的今天。

经验证明，来自左或右的民粹主义思潮和运动都很难不在现实政治的压力下发生某种脱变，而危险也常常是在民粹破灭之际。当意大利年轻有为的总理（40 岁）Matteo Renzi 在评议法国的恐怖袭击和地区大选时有些不无得意地称：“因为改革”意大利没有其他国家遭遇的“恐怖主义和民粹主义”，这显然是过于乐观。——意大利“北部联盟”地区的排外极右翼以及拒斥欧元，反欧洲的“五星”运动，都在反证他的观点。

不过，在某种意义上他又是对的：唯有不断地改革，才是最终消解这类问题的正道。这方面，德国又是一很好的例证：得益于施罗德当年的改革而重振的经济，大联合政府以及默克尔公正、清廉富有能力的领导，德国政治运作近十几年一直相对有效健康，左右两极的极端势力也相对弱化。不断改革的英国，即使衍生诸多问题，但英国人还是希望给卡梅伦继续改革的机会。至于中左的 Matteo Renzi 比许多欧洲其他左派政党境遇更佳，显然也是与其大刀阔斧推动意大利的改革直接相关。

改革才有希望，才有活力，才能真正地继往开来。2015 年的欧洲政治继续向我们证明着这一点。而这显然也绝不只会适用于欧洲。

法国人迎接挑战

——从气候峰会到法国大区选举

（BBC 中文网　2015 年 12 月 22 日）

人类历史上常有这种现象：有的时候，一个国家发生的各种事件高度集中，令人眩目，如巨大的旋风，相互激荡，影响深远！或许，2015 年，对法国，这个近代以来经历过诸多重大变故，在世界历史上扮演过重要角色的国家，就是这样一个历史时刻。

且不提年初的“查理周刊”恐怖袭击造成的冲击，年底，仅一个月内所接连发生的三件大事，恐怖袭击，巴黎气候峰会和相隔一天举行的法国地方大区二轮选举，就震撼法国，举世瞩目，其影响不只限于法国，也超出国界，影响世界的历史进程。

巴黎气候峰会——“人类历史上的一个伟大日子”

12 月 12 日晚，当法国外交部长法比尤斯宣布经过两周艰苦的谈判，在最后一刻终于达成一项有世界上 195 个国家同意的全球性气候协议时，所有为人类未来环境问题感到担忧的人们终于暂时松了一口气：这些年专家们尤其是有极其广泛的各国专家参与的联合国气候专家组研究的结果表明，对因人类的活动造成的气温升高的控制已刻不容缓，因这不仅已经给世界各国造成相当多经济、社会、政治严峻的问题，也将威胁到后代，甚至人类自身的生存。

过去一、二十年，时光流逝，情况在急剧恶化，且不说专家，就是许多普通人都清楚地从他们的日常生活的切身感受中感到气候的变化以及带来的各种影响。与各国的自私立场也与缺乏有效的国际治理机制相连，国际社会在此方面的进展相当缓慢，2009 年哥本哈根相关会议的失败，更凸现了五年后此次会议的重要。

问题是，今日已不再是 1992 年巴西地球峰会的时代，一种柏林墙倒塌后的浪漫氛围已经在全球消退，因各种经济和地缘政治的危机造成的全球的社会、政治、宗教和经济的分裂愈演愈烈，危机重重，在这样一个条件下，召开一个并不能见到什么立刻的益处，相反却可能需要各国做出牺牲的气候峰会，失败的可能是相当大的。

正如法国环境部长罗雅尔女士在会议开始初期就会议接受法国国家电台的一次采访中透露："没有什么国家愿意主持举办此次会议"。且要达成一个让像孟加拉那样的已严重受到海平面上升威胁的贫穷国家和沙特那样的海湾富有产油国都接受的协议，其困难程度可想而知。尚未走出经济危机，面临恐怖主义威胁等各种困难的法国，最终在奥朗德总统的提议下，毅然决定主办此次会议并为此付出极其艰辛的准备。仅外交部长也是此次峰会的大会主席法比尤斯 18 个月内为此在世界范围内做过 100 项专门的外交访问，举办过 400 次各种双边会谈，法国在世界各地的大使馆也举办过上千次于此相关的活动……也难怪，协议签署后，法国外交出色的活动受到全世界各国的一致赞誉，称之为一"外交的杰作"。

不能不说，从这次会议中，我们再次看到那从近代以来就不断深植于法国人意识之中、与"人权宣言""世界人权宣言"等伟大的文献密不可分的深厚的"人类意识"，人道关怀，对人类命运的责任感。或许，从一部前一段在法国播放，最近在中国大陆网上热传的记录片"人类"（"Human", Yann Arthus-Bertrand）中，我们或许会有更直接的观感，能从中听到维克多·雨果式的那种对人的命运的伟大衿悯的回声。

这种意识不仅是法国的一种文化传统，某种意义上讲，也是其共和精神的基石。它使得法国能在近代人类历史上扮演了某种精神上的灯塔的角色。不管法国大革命有何种问题、缺失、值得检讨和批评之处，但事实上，许多思想上的探询，驳难，伸展，都是围绕法国大革命遗下的政治和社会思想上天才的三原色“自由、平等、博爱”所展开，是它们不断引领着人们对政治和社会的改造，对正义不断的探询和追求。

阻击极右派的进攻——法国地方大区选举

这种精神传统从来就是在与来自极左或极右势力的博弈斗争中存续和成长的；在历史的不同阶段，也曾面临极严重的挑战。如果说此次巴黎气候峰会展示了法国传统中普世、光明、开放的一极的话，峰会期间法国地方大区选举，则暴露出与此相对立的延续在法国传统中某些阴暗的民粹主义和民族主义的要素，以及当下社会心理中所具有的某种困惑，疑虑。

上星期日 6 号，在区域合并改革后进行的类似于中国省级的大区首届选举中，极右派“民族阵线”在第一轮投票中在 13 个大区中的 6 个位居第一，有两个大区甚至三个完全有可能在第二轮投票中被其拿下执政。这是一场法国政治上的超级强震，也受到欧洲乃至全世界的高度关注。

此举标志着极右派势力在法国的进一步扩展强固，法国的共和精神原则受到极其严重的挑战。在这个人权的祖国，具反犹、排外、法西斯传统、敌视欧洲建设的极右派有可能在一些具几百万人口、占地甚广的大区执政，这绝对是法兰西的耻辱，其内部和外部的政治后果不堪设想。不仅极右派势力可能趁势扩张，排外、反欧情绪大受鼓舞，且可能因此激化法国的内政，族群矛盾，造成社会冲突。

也因此，执政的社会党总理瓦尔斯在第一轮选举后的讲话中警告，如果极右派在某些大区当选，法国有陷入某种形式的“内战”的可能，且下令所有那些社会党第一轮选举中处于第三位的候选人退出选举，号召左派选民第二轮投传统政敌右派共和党候选人，形成共和阵线，阻挡极右派民族阵线上垒。各方势力都进行了强力动员。

巴黎气候峰会宣布协议签署的次日，14 号星期日，地方大区选举第二轮投票，选民踊跃投票，相对第一轮，增加了 8.55%几百万的选民出来参加投票，使投票达到接近 60%，这在第五共和国政治史上第一、二轮投票中少见。而这些二轮新参加投票的选民绝大多数都是抱要阻击极右派当选的目的来投票。当晚上 20 时，选举结果在电视机前公布的那一刻，许多悬着一颗心，摒住呼吸等待结果的人们不由得欢呼起来："民族阵线"最终未能获得任何大区的执政权。这一得益于共和阵线的形成，二是法国公民的政治意识。法国悠久的共和政治传统和公民的觉悟此次拯救了法国的荣誉。

不过，正如所有左派右派政党领袖在大选结果出炉后的表态所显示的：没有任何理由为此感到庆贺，极右派的威胁依在且日益严重，已彻底成为法国政治势力版图中最重要的一个组成部分。2012 年总统大选，"民族阵线"候选人玛丽·勒庞获得 640 万票，此次获得 680 万，创历史纪录。除在巴黎大区和科西嘉地区二轮得票有退缩外，在所有其他地区，选票都有进展，由于左派自我牺牲退出，在一些大区，已经不再有左派的大区议员，"民族阵线"成为唯一的反对党。其大区议员增长了三倍，从全国 117 名增长到此次大选后的 358 名。

这种局面的形成，一方面与"民族阵线"在子承父业的新领导人玛丽·勒庞的领导下，采取一种与其父老勒庞有些不同的政治风格、话语的策略有关：不断声称自己是与任何其他政党无异的民主政党，成天民主、自由不离口，以捍卫法国政教分离原则、法国的利益和主权的卫士自居。但事实上却在其中传递许多其一贯的思想立场。另一方面，也与传统左右翼政党失去支持有关。此次右派虽获胜 7 个大区，但其中至少两个是得益于左派选民的支持，整体得票率相对以往有相当的减少。而近些年来传统的左派尤其是法共等传统极左派在某些阶层失去吸引力 - - 比如，在两轮投票中，工人选民中的 50%将票投给"民族阵线"。在一些乡村，60%的选票投给了"民族阵线"，在 18—20 岁的年轻人中间，"民族阵线"获得的选票甚至超过社会党。

法国的改革与重振——“抢在灾难爆发前行动”

“灾难”成为有关这次选举的各种评论中出现频率相当高的一个词汇。法国避免了一场政治灾难，也成功地为人类避免因气候变化可能带来的巨大灾难做出了贡献。但法国能否在未来政治选举中避免更大的政治灾难呢？星期一，法国“世界报”就此次选举刊发社论的标题为“要抢在灾难爆发前行动”。

是的，几乎所有人都意识到问题的严峻和紧迫。此次选举中右派与中派联盟获得 40.2%选票，社会党获得 32.1%的选票而包括其他左派政党也只获得 37%左右的选票，而极右派一家便获得 27.1%选票。极右派在一年半后的总统大选中进入二轮投票可能性已相当大。对表面上最终失利的极右派领导人玛丽·勒庞来讲，这场失败未尝没有好处。她由此可专心准备 18 个月后的总统大选，且由于没有任何执政包袱，也可以继续玩弄她百试不爽的民粹武器——指责传统左右政党的无能、不道德而不必承担任何政治责任，也不受任何执政的检验。

“再不能像以前那样从事政治运作了”总理瓦尔斯在选举后如是说。他宣称，必须以更急迫的方式强力推动改革，落实一些列有关增加就业，保证安全的措施。通过民主的更新，找回选民新的信任，民主的价值。所有人都清楚，两个主要问题：安全和移民，是让“民族阵线”在此次选举中成为“失败的赢家”的主要武器。月前发生的巴黎恐怖袭击事实上给了“民族阵线”一个相当的竞选助力。

面对全球化的汹涌冲击，面对移民潮，感受自己的身份认同和生活方式受到威胁，对未来和外界存困惑和疑虑的选民们，往往易成为极右派宣传的影响。而失业，也让某些群体倾向于接受极右派开出的简易排外药方——在那些失业率最高的地区，往往也是“民族阵线”得票最多的区域。而因意义的缺失，对社会的不满，法国某些年轻人滑向宗教极端主义，在其死亡的幻觉中寻找慰籍；而另外一些人，因对现行体制运作和政治人物的失望，在极右势力的政治幻惑中，寻找对现行政治的替代方案。……要根除这些，事实上恐怕比成功举办一个世界气候峰会要更加困难。

因为那不仅需要一时高度集中的努力，也需要全方位、持久、艰难、细致、具体的工作，需要法国的左右民主力量在政治上、思想上、教育上、军事上、社会团结上进行全面的出击，不仅赢得对 IS 那样的外敌战斗的胜利，更重要的是要通过自我的否定，检省，改革，提升，创新，赢得在回应内部挑战上的胜利。正如许多人所说：或许法国的选民们不会永远给现在的政党和政治人物新的机会的。这次，也许就是最后的机会。

自由、平等和博爱的旗帜——法国与世界

将来的历史学家回顾这即将过去的一年时会发现，从年初起，这个世界相当大一部分的重要议题都与法国有关。法国所遭遇这几大事件，事实上也绝不仅仅是法国的内部事务，具有深刻的普遍内涵，也是当今世界范围内面临的最重要的挑战。以极右势力的崛起和发展来看，既有法国自身的原因，也是欧洲大陆上的一个普遍现象。环顾欧洲各国，近几年各国的极右势力几乎都吸引到１５％到２０％上下的选民。这种现象显然是与全球化时代的认同危机，欧洲建设的挫折，伊斯兰世界极端势力的扩展，经济的困难，社会的不平等等诸多问题密切相关。

所有的征兆都表明，现代性的发展进入一个新的阶段，面临诸多新的调整和再造，理念的更新。正如奥朗德总统在协议签署后向与会代表发表的大会致词中所说“巴黎，这个发生过许多革命的城市，今天这场革命是最和平，最美好的——气候的革命”。人类面临许多生活和生产方式上的革命性的调整，世界格局也面临前所未有的变动。这些变化之巨大，或许人们还没有意识到和做好相应的准备。

在这些变化中，法国这个现代性的旗手之一，将会扮演怎样一个角色呢？或许，是在重新定义这个角色，在回应这些挑战的努力中，法国才能最终很好地找到解决其面临问题的途径。在回应环境的挑

战，改变生产和生活方式上，应该说法国是具备某些重要条件的：公民的环境意识极大地提升，已形成对政治的某种压力。传统农业大国和悠久的文化传统会有助于人们去推动和接受改变现存的生产和生活方式。

从国际政治角度看，站在新世纪，摆脱掉传统帝国主义的法国，似乎比世界上任何一个国家都更好地处在这样一个推动全球治理更新的位置。设想换作其他的主办国，这次气候国际峰会的成功机率或许会大幅度降低——法国依然是一个具有相当能力和影响力的重要国家，但又不同于美国那种独大、与某些国家存在矛盾和相互不信任关系的国家，也与中、印这类尚未能有效扮演世界领袖角色的新兴大国有异，在欧洲举足轻重，且与各种发展层次、不同区域的国家有着因历史和现实形成的基本良好的关系和信任。这些都在峰会的成功举办中有所体现。

此次巴黎峰会避免了一次国际社会在推动全球治理改善上的重大的灾难性失败，人类历史上从没有如此众多的国家就一个问题达成如此一致的意见，人类共同体的意识得到强化。某种意义上，这为人类社会在二十一世纪在解决面临共同的挑战上加强合作，创立新的全球治理模式提供了新的范式和宝贵的经验，其意义甚至超过一个气候协议的本身，是人类真正的希望。

“你们靠参与的意愿而不是计算来创造了历史”。奥朗德对参加峰会的代表们这样说。是的，伟大的历史从来就不是能靠计算所能成就；一个伟大的民族也绝不能靠斤斤计较度日做事。从这个角度讲，这个不很会盘算、有着时常会被人拿来嘲笑的理想和浪漫情怀、人文精神的法兰西，此次又为人类做出了一个新的重大贡献。

不过，面临诸多挑战，法兰西能否在坚守其标志性的旗帜：自由、平等、博爱，共和模式，政教分离原则，在人类现代性的更新再造上做出卓越贡献，而不像一盏在历史的狂风暴雨吹打下渐渐熄灭的灯塔，这将是一个需要法国人自己、也需要时间来回答的问题。同时，因那也注定与人类命运相关，就让我们且来瞩目，亦为其祝福吧：为其新的一年，为其未来岁月中的命运！

捍卫生命和自由之战

——评巴黎恐怖袭击

（BBC 中文网　11 月 15 日）

巴黎再次遭袭！恐怖分子疯狂滥杀无辜，造成严重的人员伤亡！法国历史上黑暗的一页，文明世界历史上严酷的一夜。或许，一些对情况不太了解的人们会再次将其简单地归结为文明的冲突，宗教的对立，法国的傲慢，但事实上，这场屠杀所显示的是一场文明与野蛮的冲突，人性与反人性的抗衡，而法国正在进行的这场捍卫生命和自由价值的战役，其成败关系到法兰西共和模式的存亡，也必然关系到世界安危以及人类文明的未来。

前所未有的恐怖袭击

很久以来，法国的反恐专家甚至是社会大众，对法国有一天可能会遭受这类恐怖攻击是有精神准备的：在法国电视二台的现场评论中，一个前特种部队的官员透露：从 2001 年开始，特种部队就已经有如何面对腰间捆旁炸带的自杀恐怖分子的训练。——这或许也就是昨日在特种部队冲进情况不明的剧场解救人质时，能够在恐怖分子将观众当作人墙向前推进，在离特种部队人员三米远的地方要引爆炸弹的情况下，将其中一名击毙，且未伤及人质和自身，使其未能引爆炸弹，造成更大伤亡的原因。

但显然，鉴于法国这种自由开放的国家性质，希望法国从根本上避免遭受这种攻击是不现实的，尽管我们知道，反恐部门每日都在进行艰苦的斗争，偶尔，会有关于消除一次恐惧袭击的报道，但绝大多数情况下，即使是胜利，也都在无声的战场进行着的。

11 月 13 日夜晚发生的恐怖袭击，在法国历史上前所未有，在恐怖主义历史上也是少见。六处发生袭击，尤其是自杀式恐怖袭击，这在法国本土还是第一次。而且，最重要的是，恐怖分子滥杀无辜，选择球场，剧院，咖啡，饭店大开杀戒，试图造成社会的普遍恐惧，这不能不说是恐怖主义的一种新的升级版。当这一切终于发生，人们心理上还是受到极大的震撼。

在这些象征法兰西自由的生活方式的地点，选择在一个温馨的周末不分老幼妇孺进行攻击，这些恐怖分子以一种最极端的方式向世人再次清楚地展示他们反文明、反人性的特征。

伊斯兰与文明冲突

有人习惯性地将这类事情归结为宗教间的冲突，但实际是，伊斯兰宗教极端势力不仅敌视西方，也敌视任何在他们眼中所谓的异教者 apostat，叛徒。他们杀害最多，迫害最多的，恰恰是伊斯兰世界那些不信服他们的教条，不服从他们统治的伊斯兰温和民众。不加区分地将伊斯兰整体地作为一种势力来看待，既不复合事实，也是极其危险的。

一些恐怖分子，如鼓吹“第三种圣战”“全世界伊斯兰的抵抗”的恐怖主义策略家 Abou Moussab Al-Souri 正是这样设想的：要在西方社会通过小股的恐怖活动造成恐怖氛围，将社会敌视伊斯兰的氛围推至极致，以便分裂社会，造成大规模的混乱，瓦解西方。此次袭击，恐怖分子要达成的目的之一，显然也是在此。

但需要了解的是，世界上大部分的穆斯林民众并不赞同这种极端宗教思想，有些不仅身受其害，且也在通过各种形式在与其做艰苦的斗争。在那些广大的以伊斯兰文化为主体的地区，到处都有以伊斯兰为名滥杀无辜的极端恐怖主义者，也到处都有那些以伊斯兰的名义抗拒、抵制这些极端潮流，包括争取民主和自由的人们。在法国，占人口 7—8%具有穆斯林文化背景的民众，有些象在法国这种世俗社会里成长的其他宗教的一些人一样，已不再信教；有些即使信教，绝大多数也是遵纪守法的公民，接受并捍卫共和的价值，和平地生活，工作，为社会做着贡献。

回顾一下年初“查理周刊”和犹太人小超市被袭事件时的几个细节，或许能让我们对此有更好的体认：当两个凶手袭击“查理周刊”后，在逃遁的路上残酷杀害的那个正在巡逻的警察 Ahmed，正是出身穆斯林家庭。父亲早逝，他作为长子努力向上，照顾母亲，刚刚通过晋升高级警官的考试，将去履新……他的弟弟在追悼仪式上痛苦地呼吁人们不要将事情混淆，“那些疯狂的恐怖分子，即没有肤色，也没有宗教！”

在那个被劫持的犹太人开设的小超市里，来自马里的无正式身份的穆斯林青年 Lassana Bathily，因工作认真，与犹太老板建立了良好关系，老板特意在店中为他开辟一小室以便他每日的祈祷，在那危急的时刻，他冒生命危险掩护人质，利用所知通道只身到店外给警方传递信息……

而更早两年前发生在图卢兹的恐怖袭击，恐怖分子 Mohammed Merah 蓄谋屠杀的受害者之中也有一个穆斯林士兵，用以证明他对叛教者的惩罚。正如这次在 Bataclan 剧场幸存的 Europe1 电台记者 Julien Pearce 在接受记者采访时所说：“（恐怖分子）他们不管那被杀的是什么人，天主教徒，犹太人还是穆斯林，他们就是在那里乱杀人”。

死亡的意识形态

如果说年初“查理周刊”和犹太人 Hyper Cacher 市场人质劫持事件中，那些恐怖分子还试图以反犹和为受亵渎的先知报仇为口实，对恐怖行为辩解，此次，这些恐怖分子已毫不遮掩地露出其杀戮的本质。——在巴黎11区街头饭店屠杀现场开车经过的一位妇女向记者展示那满是弹孔的汽车，她车上四位都是妇女，恐怖分子毫不犹豫地向她们射击！在Bataclan剧场，幸存者描述的恐怖分子冷血地杀戮观众的场面，超出正常人的想象！

但也正因此，恐怖主义的谋划者或许某种程度要失算了：即使在伊斯兰世界，他们也只会日益孤立！整个伊斯兰世界的谴责，已经展示了这种前景。伊朗总统在就巴黎恐怖袭击的讲话中将这些行为直接称为“反人类罪”！

对这些恐怖分子，死亡，造成尽可能多的死亡，就是他们所有的目的，生存的目的以及死亡的目的。ISIS运动是一种具有死亡冲动、嗜血的极端运动。所有对ISIS的意识形态、宣传洗脑的话语有了解的人都知道，他们给年轻人洗脑、论证参加恐怖行动的主要论述就是两个：一可以免去许多人以往犯下的罪行和过错，二可以上天堂。这给那些在寻找生存意义的年轻人尤其是那些犯过各种刑事罪行的年轻人以某种精神解脱，赋予其某种存在的意义。这也是为何，在这类恐怖分子中，我们常看到类似的人生轨迹，前此袭击“查理周刊”的恐怖分子是如此，此次刚刚被鉴定出的一个参与了袭击的本土恐怖分子，也是一个有过八次刑事记录的罪犯。

对这些恐怖分子，他人的死亡就是他们的意义所在。因此，他们每次都要想尽办法升级恐怖规模，如果能将人间变成地狱，就是他们想象的天堂或者是达至天堂之路。

法国特种部队前负责人在参与电视评论时提及：对待一个就是想死，以死亡为其价值实现的恐怖分子，反恐的任务异常艰难。是的，这将会是一场持久的战役，也还会经受牺牲。但恐怖主义可以暂时达成某种目的，却永远不会最终得逞：因为，即使有一时的恐惧，但生命的力量终将会引导让人们继续向前，战胜恐惧，拥抱生活。法国人，所有世界上的文明人，都将别无选择，除了积极行动，以各种方式对抗恐怖主义者，更要以各自对生活、生命的热爱，战胜以死亡为宗旨的恐怖主义。

叙利亚的漩涡

在些混乱不堪的有关法国与伊斯兰世界、叙利亚的关系说法中，有些不知实情，常以“环球时报”的视角认识世界，受阴谋论宣传影响甚深的人觉得，任何地方发生抗议独裁政权的事件，都是西方的阴谋。是法国或西方要搞乱叙利亚，支持推翻阿萨德政权，现在是自讨苦吃。这显然是对事实毫无所知的臆断。

事实上，法国的政治家们也不都是些不食人间烟火，全然不懂现实政治的幼稚家伙。中东和北非地区的稳定自然与法国的利益高度相关，法国政界不会轻率到去支持什么对这些国家政权的颠覆活动，尽管也并不乐见这些政权对人权的践踏。因为那样并不符合法国的利益。也因此，一些信奉现实主义政治原则的政治人物也一直主张要与伊斯兰世界的一些威权政府保持良好关系。或者人们已忘记，就是在 2008 年，虽然遭许多人权人士的批评，阿萨德还曾应当时的总统萨尔科奇的邀请到访过法国。

但是，当人们走上街头，这同一个阿萨德，向抗议的民众大开杀戒，甚至动用国际禁止的毒气时，作为以主张民主和人权作为立国之本的法兰西，不去谴责屠杀，不去站到抗议的人民的一边，显然是不可想象的。在那种情形下，任何政治家都不可能不做这样的选择，那不仅关系道义，也关系到其在公众舆论中作为一个负责任的民主政治家的形象。

这也同样适用利比亚：当卡扎菲宣布放弃恐怖袭击，就以往恐怖袭击进行赔偿的后，也曾破例地到访过法国。但当利比亚人民走上街头抗议，面临屠杀时，法国不支持抗议的人们，那也显然不会是人们认定的法国。尽管我们知道，今天利比亚的转型面临严重的困难，但我们不能由此反证，任由卡扎菲这些人去屠杀，袖手旁观会是一个道义上、政治上的正确选择。

政治选择尤其是国际政治上的选择常常是两难的，也不见得能全然预估后果，这就是历史。**但需要清楚的是：归根结底，这些国家**

今日转型出现的困难事实上根源都在转型之前，在垮台、动荡前的政权没能及时地回应人们的要求，进行必要的改革，以至于遗患后人。用脓疮破裂后的惨状来证明其破裂前的美好是不能成立的，最重要的教训，恰恰是要进行恰当适时的改革。否则将会酿成大的悲剧，对人民来讲是如此，对当政者亦如然。当然，对转型后具有的困难有更清醒地认识，更好的准备，也是一个值得各方高度重视的问题。

当阿萨德政权在人们的抗议下摇摇欲坠的时候，像所有那些独裁统治者一样，阿萨德不惜一切以保政权，哪怕是最无耻的方式。此次巴黎遭袭后，他发表谈话说：是法国对叙政策助长了伊斯兰极端势力的扩张。而真实的情况是，是阿萨德为了维系其在国际政治格局中的地位，也阻挡西方对反对势力可能的支持，数月间按兵不动，任由力量本不大的 ISIS 组织在一些地区坐大，借此与国际社会讨价还价，抬高自己的价值。更可恶的是，为给国际社会制造麻烦，还大开监狱，释放在押的伊斯兰极端恐怖分子，——包括上面提及的原籍叙利亚、已被巴基斯坦情报机构逮捕，移交叙利亚的 Abou Moussab Al-Souri。……时至今日，我们不能说阿萨德没有部分达成其目的。

权力的真空、无政府的状态可以为极端势力趁势而起提供条件，但不给不同的利益以正常表达机会、习惯以镇压的方式统治的威权或极权政权，最终也都很可能从另一角度为各色各样的极端势力和观念准备土壤。叙利亚的事态和 ISIS 的崛起，再次证明了这一点。再以 Abou MoussabAl-Souri 为例，这个学机械的青年学生，是在 1982 年阿萨德的父亲老阿萨德对叙利亚人的抗议展开大屠杀而开始转而走向极端的。

此次袭击巴黎，恐怖分子宣称是报复法国战机最近轰炸 ISIS 在叙利亚的恐怖分子训练营。但那之前，袭击 Hyper Cacher 的恐怖分子已声称是受 ISIS 指示，而情报也显示，那些培训营里培训的恐怖分子相当一部分也是准备要来攻击法国的。早在八月中，法国反恐检察官 Marc Trévidic 已受理了一个从叙利亚回来，接受指令要在剧场制造袭击的恐怖分子的案例。早先 ISIS 已发出号召，要一切到叙利亚参与其事的各不同国度的恐怖分子回归本国发动恐怖攻击，最近在黎巴嫩、也门等发生的包括此次对法国的袭击，或许都只是第一波。

现代性的新挑战

现代文明的本质是自由，自由的价值、生活方式和制度。如果我们从一个大历史的角度审视，或许，现代文明今天正面临二十世纪左右极权主义衰退后的一波新的挑战。柏林墙倒塌后的一个浪漫时代已经结束。

也是从这个角度，或许我们可以更好地理解为什么宗教极端势力希望摧毁法国。因为，且不论历史上的种种过往利弊，某种意义上讲，法国的共和模式在政教分离原则，公民平等权利的确定上显现的更为彻底。也因此，因历史的原因在法生活具相当数量的伊斯兰族群如能通过自身的实践，推动伊斯兰文化成功地完成这种与现代原则的嫁接，形成某种新的现代伊斯兰生活方式，且影响伊斯兰世界，那将绝不是原教旨主义者所希望见到的。

也是因同样原因，北非伊斯兰世界突尼斯的前途也同样意义重大，14 日，在如此严峻的形势下，罗朗德依旧按计划在爱丽舍宫接待了到访的突尼斯总统，以示相互的支持。

作为对极权主义世纪的反弹，认同意识的强化、主体意识的高涨是最近几十年一个世界性的趋势。一方面它强化了对自由、权利、民主的追求，但另一方面，也是在这种趋势中，各种文化中原教旨主义也趁势而起到处泛滥，在以共产主义为代表的左翼乌托邦思想世界性的退潮后，通过许诺一种宗教乌托邦诱惑吸引那些对现实不满、寻求存在意义的年轻人，给某些族群提供一种社会“理想”。

只有从这个视角，我们才能更好地理解法国捍卫共和、世界范围内回应恐怖主义挑战所面临的任务之艰巨。近些年，有关法国的认同问题，如何捍卫政教分离的原则，如果处理好族群间的关系等一直是法国公共议题中最重要的论题之一，法国在捍卫自己的共和原则的同时，也面临各种体制更新，治理再造的挑战——这里顺便说一句，那个所谓“法国禁止伊斯兰妇女佩带头巾”的说法完全是有意无意的误传和误解。当初制定那个法律确实与某些穆斯林团体和家庭，强迫女孩子们佩带头巾的趋势有关，但该法律是针对所有宗教，是禁止在公共机构如中小学佩带显著的宗教标识，非只针对伊斯兰，也不限制日常生活，除了那种遮蔽整个妇女面孔和身体的黑袍之外。

所有的文明都具有极端的因子，以现代历史来看，欧洲文化中出现纳粹，儒家文化背景的中国有过文革的疯狂，以革命为名的屠杀。因此，在传统文明向现代转换中，常常伴随激烈的变动，在何种因素的媒介刺激下，在何种情境中会产生极端化趋向？怎样吸收现代文明要素，进行文化更新？对许多文化来讲依然是些未完成的课题。某种意义上讲也会是一个普遍的恒久的话题。

虽然我们可以说，将恐怖分子与伊斯兰划等号是荒谬的，但正如一些伊斯兰世界的改革知识分子所强调的那样，恐怖分子在试图绑架伊斯兰，伊斯兰如何完成现代转型，依然是伊斯兰世界最重大的挑战。当然，在一个全球化时代，外部如何处理与伊斯兰世界的复杂关系，更好地给这种转型提供帮助，也是需要深思的。

近四十年前苏联出兵阿富汗，十几年前美国出兵伊拉克，都是伊斯兰世界地缘政治中影响深远的历史事件。前者激活新一波国际伊斯兰原教旨主义运动，后者在“九一一”刺激下、在新保守主义思潮指导下所作出的牛仔般的鲁莽反应，尤其是些策略上的失误——如解散伊拉克军队等，客观上给新一轮的恐怖主义扩张提供了条件：是在美军的战俘营里，基地组织和伊拉克军队的一些精英在民族主义和宗教的旗帜下完成了结盟，构成今日 ISIS 领导层的主体。

在这些各种力量发生巨大撞击的历史事件中，温和力量的边缘化，如阿富汗的民族英雄马苏德被极端势力暗杀，标志着这些地区伊斯兰现代化悲剧性的挫折，也为那些以这些地区为基地向世界输出恐怖主义的极端力量提供了可能。——马苏德被暗杀后数日，基地组织开始了对美国“九一一”袭击。

巴黎：一个二十一世纪的首都？

近八十年前，在躲避纳粹流亡巴黎的岁月里，德国思想家本杰明（Walter Benjamin）完成了他那部不朽的近代文化分析巨著“巴黎：十九世纪的首都”。年初，1 月 11 日，当着几十个属于不同文化、甚至相互具冲突矛盾国家的元首、上百万巴黎人走上街头，宣示他们反对对恐怖主义的决心时，也曾有媒体称“今日巴黎是世界的首都”。

现在，恐怖分子选择在当初游行时集聚了最多人众的伏尔泰大街，以族群的融洽知名、年轻人喜爱的小区下手，显然是对那场游行的一个象征性的报复。而巴黎，能否再次经受考验，不向死亡的威胁屈服，用她对生活、自由和美的热爱，用她的宽容精神，制度的更新调整，为世人确立一个新世纪的范式呢？

这是一场特殊的战争，关系法兰西共和模式的存亡，也关系到她代表的某些价值的命运。星期一，罗朗德总统将在凡尔赛宫召集上下院所有议员集会，所有对法国历史有所了解的人都知道这意味着什么：那将是一场特殊的民族总动员。法国人已别无选择，像当年抵抗纳粹法西斯一样，迎战。可能还会有局部的牺牲和失败，但最终要用武器，也用笔、爱、美、文明去战胜死亡，代表死亡的恐怖主义。

在这场战争中，世上谁能全然置身事外？请记住，这种极端宗教恐怖主义运动如同当初的纳粹法西斯运动一样，是一种国际性的，也绝不会仅满足于对西方的攻击，任何不共享他们的教义和生活方式的人们终将要成为他们攻击的对象，那只是个时间、机会、需要的问题。这是由他们的意识形态所决定的。因此，战胜这运动，也必须是国际性，国际性的支持与合作。那种心存“坐收鱼翁之利”的短视，最终会让人偿到苦果。历史早已证明这一点。

从古至今，人类用文明应对死亡，战胜死亡，也在这过程中更新文明，用自由升华生命。在这场新世纪捍卫生命和自由的斗争中，我们都别无抉择！

（说明：该事件发生在13日夜到14日凌晨，造成350人受伤，131人遇难。本文在第二天写成，次日由BBC刊出。2021年9月，经过多年花费巨大的人力物力的准备，法国国家法庭开庭审判20名罪犯，其中 14 人在场，包括参与恐怖袭击唯一还活着的 Salah Abdeslam，6人缺席审批，其中5人已经确定死亡，一人在突尼斯监狱中服刑。这场世纪性审判，因受疫情的影响，在法国法院宫专门为此特殊整建的大厅陆续进行了8个月，于2022年6月底宣判，罪犯们因各自的罪责受到从两年到终身监禁不得减刑的法国最高刑罚，再次彰显正义）。

大博弈篇

中美、中欧、亚太与俄国

普京和习近平的战争泥淖与极权主义企图

（原发法国“世界报”2022 年 4 月 19 日，中文翻译“中国：历史与未来”网）

以一种残酷的方式，整个世界尤其是欧洲人随着乌克兰危机，重新陷入了上世纪的热战与冷战之中。旧的政治理论被再次证实：拥有不受约束的权力的领导人总是对和平的威胁。在很多人看来是不理性的决定，他却可以根据自己的逻辑好恶做出，最终只能给人们带来灾难。

俄罗斯军队在乌克兰的停滞不前，就像在阿富汗一样，是可以预见的，只是在普京的眼中才是意想不到的事件。今天，他正在惩罚那些在实现其帝国计划过程中误导他的将军、部长和情报官员们，外国观察员们大多也赞同这种普金误判的分析，以解释俄罗斯军事行动的惨败。

但是，普京目前的挫败甚至是很可能的最终失败的原因，是要从其他地方来寻找。那是植根于他试图将他的全能极权主义的理念强加给正在进行民族自我构建中的乌克兰民族的企图。多年来，他一直在自己的俄罗斯社会中实施极权主义政策，现在又将其施加于乌克兰人。

普京的这一全能极权主义企图是：除了接受成为其 21 世纪新沙皇的附属臣民，你别无选择；俄罗斯人和乌克兰人在身份认同上在他看来没有任何区别。因此，当后者对他的企图加以反对时，解决的办法是进行“特殊行动（opération 手术）”，把乌克兰人装置回预先设定的模笼里，就像外科手术一样。与前苏联对不听话的卫星国采取的类似胁迫镇压不同，它不再是以一个未来的人间天堂的名义展开的，而是以一个过往的俄罗斯帝国的名义来进行的。

如果说，借用斯大林和黑手党式的统治方法，加以谎言式的民族主义宣传，这种普京式的全能极权主义企图在俄罗斯内部取得某些成功，但它在乌克兰却遇到乌克兰人的顽强抵抗，乌克兰人希望捍卫自己的文化以及个人和集体的自由。那些作为20世纪极权主义的象征性机器的坦克被摧毁的画面，很好地展示了这种抵抗。

在普京陷入自己构筑的陷阱的同时，他的盟友和朋友习近平也按照同样的逻辑陷入了一场抗疫泥淖战争。两年来，习近平治下的中国一直在不惜一切代价运用“新冠清零”的方法应付疫情。在法国，抗疫中的所谓“不惜一切代价”(quoiqu’il en coûte)的做法包括经济上避免工作岗位的流失和挽救人的生命，保护人们免受大流行病的损害；而中国的″零感染″政策则完全不考虑整体后果，只集中在新冠防治而忽略由此造成的其他疾病患者的死亡，造成的其他次生恶果。尽管对信息进行了极端严酷的控制，但仍有许多悲剧的消息现在披露出来，证明了情况的严重。例如，一名没有新冠阴性证明的孕妇在等待数小时后失去了她的孩子；一名护士因大批护士被派去做疫情检测无法得到及时照料而死于哮喘病；因抑郁和缺乏食物而导致某些人自杀……。

对习近平来说，权力是神奇的、无所不能的，类似于军事型的组织和对被感染者的极端严厉的隔离措施，旨在根除病毒并使社会“健康”和“净化”。尽管面对病毒的变异，特别是Omicron变种，中国的一些流行病学家对这种做法持保留态度，但“零感染”政策仍然得到了坚持。因为它不再是一个公共卫生问题，在习近平眼中，它已经成为中国模式的象征，甚至是当今世界所谓的“东方崛起，西方衰落”的文明变迁的证明，这是他近年来所认定的看法。

中国开动宣传机构一再赞扬这种抗疫模式，将其与西方国家，特别是美国在过去两年的情况进行比较。它坚持宣称，是习本人作为最高指挥官的“亲自部署，亲自指挥”将这场抗疫引向胜利。正如在今天的俄罗斯，普京与俄罗斯民族被宣传成浑为一体；在中国，习近平与中共现在也被说成与这种抗疫模式密不可分。这事实上也是习近平多年来一直奉行的要消灭一切批评及异议的“零批评”“零异议人士”……的执政逻辑在抗疫上的一种延申。

在一个政治上非常敏感的时刻：中共第二十次代表大会将在年底举行，习近平将在修改任期限制后寻求他的第三个任期。此时，他不能容忍哪怕是轻微的批评。他要借用铲除新冠病毒的机会，在中国人民和世界面前战胜他潜在的对手，并为自己新的任期加以辩护。

虽然中国这种强制清零的方法在面对大流行病时可能会有一些暂时的成功，但它不可能是永久的持续的有效方法，在面对新冠新变种的传播、经济压力和日益增长的社会不满情绪时，这种模式终将会失效。全国许多地方现在都出现各种不耐烦和不满的迹象，爆发了各种形式的抗议，一些中国人试图在冲破各种禁令。

多样性和对自由的渴望是生命的一部分，体现着生命。全能极权主义的观念总是与生活相悖，远离现实。虽然有各种逆流，我们这个时代全球的大趋势，仍是一种集体和个人的主体化（subjectivation）潮流。普京和习近平试图强加新的全能极权主义以控制社会和个人，尽管有可能取得暂时的成功，但只能以失败告终。20 世纪的历史证明过这一点，本世纪的历史也将再次加以证明。这两位领导人在乌克兰和中国陷入战争泥淖只是这其中的第一个阶段。

（说明：本文原文为法文，刊于法国“世界报”le Monde 2022 年 4 月 18 日（纸版 19 日）。因技术上的问题，“世界报”刊发的是最初发给该报的版本，不是后来那个再次做过些细微的文字修订发送给他们的版本，此中文版是按照最后版本翻译，此次收入文集出版时也再次做了些方便中文读者的文字修正）。

澳大利亚的战略投名状、亚太“北约”的形成与法美外交危机

（FT 中文网 2021 年 9 月 27 日）

9 月 15 日，美、澳、英三国领导人通过网络会议忽然联合宣布：澳大利亚将中断 2016 年与法国签订的购买价值 560 亿欧元的 12 艘传统动力攻击潜艇的合同，转而计划购买美、英 8 艘核驱动技术的战略潜艇 同时，三方将进行名为 Aukus 的印太安全战略合作。

外交危机

此消息一出，在法国引起极大的反响，先是由法国外交部长与国防部长当夜发表联合声明，称事先未得到任何告知，澳大利亚背叛了法澳长期以来坚持的互信精神，“在印太地区我们信奉的价值以及多元主义面临严峻的挑战之时”，此举将法国这样一个“盟友置之其外”，对此深表遗憾。外交部长让-伊夫·勒·德里安更是在早间 8 点的法国电台 France Info 接收采访时称他“非常愤怒”，感觉像“背后被捅了一刀”，“这是澳大利亚对法国的信任的一个重大背叛”。而美国如此“单方、粗暴、缺乏预先沟通”地对待盟友很像特朗普的做法。他还说，“法国要各方给出一个合理的解释说明”。随后，法国在美法历史上第一次召回大使咨询。德里安 9 月 18 日晚就此再上法国电视台黄金时段新闻接受采访，言辞激烈，就美澳的初步反应称此事件不可接受，称美澳的所为是“谎话，表里不一，对人蔑视”，破坏了盟友间应有的“信任”，造成一场严重的“外交危机”，反驳

澳方事先有沟通的说法，说消息宣布前“一小时前才得到通知”。

迄今为止我们对事态是否如其所说尚不清楚，但从法方愤怒的程度，以及美方外交与国防系统的几个很弱的表态，包括拜登提议与马克龙稍后要通话的消息，英国首相约翰逊在去美国的飞机上所谓英国对法国的“友爱矢志不渝”的表示，以及澳大利亚总理那种显得勉强的解释这些相关信息来看，这次三方突然出手将法国蒙在鼓里的可能性还是很大的。否则，这牵涉多国的重大事件，事先不会没有一点消息披露出来。有报道称，美澳英这个谈判是三方以非常秘密的方式进行的，连各自政府中的一些部门首脑事先也不清楚。比如两周前，澳大利亚与法国的相关部长还在就一系列双边问题进行协商讨论，包括潜艇的交付日期以及因汇率等变动造成的价格变化等。

“世纪合同”的破裂与澳大利亚的安全战略投名状

德里安及法国如此动怒，一些评论者将主要注意力放在那个庞大的号称是“世纪合同”的破裂上，其实，合同的金额当然非常重要，但绝不是主要因素。法国负责营建这些潜艇的Naval公司的潜艇技术乃世界一流，现在承接的给包括巴西在内的各国建造的潜艇合同众多，即便是给澳大利亚营造潜艇这如此庞大的计划，也只占该公司的营业的10%；据该公司讲，如合同取消，那几百位已经在该计划上工作的人员很快将会分流到其他岗位。而且事实上，潜艇的一些其他设施和武器系统也有其他公司如美国的马丁公司参与，收益并不是由法国公司独享。因这些潜艇的质量，最后也绝不会没有其他有需求且有经济能力的国家（如印度等）愿意来接手购买。

德里安愤怒也有其个人的理由：当初2016年就是他在奥朗德任内担任国防部长时经过两年谈判，最终经过招标胜过日本、德国等赢得此合同，并在2019年经他手最后敲定，当时他已转为马克龙的外交部长。6月英国七国峰会后，特邀与会的澳大利亚总理莫里森还特地转道来法与马克龙会面，双方相见甚欢，其中一个重要议题就是此案。当时马克龙称法国将加快交付这些先进的潜艇，以便澳大利亚能更好地应对印太严峻的局势。澳大利亚对法国的理解与支持也表达感谢之意。

过去几年，澳大利亚对潜艇生产周期有所延误以及成本增高一直有不满的声音，这完全能理解，不过这在这类大规模的合同中也属于常见；此次也有报道称现任总理莫里森个人在购买法国潜艇一事上原就一直与前任签约总理意见相悖。至于技术，法国与美国可能是西方国家中具有最完整的高尖端的军事工业体系的国家，潜艇制造上也是如此，即便是近邻英国当初乃至今日制造潜艇，都要借助他国盟友的技术力量的。显然，这些都不是更改合同的主因，更何况澳大利亚已经为此付出 10 多亿的定金并最终因解约大概要付出 4 亿多欧元的合同终止罚金，澳大利亚还已经派遣 300 多名工程师到法国参与合作设计多年。为了拿下合同也为了显示合作的真诚，法国在此次营造潜艇中还答应向澳大利亚转移一些核心技术；潜艇在澳建造，至少给澳创造 1800 个工作岗位……

澳大利亚此次不顾如此高昂的成本损失要更换合同，说到底一在获取核动力潜艇，大幅提升澳大利亚的海军战略性防御与攻击能力；二要借此启动美、澳、英三方安全协作，增加澳大利亚的整体安全，将自己彻底纳入美国的保护系统之下。而就美方来看，因此次美国要对澳大利亚出售过去一直不对外出售的核动力潜艇，这也成为自上世纪 50 年代美国与英国进行核技术分享后其在核能的军事使用分享上再迈出的另一重大步伐，此举将怎样影响掌握核动力潜艇技术的五个安理会常任理事国今后在此问题上的立场，都还需继续观察。我们知道，美国出售其重要的军事武器，常伴有某种技术上的控制，即便是出售给对方，往往也有另一相应的控制系统。这种核动力战略潜艇的出售，就更会是如此，也因此，在今后潜艇的营造、培训、维护、演习等过程中，澳大利亚与美军的协作注定会进一步强化。

此次宣布的核动力潜艇计划需要 18 个月的前期研究，且后续从营造到培训各种维护及操作人才，都将经历相当长的岁月。法国的潜艇原定在今后数年要逐一交货，但现拟定购买营造的核潜艇，大概至少要到 2040 年以后才能成军，因此，如何填补这期间澳大利亚所急迫需要解决的潜艇防御能力，恐怕只能是依靠美方以更直接的方式介入与替代了。可以想见，澳大利亚的军队逐渐将因此而更具有某种“澳—美军”的色彩，一定程度上会被更进一步纳入美军指挥系统。美军在南太平洋和印度洋的存在将借此得到极大的强化。澳大利亚将成为美国军事战略同盟中的一员，多年一以贯之寻求相对自主的外交政策的立场相当程度上也将就此成为过往。此外，反核过去也是澳大利亚民间的一个传统，就此与法国因其在南太平洋的核试基地曾有过外交矛盾，现如今核动力潜艇进驻澳大利亚本土，民间的反应最终如何，也都有待观察。总之，估计此事件也将给澳大利亚的内政外交带来诸多重大变化。

亚洲北约的形成

尽管美、澳、英三国领导人就 Aukus 计划的宣示上只字未提，但显然，所有这些举措的对象都只指向一个——中国。近些年，北京在对外战略上的咄咄逼人与内政上向强力管治方式和毛式意识形态的某种回归，引发外界各种反弹与警惕。本与北京关系甚好的澳大利亚在安全问题上承受来自北京的压力日重，做如此选择，最终的推手其实也当非北京莫属。北京获取了其最不愿见到的结果。如从澳大利亚的立场考量，此次这种选择是完全可以理解的，有其逻辑的。

而就美国来讲，取得一个重要的军售合同当然重要，但以美国的经济及军工体量考量，此举也不是主要目的；将澳大利亚纳入其防御体系，尽速完成亚太的战略围堵弧，压缩北京扩张的企图及力度，在与中国展开的笔者称之为新时代的“大博弈”中占据上手，才是其当下的最重要的考虑。北京要在今后一段时期将美军影响排挤出西太平洋到东部印度洋并掌握该区域主导权的企图是显而易见且不加掩饰的。为阻挡这种企图的实现，且也为如北京在台湾问题上有动作做准备，让澳大利亚站队，将让美国在从东海、南海到南太平洋、印度洋这广阔的领域有更多的机会与力量施展反击，从更大地缘外围制约住中国，从而使即便是北京要想夺占台湾所能获取的地缘政治利益也将大减。

迄今为止，印太的美日澳印四国的合作协商平台，尽管有向准军事同盟演变的趋势，因自身的利益与传统，印度的抉择并不容易，而现在澳大利亚已经进入此军事同盟状态，四国之内已有三，印度军事上与美国及其他两国合作的压力与动力只会增加。一种亚太北约的组织状况已渐成型。至于过去的“五眼联盟”长期主要是一种情报交换系统，近些年也因亚太局势逐渐具有更多其他军事合作的内容。此次澳大利亚加入美国的安全联盟后，对剩下的一直非常珍惜自主的新西兰和远在北美的加拿大会有何进一步的影响，都有待观察。

至于英国的介入，某种程度上是对北京在香港的动作的报复，英因此事态大失颜面，且在港所剩的利益也受损，加之其脱欧后一系列负面效果陆续开始发酵，英国日觉孤单，亟需重建、强化其国际连带，稳定其国际市场和供应来源，这其中与美国的关系就变得至关重要。不惜代价跟上美国，应是约翰逊“全球英国”策略的主要部分。但他也不想得罪法国及欧盟，导致其与欧盟关系的进一步恶化，尽可能左右逢源就是其基本策略。

拜登与澳大利亚政府此举的得与失

仅就亚太军事战略上讲，拜登此举是符合其整体战略设想，也是其必然要推进的步骤，且是一步非常重大的布局。但正如在阿富汗撤军问题上一样，如果说战略上有其合理性，但在操作上却不能说没有很大瑕疵，甚至可能会因此让其整体战略的实施与效果打折扣也未好说，尚有待观察。因为，拜登是以与特朗普的孤立主义、不尊重盟友的利益与情感的做法相区隔，以“美国回来了”为口号出现在世界舞台上的。虽然对国际关系及美国的外交运作有体认的人不会那么浪漫地以为美国的外交风格会因一个总统全然改变，但拜登的上台毕竟也因此曾燃起人们众多的希望，希望看到一些与特朗普不同的行事风格。在这样一个亟需全世界协作以消除疫情、应对威胁人类生存迫在眉睫的气候与环境的巨大危机面前，在需要团结整个民主自由世界对抗各种威权、极权力量、恐怖主义之害之时，一个具有领导力、感召力、值得信任的美国形象至关重要，这最终符合美国的利益，符合西方民主阵营的利益，也符合人类整体的利益，仅看看今年美国因气候异常所遭至的损失就可见一斑。

为此，美国需要协调世界各种力量，整合西方阵营、占据道德高地才能更好地达成目标。也是为此，拜登重申民主自由价值，将召开“世界民主峰会”作为其任内最重要的目标之一，这显然是一个极具战略意义的步骤。如果我们套用现在已广为使用的术语“软实力”“硬实力”来加以分析的话，以冷战的经验来看，美国不仅要强化其军事硬实力，也需很好地施展其软实力才能最终达成其战略目标。而即便为与中国博弈，中间区域的力量的倾向对最终的战略结局也是非常重要的。

而恰在这一点上，此次潜艇事件上，拜登乃至澳大利亚政府的处理是有其不当之处的。如在阿富汗撤军问题上一样，单方面采取行动而没有与盟友做事先的足够沟通与协调，让美国的信任受到某种程度的损伤，这对亟需恢复修补后特朗普时代作为西方世界的领袖的美国形象，稳固与欧洲的盟友关系来讲是不利的，事实上对澳大利亚的形象也是有损伤的。契约精神是西方现代文明的精神基石之一，信任也是古往今来保障联盟效力的根本。因利害考量，即便是世界上许多国家不在此时单独表态，但因此事件内心对美、澳的信任的疑虑显然会增加的：美国的一些媒体，如《纽约时报》《华尔街日报》等，对此有批评也是因为这一点；即便是参与者澳大利亚、英国的一些媒体、反对党人士公开与私下对此次事件中各自政府的一些具体做法也是有保留的，所用的理据就是“你怎么知道美澳有一天不会如此对待英国？”美澳英如此行事，显然不利于营造一种民主阵营内部的和谐氛围，降低筹备中的“民主峰会”可能达成的效果。——法国已有人要求马克龙不要出席拜登召集的这次峰会。

法方抱怨的一个核心问题是：真正的盟友之间有些事是可以商量的，不能如此对待盟友。确实，即便最终解约，以法国人的理解力也不会不明白其中的逻辑，不会、最后也不可能死缠着不解约，双方应该会找到好说好散的方式的，买卖不成仁义在。但这种不打招呼的突然决定，确实让这长期以来一直被美国人自己宣称为“美国历史上最悠久的盟友”的法国情感上难以接受。具有象征意义的是，消息发布当晚，法国驻美大使馆原定举办一场大型晚会，纪念那场 240 年前对美国独立战争的胜利具有决定性意义的切萨皮克湾战役，法国舰队在那场战役中打败了英国舰队，为华盛顿的最后胜利奠定了基础。消息一传出，法方取消了晚会。这种做法难免不在美法、甚至是美欧双边关系上留下苦涩的信任裂痕，在后特朗普时代重启各种合作之时，这种事情尤其不该发生。法国近几天的外交动作，按有关人士的说法其最终目的是想弄清美国到底如何看待盟友，以便确定未来与美国的关系。

自上台以来直至今年 7 月，拜登执政团队做得风生水起，力度甚强，迅捷顺利，几乎未走错步，国际国内的民意也都十分正面。但 8 月阿富汗撤军不利受到各方批评指责后，连续犯下些不该犯的错误，包括拜登在迎接阿富汗阵亡士兵仪式上看表等失误，加之疫情在美国因 Delta 毒株而反扑，一些美国人拒打疫苗，共和党主政的州在抗疫方面的不配合和掣肘，边境移民危机等，似乎让拜登的执政进入一个低潮期，显得有些杂乱无章，缺乏新的动能与力度。那个突如其来的与中国国家主席习近平的通话，也让人多少感到有些突兀。如果说阿富汗撤军之不利还有特朗普与塔利班签下的协定的制约这种前因，那么此次潜艇事件处理不当就该拜登团队负全部责任了。

有分析称，此次拜登急于将澳大利亚核潜艇和 Aukus 计划推出，一个目的就是要向世界展示美国依然对盟友有承担并以此向美国社会证明他从阿撤军是要服务于构建抗中战略的意涵。法国外长在 9 月 18 日接受采访时也有类似看法。但如此一来，可能从另一个角度又因与法国、欧洲的紧张关系而授人以柄，造成对自身原本可以完全避免的某种对美国战略利益的损害。就外交上出现的这一系列失误看，笔者的猜测是：或许一个背景就是拜登团队的注意力主要都聚焦到应付中国上，操之过急，难免就在其他的议题上显得匆忙，漏出纰漏。当然，更深层的原因或许与冷战后美国对外事务上形成的过度自信做法的某种惯性以及其近一二十年的某些战略重心的转移有关：美国越来越将其战略重心转移到亚太，对欧洲及中东地区事务的关注力度与操作细致性可能都在下降，奥巴马时代这种迹象已经显现。

历史上几乎很难有领导人在其任期内不经历某些执政的高低起伏阶段，如拜登及其团队要更好地完成四年任期，尽快调整，更好地注重操作细节显然是需要的。经疫情的打击、特朗普带来的纷争、1 月 6 日冲击国会事件，加上阿富汗撤军等等，这一系列事件显示美国亟需一调适的阶段，而在这过程中却也不该失去该有的从容与自信。无论是现在还是将来，最终能打败美国的大概也只会是美国人自己。

欧洲的自主与美国未来的领导

有人以法德等欧洲国家在美国的抗中政策中不如澳大利亚积极，且这些年主张某种程度的政策自主为美国此次对法的做法辩护。关于这些问题或许需要另外一篇文章详述，这里只简单先谈几句。其实，即便是美国的对华政策也是最近几年才开始翻转，具有明显的对抗性的；而此次参与 Aukus 计划的英国前几年还与北京关系火热，当时的首相卡梅隆与北京签下的合同之庞大，合作领域之广泛，包括他与习近平酒馆里饮啤酒的画面，迄今让人还记忆犹新。而现在的这种转变，显然是与北京这几年的政策变化，以及香港、新疆的事态的发展，与美英澳甚至是全世界对中国的认识发生的重大变化相连的。国际问题上，意识形态的分歧与安全、利益上的考量从来就是最重要的因素。当着中国依托其经济实力迅速改变军事实力，以一个月下水一艘驱逐舰或护卫舰，一年下水一潜艇的速度增加其海军力量时，美国等国家感觉受到威胁，利益受损要采取反制也就是逻辑中的应有之事，而加之本就存在的意识形态分歧，对华政策上发生具有对抗性态势的立场变化也就成必然。

就这点来看，最终法德等欧洲国家也不会是例外。而事实上，欧洲的法德等国的对华政策都已发生重大变化。过去，中国显得遥远，且利益上没有大的分歧，更感受不到什么来自中国的威胁，除制度与意识形态上的固有分歧，许多方面甚至是互补的。中方且展示出一种要逐步通过改革开放、向世界主流文明靠拢的姿态；中国的经济发展给欧洲企业提供的市场，双边经济上带来的利益甚多——这方面德国获利最多，这与德国以汽车及机械车床、工具为主的经济结构有关。如此形势下，让各国首脑采取同一种抗中的政策是不现实的，也是缺乏社会基础的。

但最近几年，这些都发生很多变化。社会舆论对北京的负面看法急剧升高。中国“一带一路”政策引发欧洲人的警觉；制度与意识形态上的分野、冲突日益凸显；各种有关中方在欧洲内部一些对欧洲具有伤害行为的报道层出。最近几日，法国军事学院下属的一个研究所，发布一份经数年研究的很长的报告，称中方构造一个庞大的网络上的对内对外的干预系统，威胁到其他国家的网络完全……军事上，用法国法国海军司令 Vandie 将军在一些采访及国会作证的中所指出的：中国海军现在采取越来越强势的姿态，令在印太海洋有自己权益的法国海军行动上有时也不知所从。要知道，法国之所以关注印太地区，过去推动与澳大利亚军事合作的一个理由是：法国是世界上所属海洋经济区第一的国家，而占其 1160 多万平方公里面积中的三分之二的是在印太地区，有 900 多万之多。法国且在此地区有 200 多万居民，超过 7000 人的驻军。法国两年前发布了其印太战略，而前几天，在法国的影响下，欧盟也刚刚发布对这个世界上最活跃、多事、充满危机因素的地区的欧盟自己的印太战略，按其说法，因这也牵涉欧洲利益，且不谈及其他，仅就商业角度讲，全世界有超过 40%以上的商品要通过该区域。

也是在这几年变化的大背景下，两年前欧盟重新定义了其与中国的关系。“（环境、气候等问题上）合作，（经济、科技等问题上）

竞争，（制度与价值上）对手”。这在今后长期大体上都不会有变；事实上，美国的对华政策与此也是大同小异，只是因直接牵涉亚太的局势，台湾、南海问题，美国的世界领导地位，华盛顿必然会更强化其军事对垒、准备军事冲突的一面而已。《华尔街日报》曾有报道称，习近平 2019 年访法时曾当面询问马克龙、默克尔及欧盟主席容格是否将中国定义为“对手”，默克尔与荣格还客气地顾左右而言它，马克龙的回答则是直截了当：“是”。也是因此，可以肯定说，当有人以为此次因澳大利亚潜艇之事法国会更向中国外交倾斜，应该是不会发生的。法国政策说到底是由法国的精英、普遍的民意、法国的利益，甚至也是中方自己当下推行的对外对内政策所影响和决定的。

至于法德等国这些年主张欧洲要有适当的政策自主，包括法国为主强调建设欧洲防务的必要性，其实也完全不像外界想象的那样重要。欧洲要维护自己的利益当属正常。且在笔者看来，在北京经常宣示的那种道路多样性的必要与自由民主国家一些不同的模式选择之间还是有本质的区别的。在尊重民主与人权根本价值基础上，民主国家因历史与现实形成的具有不同形式的制度设计、政策取向，甚至彼此间有竞争不仅正常，且对民主制度与实践的丰富与发展大有裨益。此外，美国的利益也并不总是与欧洲一致，一定要欧洲按美国以其自身利益制定的政策行事也显然是强人所难，不合情理。至于美方希望欧洲要更多分摊军事开支也不是没有其合理性，但这些都是可以通过讨论加以解决的。

也是因此，欧洲独立防务的推动对美国来讲其实并不见得是件坏事，这需要美国具有战略前瞻：毕竟美国无法在欧洲防务上事无巨细全部包办，从长远的趋势看，在一个北约协调下的欧洲独立防务，只会对美国整体战略布局有利。更何况欧洲独立防务的进展是极其缓慢的（现在也只在以非洲为主的八个地区有些非常有限的欧洲各国的军事协作行动），出现一个具有相当实力的完全独立的欧洲军事力量现在看依然是遥遥无期的事；而法国等国家最大胆的设想也不外乎是组织一个一两万人的可快速布置应对欧洲可能面对的危机的部队。事实上，欧洲共同防务现在的预算只有区区几十亿欧元，一个

2000 人的共同部队的组建已经拖了多年尚未成型。

美国方面显然是清楚这些的，如果以此为惩罚法国的借口推动澳方中止合同是不太说得通。其实，正如历史上所发生的那样，美国如果能很好地扮演领导者的角色，照顾好各方利益，让他人感到尊重，恰恰那种寻求自主的冲动就会弱化，反之，一切按自己的利益为考量来介入、行动，要求他人，就会反而刺激起他人自主的倾向。阿富汗撤军及此次潜艇事件都是例子：处理不当，都只会刺激欧洲自主政策及国防的企图，这或许恰恰不是美国一些人原本希望看到的。此次事件发生后，经过协调，欧盟 27 国在纽约联大会议期间会面，达成一致表示支持法国的立场。欧盟主席也在接受 CNN 采访时称，“如此对待法国是不可接受”。这表示出，此事件，确实又给主张推动欧洲政策与防务自主的人提供了新的论据与动能。

以整体经济实力与人口、军事等各种因素看，法国显然已是一个二等强国，这法国的战略界不是没有认识。但布热津斯基 20 多年前仍将法国与德国、俄、印、中并列为五个地缘战略国家——当然，中国的地位 20 多年后较那时有大幅上升。更何况法现在还是欧盟的龙头国家之一，美法关系变坏绝对是不利美国的。美国需要解决其对待盟友尤其是欧洲盟友问题上长期存在的一个矛盾的立场：美国并不愿意介入许多事务，事不关己各自能解决问题最好；但当着盟友尝试自己主动解决问题，美国又担心其失去其作为龙头的控制力。

其实，只要世界上各个地区还在发展、变化，美国力量按比例相对弱化是不可避免的，因此需要美国战略界要有新的角度，视野去思考美国的全球战略。还引布热津斯基看法：防止在欧亚大陆上出现能够统治欧亚大陆从而也能够对美国进行挑战的挑战者这对美国是绝对必要的，但“美国政策的最终目标应该是善良的和有眼光的：依照长期的潮流和人类的根本利益建立一个真正合作的全球大家庭”。这才是一个具有真正大眼光襟怀的战略家所有的远见卓识。

欧洲人其实并没有那么愚蠢，之所以那么看重美国的领导人的政策，其实是深知美国领导地位的重要，也是乐见美国施展其出色的领导力，参与美国领导下的国际事务的。再以即便是法国这对独立性比较看重的国家为例，在需要的时候，比如第一次伊拉克战争包括阿富汗战争，法国都是义无反顾，毫无二言出兵参战，但第二次伊拉克战争时法国就坚决反对，而今日来看，这第二次伊拉克之战之负面结果之大，法国又何尝不是有些道理的？美国贸然出兵对其自身乃至西方的损害其实是显而易见和深远的。因此，自身阵营内部有些不同的看法、增加些不同的视角，其实从长远讲并不见得对华盛顿是不利的。

……

行文至此，传来消息，拜登与马克龙 22 日已经通话，拜登以一种外交的方式表达了某种歉意，表示“盟友间更好的商议咨询或许可避免此事件”，并强调了今后要与法国及欧洲伙伴一起创造与强化各种就双方战略利益协商咨询的条件及机制。美方还表示法国及欧盟在印太地区的参与具有重要意义，强调一个强大的、有能力的欧洲防务的发展“是对全球及跨大西洋安全的贡献，也是对北约能力的补充”。双方首脑将于下月底会面并进一步商讨这些宣示落实的措施；法国大使将回返华盛顿，与美方高级官员就此具体商议……

中国人常讲，危机也是转机，此次事件，暂可告一段落了，尽管我们依旧会在未来看到其留下的裂痕，但如果上述声明涉及的诸多方面得以逐步落实，或许不光是美法关系，美欧关系也都会有新的重要发展了。

（补充说明：整体看，鉴于双方都有需要，尤其是拜登公开表达了歉意，美法关系迅速恢复，已翻过这一页。而因政府更迭，澳大利亚的新政府也决定按规定补偿法国 5 亿 5 千万欧元的合同毁约款。且因澳大利亚面临一个需要解决的问题：澳大利亚无法在未来尽快得到防御上需要的潜艇，因此，有消息称法方向现政府建议，为其建造四艘潜艇。这些尚有待进一步证实、观察。无论怎样，法澳关系也已度过危机了。但从长远看，这场危机依旧会留下痕迹，而同时出现的 Aukus 机制定将影响深远）。

从全球“大博弈”看默克尔与拜登会面

（自由亚洲之声“大国攻略”专栏 2021 年 7 月 16 日）

相较于德国总理默克尔四年前在白宫的尴尬场面，7 月 15 日她和美国总统拜登的会面，愉快很多。

2017 年 3 月，默克尔和特朗普在白宫椭圆办公室接受记者拍照时，记者们喊“握个手吧！”特朗普毫无反应，默克尔转头提醒特朗普说记者要我们握手，不知特朗普有意还是无心，竟然不发一语，不理默克尔，让默克尔很尴尬。特朗普任期中多项政策使德美两国关系陷入低迷。

7 月 15 日默克尔和拜登见面，脸上堆满笑容，拜登说：“她一直是个好朋友，她是我的私人好友，也是美国的好朋友。”默克尔随后在记者会中强调，她希望德国和欧盟跟华盛顿能协调对华政策，包括在劳工权利、贸易和网络安全等问题上。她说：“我认为，我们与中国打交道的基础应该建立在美国和德国的共同价值观之上。”她还说，“我们是支持自由、民主社会的国家……，对于那些人权得不到保障的地方，我们将发出声音并明确表示我们的不同意。我们也要确保世界所有国家的领土完整。”

拜登在记者会上说，他与默克尔达成了一项新的华盛顿宣言，确保以民主原则“应对未来的最大挑战”。尽管两人对于“北溪 2 号”天然气管线等多个议题仍有歧见，但是这场会场面气氛融洽。

拜登与默克尔会面是具有重要象征的修补举措

法国 CY 赛尔奇—巴黎大学教授张伦日前曾撰文称全球正在展开新的“大博弈”，也是从这个角度，我们请他分析解读当前欧洲与美国的关系，以及默克尔此行的意涵。在他看来，德国对美国的态度也有一个变化的过程，二战之后，面对苏联的威胁，西德对美国的保护有很多感激之情，911 事件后曾有几百万德国人自发性游行声援美国，但近几年统一后经济日渐强大的德国展现出具有某种战略自主的意愿，对美国也有些矛盾的心态。一方面继续依赖美国，希望能继续获取其提供的安全保证；另一方面又希望拥有某些独立性，这种心态到特朗普时期就更为显着，特朗普“美国优先”的政策也伤害了德国人的感情，德国人怀着矛盾的心态寻找自己的方向和落脚点。

张伦说，拜登上台后重建大西洋两岸关系，如何处理德国关系是最重要问题之一，与德国关系良好，美国处理欧洲关系会顺畅很多。拜登六月上旬访问了英国，和英国首相约翰逊签署了《新大西洋宪章》。接着美国国务卿布林肯六月下旬在如此短的时期再度访问了法国，和法国总统马克龙互动热络，由于布林肯少年时曾在法国生活多年，在法国中学毕业，甚至参加过法国中学毕业会考，法语说得非常好，对法国政治、社会、文化非常了解，如同半个法国人，肯定会在今后这些年有助于美法关系的良性互动，双边关系会进入一个很好的默契合作期。在默克尔会晤拜登后，很可能下一步马克龙会访问华盛顿，拜登也一定会访问法国。

默克尔此行访美是拜登上台后，首位访问白宫的欧洲领导人，张伦认为，这在形式上本身就凸显华盛顿对德国的重视，就是具有很重要的象征性的修补举措。然而美德关系当中的一个关键性的问题是德中关系，德中经贸利益太深，德国所面对的战略挑战也与美国不同。因此，德国在对华政策上显然与美有些不同的考量。2020 年中欧双边贸易总额达 5860 亿欧元，超越美国与欧盟的 5550 亿美元。2020 年中德双边贸易额同比增长 3%，总额约为 2121 亿欧元。占中欧贸易额的三分之一以上。所以，德国还是会在对华问题上适当保持相对独立性，不会完全按着华盛顿的调子走。德国所面对的两个外交上的最大课题是如何处理德中关系和德俄关系，而拜登在这两个问题上也势必会对德国施压。德国在原则上一定会支持拜登，因为无论是出于地缘战略利益考量还是价值原则，德国都必然需要与美国站在一起。但也仍会表示出一些不同。默克尔此时访美显然有其重要意义，但也有其局限，因为毕竟默克尔很快要下台，九月大选后，默克尔的时代就要结束，之后谁能主掌德国政坛，现在仍有很大未知数。默克尔与拜登会面，只代表德美重新展示友好，双边关系加温，但具体政策的落实恐怕还有待以后。

未来不管德国谁主政对中国只会更强硬

他认为，接下来不管德国谁主政，在对美政策上，一定会更加强调跟美合作，从左派到右派，各自都有要与拜登政府合作的理由，而对华态度也只会比默克尔时代更强硬，默克尔对中态度一直就被一些人批评为绥靖，这当中显然是有她出于现实利益的种种考量，如仅德国汽车在中国的销售量就比在本土还多。默克尔全力推动欧中投资协定，赶在 2020 年底完成谈判，也是有此背景。今年欧盟只是对新疆人权议题做了一个温和的制裁，北京就极其愚蠢脑怒地对欧洲多位议员、学者和智库机构等大加制裁，导致欧洲议会在五月下旬冻结协定。协定现在显然已经进入“僵死”，将来若想解冻复活，北京需做出大的政策调整才行，但现在看不到这种可能。

拜登在七国峰会拉拢欧洲组成国际阵线，尽管马克龙在峰会上热情拥抱拜登，但他也说 G7 不是“反中俱乐部”，这句话被中国媒体大作文章。张伦认为这某种意义上也可视为是马克龙说给北京听的外交辞令，当然也有法国寻求外交独立的戴高乐主义的传统影响，但对法国的对华态度应该从整体来看，比如澳大利亚总理莫里森在七国峰会后访问法国，马克龙与其互动热烈，——当时还走下台阶走了二三十米，到莫里森的座车前迎接他，给予热烈拥抱。之后马克龙在演讲中表示要尽速交付澳大利亚 12 艘高性能潜艇，说澳位处亚太博弈对垒的第一线，马克龙完全没提中国，但这很明显是针对中国。同时，法国在军事上，近来不断派船舰到印太地区巡航，参与与其他国家的军演，这些具实质意义的动作比言辞更重要。中国媒体大肆报道马克龙说 G7 不是“反中俱乐部”当然是服务自己的目的，安抚内部，当然法方用这种表述也要传达一些信息，保持自己一些筹码。但从整体看，法国对华政策可能都要归到拜登对华的立场上来，即该合作的合作、该竞争的竞争、该对抗的对抗。其实这大体上也是欧盟的立场。欧盟 2019 年就提出中国是“系统性竞争对手”。在强调某些方面的如气候与环境的合作之余，会在经济和高科技方面展开竞争，在意识型态和军事上对抗，因此，欧洲在这些关键问题上和美国没有大区别。欧盟外长 7 月 12 日刚宣布，将制定一项连接欧洲与世界的全球基础设施建设计划，就是针对中国的“一带一路”。

提出“温战”“和平有可能、战争也会发生”

张伦说，在七国集团峰会和北约峰会后，一场“新的大博弈”态势已渐成型。一方的主角是美国，另一方是中国，未来将是全方位、全球性的政治、经济、军事、科技、文化的大博弈。对于许多人称世界当前处于“新冷战”局面，张伦也提出一个略有不同的“温战”观。他说法国已故政治思想大师雷蒙•阿隆（Raymond Aron）曾将冷战称为“和平不可能，战争也难以发生”的状态，但是现在的状况是“和平有可能，战争也会发生”的一种“温战”状态，一种经济、文化、政治、官方与民间的互动依旧保持在一种相对重要的水平上，但双方又处于不断的各种直接矛盾、冲突的状态；矛盾冲突激化上升，温度升高即为热战，隔离脱钩冷却、人员、经济、文化交流弱化即下降转为冷战。

他说，现在各国经济连带紧密，政治冲突却不断升高，西太平洋军事上的冲突时刻存在，当今的紧张情势比美苏冷战时代更具有直接对抗、紧凑的特点，因经贸与人员的互动、意识形态的相对弱化，现在有些方面比冷战时代更安全，但有的方面却比冷战时代更危险，且暂时都看不到解方，南海问题和台湾问题是重要的博弈议题，因此更危险。而且现在没有管控的机制，冷战时代的美苏之间曾经建立一系列谈判机制，但如今中美之间在安全问题上还看不到有什么类似机制。若管控不好，博弈到一个程度，就有可能向爆发热战的方向发展。

台湾岛搬不走最终仍要面对中国大陆

当问及台湾问题，张伦认为美台关系将愈来愈实体化，并在军事合作上会强化，因为这符合美国战略利益，也是台湾方急切的需求。但美国为了维持战略平衡，避免直接引发双方的军事冲突，也绝不会轻易宣布支持台独。最近美国负责印太事务的协调官坎贝尔明确表态不支持台独，就说明了这一点。对台湾来讲，当前最要紧的是把自己的民主做好，把自己的认同问题解决好，提升经济水平，对未来要有战略性眼光，在借助国际的力量维护自己的安全的同时，也要为未来预做预案，准备基础，因为不管国际形势怎么变化，台湾岛毕竟搬不走，最终还是要面对中国大陆。

搞完百年党庆派对后日子还得过

对于中共刚举行过的百年党庆，张伦认为这是一时的热闹，花了很多钱，动员这么多人力物力，从长远的看意义不大！中共能否再有个百年，不是取决于搞庆典，是取决于政绩、人民的认可，取决于政权合法性多寡，头几天搞庆典、过几天垮台这种事历史上也多有。北京想通过这种搞庆典的方式凝聚人心、强化政权合法性，向外界展现力量，特别是习近平希望借此强固自己的领袖地位，是有其逻辑的。

但搞完派对后，回过头日子还得过，基本问题都在，不会因搞庆典就消失。其实，为了党庆严格控管，深怕出一丝一毫差错，也暴露出其"强大"的外表下极其脆弱的另一面，一些基本问题不解决，再搞十个庆典也没有意义，且这种活动就像打吗啡吃兴奋剂一样做多了带来的消耗和问题也会有不良后果。习近平"七一"讲话强打民族主义牌，七月六日在世界政党领导人峰会上的讲话又是另一种话语，这样的双重话语中所展示的内在矛盾不是轻易能消解的，这是中共政权面临的深层的问题，需要根本性的改革才行。

美中对抗将更加剧

对于未来的美中关系，张伦认为美中对抗将更加剧。他认为拜登和习近平势必要会面，老练的拜登应该会提前把美国外交的全球性部署搞定再见习近平，而最晚在十月于意大利举行的二十国集团峰会也许应该举行，鉴于现在的态势，会面的地点与时间其实也不是那么容易安排的，也许拜习两人提前一两天到意大利会面也不失为一种方式。张伦说，观察到拜登最近状态很好，讲话给人一种自信、意气风发的感觉，反衬年纪其实比拜登轻很多的习近平近来出场与讲话显示的状态却很不佳，也许就是压力所致。

张伦认为西方在稳定疫情之后，美国亚太军事部署会加速调整，俄国可能做出某种符合自己利益的表态，在这一系列变动下，北京受到的压力会愈来愈重，战略上会日渐处于某种被动，中共外交官的战狼外交的作风仍然层出不穷，或许正反应了北京外交上的一种焦虑。目前看不出北京怎么能很好的突围解套，这牵涉到一些根本性的问题，所以这时台湾问题变得极其敏感、严重，要特别小心谨慎处理。

（说明：这是一篇由自由亚洲记者根据与笔者的采访由陈美华撰稿，许书婷责编的采访稿。现在看，有些估计如拜习会，拜登与马克龙的互访等比预估拖延得久，这其中自然与各方的政治考量，疫情及双边关系上出现的一些问题，如美法、法澳因潜艇销售问题所引发的矛盾有关，但就采访谈及主要双边关系的整体看，采访关于美中关系、中德关系、美德关系、冷战、热战与温战等问题的看法，事态大体还是按照预测演进着，故特收入此文集）。

大博弈

——拜登欧洲行之后的世界

（FT 中文网 2021 年 6 月 29 日）

地缘政治历史上，有过一个著名的“大博弈”（The Great Game）提法，乃指 19 世纪扩张中的俄国与大英帝国围绕欧亚大陆的中亚地区、阿富汗、波斯的控制而展开的争斗。至于远东地区 19 世纪到 20 世纪初发生的种种变故，如果不从“大博弈”这个角度去审视，也是很难得到较好的理解的。后来，这种博弈因一战、德国的崛起及“十月革命”等事件而发生重要变化，博弈双方也调整了各自立场，甚至携手应对德国为主的法西斯轴心国家。战后，承继了英国地位的美国与接续了俄国衣钵的苏联之间的冷战，某种程度上，亦可视为是这种“大博弈”的继续。

威权、极权政治的 2.0 版与新世纪的“大博弈”

在 19 世纪到 20 世纪的“大博弈”中，地缘政治的考量，与帝国扩张相连的国家利益的盘算，当然始终是贯穿其中的，但一个重要变化是意识形态的色彩、权重越来越重。这显然是与世界范围内现代性的进展，以及西方内部的社会与文化变化、国家哲学的演变有关的。西方自身对以往各种社会与政治思想的不断检讨、反思，从对奴隶制的批判，到对工业文明发展中非人道做法的批评，再到对殖民主义、帝国主义的谴责，以及非西方世界的抗争，经一战，尤其是二战，让一种民主、人权的文化深入人心，逐渐成为西方社会内部的主流意识，也扩展影响到整个世界。战后“世界人权宣言”的诞生绝不是偶然的。这一切都深刻地影响到国际政治的选择。以美国为首的西方赢得冷战，说到底也可视为是一种自由哲学的胜利。

但进入21世纪后，因各种原因，尤其是一波过度浪漫的全球化浪潮，它在带来正面效果的同时，也为在全球出现包括恐怖主义在内的针对这种全球化的各种反弹，准备了条件，威权甚至极权势力大举反扑。换句话说，是前一段不受节制的全球化浪潮的负面效果，为作为其反动的反自由化的全球浪潮做了准备。像20世纪一样，这种威权与极权的反扑借用了我们这个时代的最新技术，同时利用各种形式的传统或当代的反自由思想与宗教资源，对抗自由、民主与人权的思想与制度；极权主义、威权主义的2.0版以及各种相关论证、“模式”论层出不穷，而西方一些自由民主国家在应对这种新局面时，因轻视、浪漫、理想化而出现的某些行为与制度上的不适、问题，为各种内外危机的凸显种下根由。也像上个世纪屡屡出现的那样，诸多对民主与自由制度和哲学的怀疑与批评再次浮现；民粹潮汹涌。

自由民主政体及文化能否承受住这波因新技术、恐怖主义、文化认同、全球化、移民、人口老化等种种挑战而出现的冲击，再获新生，那种新极权、新威权的尝试能否占据上风，这或许就是我们这个世纪最重要的政治主题，也是一波几乎是无法避免的国际较量的关键所在。在笔者看，一场新的“大博弈”正在我们眼前徐徐展开。

“美国复归”、G7与北约峰会

不管将来的历史学家会就此过程做出怎样的描述与判断，但有一点可以确定，此次拜登以“美国复归”为旗帜的欧洲行、G7及北约峰会将一定会被视为具有里程碑意义的事件。尽管各种有关G7、北约阵营分歧的传言不断，而事实恰相反，在一些重大的议题上这次G7、北约几乎都达成了方向性共识，气氛总体讲相当融洽。而除非对国际政治有过于浪漫的想象，西方阵营内部，美欧之间，欧洲内部，美日之间，北约内部，在各种不同的目标追求上从来就是存在利益矛盾与意见分歧的，更何况这是在经历了特朗普四年美国孤立主义主导的外交之后，在欧洲及日本对美国可能发生的政策摇摆的疑虑尚没有全然消除之时，各方尤其是欧洲能在如此短的时间内重新认可美国设下的日程及目标，我们已经不得不钦佩拜登及其团队的政治技巧了；也不得不说，这些美国的盟国也没有失去明智的判断力。美国需要盟友，正如盟友也要依赖美国。

拜登在短短五个月后，先整治疫情，稳住美国，让美国在疫情的打击后重振出发，在已宣布捐赠疫苗的基础上，临行前再宣布捐助他国 5 亿剂高质量疫苗，为自己及美国在世界上的再次亮相，与各方谈判，重新坐稳领导者交椅夯实了基础，添加了条件。第一个在白宫接待的访客是日本首相，其次是韩国总统；第一次外访赴欧，在 G7 与北约基本达成共识后会见普京，邀请属于“金砖国家”的非洲龙头南非，亚洲新兴巨人印度，地位特殊的韩国，在亚太与中国正在发生激烈冲撞的澳大利亚，以及联合国，世界卫生组织领导人与会……秩序的先后，宏观的把握，细节的安排，节奏的掌控，都显出这位外交老手及其国际事务团队的经验老道和专业。**最重要的是拜登政府抛弃了特朗普相互矛盾、无法兼容的外交哲学：既要美国独大的世界领袖地位，又希望置身世界事务之外。**拜登政府理顺了美国战略布局的指导思想。

从 G7 到北约的声明，我们可以清楚地看出，拜登成功地以谦和、放低身段，尊重对方、理解对方利益所在的姿态，赢得了盟国的支持，重建内部的某种信任。尽管因各自的原因，G7 中有国家不愿在对华事务上使用更强硬的语句，如德国在与中国的经贸交往上有重大的利益，意大利马上要主持 G20 以及以往与中方合作的政策尚需清理调整等，G7 声明最终文本语气上有所缓和，但从对中国只字不提到在声明中明确地出现针对中国就一系列敏感问题的宣示与批评，拜登所希望看到的所有重要的宣示事实上全部呈现；针对中国“一带一路”的战略而提出的 G7 版援助计划“重建美好世界”；G7

阵营中其他国家与中国的距离也只能说进一步拉大。因此，其对未来的影响的重要性显然是不言自明的；那绝不是几句表述上的语气调整所能冲淡的。

至于近年方向有些模糊、且因特朗普某些政策的冲击给人在协调上有些涣散感的北约，经此峰会，士气重振，最终声明中明确要在21 世纪迎接恐怖主义、气候变化、太空争夺、网络攻击、疾病等带来的种种安全挑战，此外，用路透社的话讲，明示了其“对华的强硬”立场，将中国视为“系统性竞争对手”。北约的新时代的战略目标就此得以再确认，剩下的只是具体的协调、组织与落实了。当然，这一切恐怕自然也离不开会议间拜登那个宣示：美国将坚定地遵守北约宪章第五款，就是当盟国受到威胁时，美国将毫不犹疑地捍卫其安全。

虽然关于北约在亚太的角色，如中美发生冲突时北约所该扮演的角色，还在继续讨论之中，需要最终澄清，虽然其成员国尤其是欧洲成员国也有不同的看法，然而从北约的章程精神以及 9·11 后的阿富汗战争的实践来看，北约其他一些成员国的领导人应该是会明了，最终北约成员在中美发生冲突时是绝难置身事外的。事实上，从法国、英国、加拿大甚至德国等国近来不断派遣舰艇、军队远赴亚太参与军事演习来看，这方面传递的信息是清楚的。

而就拜登与普京的会面而言，从会后共同发表的有关可预测的战略稳定的声明，以及普京对拜登的公开称赞来看，美俄关系已经缓和，从最低点走出，开始回升，莫斯科通过各种笔者称之为“负面搅扰”，也就是对美国内部现存的秩序及以其为主导的国际秩序造成困扰的方式，来赢得国际资源的方法，也达成了一定结果。美俄领导人的这次会面，某种程度上回应了俄国人渴望的荣誉与尊重，相信俄国尽管不会全然放弃，但会适当收缩其前一段这种“负面骚扰”策略的使用频率与力度，转而更多以一种对话，更带有利益上的界限划定与协商的方式，来与美国、欧洲讨价还价，获取自己的利益。作为欧亚心脏地带主导国的俄国，不会放弃与中国之间的合作，尤其是其经济对中国的依赖甚重，中国的奥援也有助于其平衡来自欧洲与美国的压力。但适当与中国拉开某些距离，与美国为主导的西方世界和缓，“坐山观虎斗”（这是普京谈中美争执下俄国的态度时曾引用过的中国成语），绝对是符合俄国的利益，甚至是符合民意下滑的普京个人利益的。且不谈别的，只要俄国不在更多的国际事务中采取“负面搅扰”的做法，乐于维系现存世界格局的稳定，这显然就是有利于拜登急于完成的一个以针对中国为主的更大的战略布局的。

现在看，在 4 月召集全球气候峰会，一举拿回在这攸关人类未来命运议题上的主导权，重占道德高地后（见另文），此次拜登赴欧，各种迹象显示，拜登基本上可以说是很好地达成了其所欲借此行及相关峰会达成的战略目标：那就是在后特朗普时期重新修补与盟友的关系，签署“新大西洋宪章”，高举起民主自由的道义旗帜，重新确认美国的领袖地位，整合民主阵营，为营筑一种全球性、全方位、全领域有利于与主要对手中国博弈的战略格局奠定基础。

全球“大博弈”与“系统性（制度性）竞争对手”

显然，经此次 G7 峰会及北约峰会，“大博弈”的态势已渐成型。一方的主角当然是美国，另一方自然是正在崛起的中国。这是由两个逻辑的叠加所决定的，一是传统的全球事务领导权之争，二是意识形态的根本分歧。在经过 40 多年半是误解、半是投射的理想化想象指导下的中美互动，最近几年因中方在新疆、香港、南海等问题上一系列强势行动的刺激，经特朗普执政、疫情的加速，帷幕终于落下，种种政治现实让双方看清了各自的界限，更准确讲是华盛顿看清了北京方面各种语言表述后的真实景象与意图。一种有些受骗的感觉以及失望的愤怒，让这个仍旧还年轻、以清教为文化底蕴国家的这波反弹来得相当强烈。美国也在“冷战”、恐怖主义袭击后再次感到某种安全上的威胁。而同时，尽管宣称“自信”，但北京方面从 1989 年以来就对自己政权的稳固性有着强烈的不安，对外界的批评有着病态的敏感，对美国及西方世界深具怀疑。一种典型的“安全困境”

（security dilemmas）悖论推动着双边关系互信递减，敌意不可避免地螺旋上升，进入新的激烈“竞争”。不过，与一个世纪前的那场“大博弈’以及后来的冷战相比，这场新的“大博弈”会有其类似之处，但也会有相当的不同。预测未来总是充满风险的，这里，我们暂做一些设想性的分析。

首先，传统的地缘政治逻辑依旧，并没有消失，只是权重比例发生变化。欧亚大陆包括其心脏地带依旧极具战略重要性，因此围绕中国提出的“一带一路”中“一带”的部分，会有一轮新的政治、经济、文化博弈。因欧洲内部协调性增强，对北京的警惕甚至是敌意升高，美国与欧洲协调封堵中国在欧亚大陆西部滨海区域的扩张与影响的力度肯定会得到强化。而因美俄关系的相对缓和，也因俄国自身的利益所在，在力所能及的情形下，俄国也会对中方在其传统影响区域的活动有所警惕，适当加以掣肘。

但新的“大博弈”的最重要的地缘博弈场域，则是从朝鲜半岛的西太平洋北部到印度洋、东亚与东南亚到南亚的这片广阔的区域，也是与所谓“一路”高度相关的地区，具有高度的海权争夺的意味。台湾问题、南海会成为其中一个极其重要的博弈议题。且与其他的博弈议题不同的是，这两个议题具有引发中美直接军事冲突的可能。此外，朝鲜半岛的演变也存在极大的不确定性。因此，西太平洋地区美中之间的军事竞争今后将会继续强化。**如何维系该地区和平，寻找约束双方可能的冲突的协调机制，应该会成为美中双方下一步讨论的一些关键性议题，以便看能否达成某种类似于冷战期间美苏间曾有过的平衡机制。否则，这种趋势长期延续下去，爆发冲突的可能性就会大增。**

非洲、拉美因人口结构的年轻化带来的发展动力以及与此相连的市场及资源供给，将成为这场新的“大博弈”的重要角力场，比重会逐渐上升，西方尤其是美国，会协调各种力量，争取重建在这些过去一段时期相对忽略的地区的影响力。一些注定会扮演越来越重要角色的新兴大国，如印度与巴西，包括现在相对沉寂的印尼，会成为

“大博弈”双方拉拢的对象，其与双方各自的关系，会影响到博弈最终的结果。

而对北京来讲，可以预见的应对之策，大概率是会强化几年前笔者所称的一种“新毛主义的外交战略”——重新强化与“亚非拉”的关系，争取打破美国的围堵，在外围、边缘对冲，消解美国的压力。同时，尽可能在西方阵营内部，在欧洲这过去被毛泽东称为“第二世界”的地带拉拢各方势力，增加自己的政治与舆论上的奥援。同时，尽可能稳住、强化与俄国的关系，在中东拉住伊朗，来分解美国的压力。

对美国来讲，则会反其道行之，尽可能做到如20年前基辛格所建议的那样，要确保不出现或至少是要弱化一个中、俄、伊朗的反美同盟。拜金会、重启伊朗核问题谈判都是具有这种意涵在内的。而最重要的，是要强化西方阵营的团结、协调行动的能力，上述几点，将攸关这场“大博弈”的美方的胜败。传统的跨大西洋伙伴关系，因欧洲建设的进展，特朗普激进孤立主义政策的冲击，有些紧张，事实上，这种相对的疏远，在奥巴马“亚太再平衡”政策开始实行时代就已见端倪。但在拜登采取主动的修补政策后，尤其是在中国咄咄逼人的进攻面前，因价值与利益上的共享性远大于分歧，美欧双方在一些战略性的问题上采取合作，协调行动，应该是可以预见的。欧洲经特朗普四年，也因新冠疫情的冲击，事实上已在作为一个统一体在各种内外政策的协调行动上迈出新的重要步伐，事与愿违，这恰不是特朗普所希望看到的。拜登的美国会在接受这种事实的前提下，明智地在尊重欧洲的利益的基础上，协调采取行动。此次G7的宣示中，这种态势已基本明朗。让中国一些民族主义自媒体作者、自以为是的官员们兴奋不已的那些欧洲领导人“G7不是反中的俱乐部”“不希望新冷战”等说法，多大程度上是外交辞令，多大程度上是一种策略选择，究竟意涵是什么，需要怎样的解读，其实是需要具体细致地分析的。这种判断让人想起冷战初期斯大林对英美矛盾的判断，他认为“彼此之间一定会翻脸”！

顺便提及一句，“G7不是反中的俱乐部”说法，本来就有历史依据，G7 是以讨论经济、发展事务为主的协调机制，恰恰是这些年尤其是今年这种声明，让政治色彩得到进一步强化。G7 字面上很难会成为反对某国的政治性俱乐部，但因其以民主、自由价值、自由经济制度为主，因此也绝对会是反极权、威权的一个重要协调机制；如果世界上某国或某种趋势发展到危及民主与自由的存续，尤其还牵涉贸易与发展，G7 采取些政治性的协调行动这也几乎是可确定的。真正具有盟约性质的安全合作机构是北约，而这次北约将中国直言宣布为“系统性的对手”，已经是再显明不过。

事实上，北约这次在中国问题上所采用的这个术语，是欧洲在 2019 年春关于与中国未来的方向性文件中所第一次在官方层级正式采用的定义，让人印象深刻的是现在被越来越多的西方领导人与机构所采用，用来定义与规范其与中国的关系。须知，这个“rival systémique，systemic rival”是内含从政治、经济、军事到文化的全部要素的。这种定义上的模糊性、弹性，一方面是为一些必要的沟通与合作留有余地，另一方面这个术语所具有的制度性、全方位指涉又有极强的刚性，涉及制度这种本质性竞争，就宣示方来讲，也是不可能退让的。在拜登高举民主与自由价值旗帜，在这种“系统（制度）性竞争对手”成为普遍的对中国的定义后，新的“大博弈”的地缘政治与意识形态上的一些结构性要件都已具备。我们会在今后相当长一段听到它们的各种回响。

经济、产业链、高科技与外太空竞争

尽管经济竞争从来就是国际竞争的基础，但从没有像今天这样重要，同时却又因产业与商品全球化的交流带来主要竞争大国之间如此深的相互依赖程度，这或许是这场新的“大博弈”与以往各种国际博弈的最大不同。中国国力的迅速崛起，很大程度上是利用了美国越战后撤出东南亚及苏联解体后地缘政治的和缓带来的发展空间，是其整个东南沿海一线融入海洋世界的经济与信息循环带来的成果。由此造成的美国、西方对中国产业链及市场的严重依赖，使得整体的“脱钩”似乎很难实现，至少在短期内会是如此，但在后疫情时代，在全球“大博弈”的背景下，局部性的“脱钩”也是势所必然。中国如试图以进一步开放自己内部市场来拉拢西方业界，平抑西方对中国不兑现入世诺言，展开不平等贸易的不满，可能会收到局部效果，但由此对中国内部一直靠行政力量保护的各种产业带来的冲击会是怎样的，则有待观察。不过，这种涉外议题上的工具性策略与北京方面整体上推进的以强化控制为导向的政治与意识形态大政策氛围是背道而驰的，也与“大博弈”的国际环境相冲突，最终能否成功是让人怀疑的。

北京推行这种政策自然也是为应对疫情前已经出现的产业链转移。而这种趋势在后疫情时代一定会得到强化，不仅牵涉高科技，所有那些涉及战略性的产业，甚至口罩、医药品生产等，都会面临重组。去年 3 月下旬笔者曾就后疫情时代的产业链重组做过预言，认为很可能出现某种区域性、集团（bloc）性的内部协作，集团间的联系则与过去比要更趋松散；全球化不会彻底终结，但会有重大调整。一年多后看，这种趋势似乎渐趋明显。

以信息技术为主导的高科技的竞争将成为这场 21 世纪新的“大博弈”的关键所在。因为，它不仅仅关系到经济，且关系到军事、文化、社会等方方面面的发展，新时代的国家实力，国家的影响力。为此，在推动产业链的重组以及高科技领域，那种非常具有冷战时代特点的国家主导的发展战略在今后数年会被极大强化，不仅是中方如此，美国这最强调自由经济的国家的这种政策转向也将非常显著，且将影响深远，绝不只限于美中竞争，也会影响到国家运作、社会、文化等各方面。近年来，就半导体、芯片生产，欧洲、日本也都在做积极调整——欧洲上世纪 90 年代初半导体生产还占世界的 50%左右，现在只占 10%！目前欧洲已决定建立欧洲相关联盟，投入巨资，在 2030 年前将这个比例增加到 20%。此外，在这个世纪，外太空的竞争将日趋激烈。

气候、疫情与合作

也许，鉴于一些关乎全球性也关乎各自利益的议题的存在，这新的“大博弈”也依然会有种种合作的必要，除在传统的核武控制、反恐议题上外，最重要的议题就是气候与环境问题。这是一个争取软实力、话语权的最重要的、新的博弈场域。短短20多年来，这已经成为国际政治、外交最重要的议题之一。由于存在这类问题以及可能的各种大规模疫情，其他潜在的灾难，如果缺乏一种全球性的协调，最终是无法达成有效控制其灾难性的后果的目的的，让各方难以预测和承受灾难带来的损失。在这些方面合作、对话的必要性，将从另一方面为“大博弈”中可能的军事对峙、冲突，提供和缓的润滑剂和动能，为某种平衡机制的形成提供动源。而博弈的各方能否在应对这些人类共同的挑战，如新能源以及相关的技术创新、经济结构的调整上，由此获取有助于产业更新的能力，也会影响到这场“大博弈”的结果，成为塑造某种未来文明的因素。

“东升西降”，“新冷战”与“温战”

这种“大博弈”的最终结果取决于美中双方所具有的硬实力与软实力以及所能动用的盟友资源，取决于各自在如何处理内部与外部事务上获取成果的能力。对美国来讲，最重要的是如何弥合内部的分裂，重建其21世纪政治、经济、社会发展所需要的基础，谨慎地处理文化认同问题。如能做到这些，“大博弈”中美国的优势将是显明的，无可置疑。

而对这几年显示出一种进攻态势的中方来讲，客观说，甚至在这“大博弈”的初始阶段就不具优势。如果我们回头审视美苏冷战，双方的平衡是建筑在各自的力量基础上的，虽然在某些方面如经济上苏联处于劣势，但其在军事与科技上的能力甚强，乃至于在一些时期、某些领域甚至有过超出、领先的现象，在军事支出上也有大致旗鼓相当的时期（如 1956 到 1970，美苏各自的军费为 8617 亿与 8128 亿美元），而在盟友的组织动员上，苏联也具有相当的实力；意识形态领域，苏联也曾长期具有一个完整的能在世界范围内赢得相当大认可的意识形态话语。

而这一切显然都不是中方现在所具备的。中国几乎没有严格意义上的盟友（朝鲜？），现有关系稍密切的国家，包括通过“上合组织”“金砖机制”等付出成本精心打造强化联系的成员国，也随时都可能因各种原因弃中国而去，且我们已见到与中国关联松懈的现象，甚至出现像印度那样与中国发生直接冲突的国家。鉴于中国与世界外部的利益连带，中国显然也无法再像毛泽东时代那样靠输出革命来获取某种资源，甚至难以像俄国那样用“负面搅扰”的方式来占据国际空间，因为那样做的结果必然会伤及到与自身相关的利益以及自身形象。

中国最重要的资源在于其庞大的人口，与之相连的经济增长与市场的诱惑力，但随着造就中国过去数十年高速增长的一些基本要素，如人口、西方市场及技术的吸纳、制度转型带来的激励机制、经济货币化等逐一消失或发生变化，中国的经济能否持续增长是让人怀疑的。即便是继续增长，一些刚性的支出能否维系应有的平衡都有待观察。而过去几十年粗放增长所付出的环境成本也到了不得不偿还的时刻了。如此，靠资源输送（通俗说法“大撒币”）支撑的一些相关外交战略能否能持续，也将成为问题。

笔者一向的一个看法就是：中国的经济增长在相当大程度上与东亚模式有类似性，只是其中的国家统驭力量及其规模效应更加强大。但恰恰也是因此，且不讲其他东亚国家转型的经验，这其中某些因素，如国家过强的干预，是否会反过来成为中国今后经济增长的羁绊，都是未知之数。“内循环”的提出，再一次向人们预示着一种从过去几十年海洋导向的国家战略向内陆导向转移的前景。各种与“内卷”一词相关的议论浮现，或许暗示着一种时代精神、气质上的转向。一种带有民族主义、平均主义色彩的民粹政治再次成为中国政治主调的前景依稀浮现。中国执政领导层与精英层所暴露出的对世界尤其是对作为近代世界文明主体的海洋世界文明的体认、知识与视野上的欠缺，以及与此相关的盲目自大让人吃惊，也让人为其能否确定好恰当的应对博弈战略感到怀疑。事实上，存续于中国社会内部的分裂甚至可能比存在于美国、西方社会内部的分裂更深重，且也暂时看不到除威权式的强制整合外更富有弹性的制度解决方式。而西方那种民主的制度性机制，至少当下仍可以阶段性地帮助形成某种国家共识。而一旦北京推行的政策在国际上因西方的阻截而受挫折时，国内的社会心理会发生怎样的变化，也是难以预测的。

雷蒙·阿隆（Raymond Aron）曾将冷战称为“和平不可能，战争也难以发生”（Paix impossible, guerre improbable）的状态。近年来，不断有人称呼世界进入“新冷战”。但笔者认为，用“新冷战”来概括这和状况似乎有些牵强，我们面临的状况很可能是“和平有可能，战争也会发生”（Paix possible, guerre probable）的一种“温战”，一种经济、文化、政治、官方与民间的互动依旧保持在一种相对重要的水平上但双方又处于不断的各种直接矛盾、冲突的状态；矛盾冲突激化上升即为热战，隔离脱钩冷却即下降转为冷战。事实上，以往所称的“冷战”也并不是传统军事意义上的“战”，“温战”更会如此，将是一种全方位的全球性的政治、经济、军事、科技、文化的大博弈。毕竟，因历史、文化与地理原因，西方在与苏俄的互动中存在着一些有助于双方相互理解、互动的不言自明的因素，但与中国这样文化与历史迥异的国家、绝然不同的体制打交道，出现误判的可能性、沟通的困难也会更大。

年初，中国领导人骄傲且自信地向世界宣示：历史已经进入“东升西降”的时代，这也让人想起战后斯大林也曾宣告过全球的力量平衡正在向共产主义倾斜。历史会再一次证伪或是确认中方的预言？我们留待历史回答。但有一点是确定的：这一切显然也会像以往历史所展现的那样，答案会是与历史中的行动者的选择有关的。

（注：“预测未来总是充满风险的”，本文中这句话现在看来尤其如此——在对俄国的外交战略上的认识显然现在是错误的，历史

再一次显现人的决策，尤其是那种威权、极权体制中领导人的决策有时会是何等的不理性，不“正常”。因为，在本文中预测的俄国可能（应该）采取的一些政策取向，事实上也是最符合常识及俄国利益的。但因普金对帝国的执念，对现实的误判，导致他做出这不仅将让他自己身败名裂且也将让俄国长久地承担极严重后果的侵乌战争的决定。这几年对世界态势的观察与氛围的感受，让笔者谈及“温战”的可能状况，但不曾想，某种局部的热战七、八个月后却已在欧洲爆发。普金开辟了“大博弈”的“第二战场”！各方势力加速重组！……但不管如何，“大博弈”依旧还是在美中之间展开，文章发表后的一年半时间中，这种趋势更加明朗，美方为“大博弈”展开的军事、外交布局更加显化，美中高科技脱钩事实上也在加速，而因俄国侵乌战争，世界态势，西方的整合、中国内部清零政策造成的对国力的伤损，使得这种博弈中的力量天平更加向有利于美方的方向倾斜。而印尼 G20 美中首脑会展现的，也不外乎就是本文就此所做的预测的现实注脚——“如何维系该地区和平，寻找约束双方可能的冲突的协调机制，应该会成为美中双方下一步讨论的一些关键性议题，以便看能否达成某种类似于冷战期间美苏间曾有过的平衡机制。”总之，我们只是处于“大博弈”时代的前期，这个过程会继续，主导今后相当一段世界历史的格局）。

拜登主义的形成与美国重夺外交高地

——浅析拜登执政百日来的外交趋向与对华政策

（“中国：历史与未来”网 2021 年 5 月 1 日）

4 月 22 日，应拜登的邀请，全世界四十多个国家的领导人通过网络参加了有关气候问题的全球峰会。包括与美国关系紧张的俄国总统，双边关系持续恶化的中国领导人在最后也终于答应出席。在疫情依然流行的时期这次峰会能如期召开，不仅标志着世界范围内气候问题的共识得以再次确认，也象征着美国重返世界领导核心的努力获得阶段性的成功，在拜登入主白宫整整三个月后，美国展现了重夺国际外交高地的态势。

特朗普的孤立主义与一个时代的终结

四年以来，以“美国优先”为基调的特朗普外交，迎合了长期以来因全球化利益受损，对美国因在国际事务上的参与而付出重要成本的不满的美国民众，采取一种孤立主义外交路线，放弃在一些国际平台上与中国等新兴大国的博弈，与一些传统盟友疏离，对一些价值目标的坚持与宣示相对淡化。这自然赢得美国右翼选民中一些人的喝彩，但从国际政治角度讲，却严重伤及二战后美国花费巨额资源所营造的国际形象与盟友对其的期望与信任，整体看，美国的外交政策显现出诸多矛盾混乱的状态。

这里，我们可以举几个例子：退出“巴黎气候协定”这攸关人类未来的重要协调机制，特朗普的理由是不予承认全球气候变化这种由全世界气候专家经多年研究确认甚至是日常生活都触手可感的现象——直到去年 9 月加利福尼亚大火后去当地视察时，他在与人辩驳时仍不承认气候变化的影响（1）。但我们却可以在蓬皮奥国务卿的某些讲话中读到他将美国二氧化碳的减排“科技减排作为美国对世界的贡献”的话语（2），显然，这两者是矛盾的，它传递的信息不能自洽，而这种矛盾对一个美国这样的世界领袖国家来讲是不合适的，会损害美国的领导力。

外交是需要某些专业知识的，在这方面，特朗普外交中的某些民粹倾向、个人的随意行事风格伤及了美国外交职业团队的热情，弱化了其努力的成果。我们从特朗普的各种助手如安全顾问等的一些回忆文字、包括一些相关报导中可以看出，职业性的外交团队因此经历了怎样的煎熬。就与朝鲜领导人会面及朝核问题来讲，朝鲜三代领导人借发展核武战略梦寐以求要达成的一个目标就是与美国领导人的直接会面，获取某种承认，得到安全保障。特朗普在联合国大骂金正恩“自寻死路的火箭男”，后者回骂特朗普“死老头，胆怯鬼”（3）后数月，特朗普却接受了与其在新加坡会面的安排，后又不断大赞金正恩，称其将领导朝鲜迈向经济强国，他与金“相爱”并宣称“金正恩会证明所有人都错了”。这显然过于轻率轻浮，而事实也证明错的是他。我们尽可以明了外交上因各种厉害的权衡而导致立场变化实属常见，也可以理解甚至是赞同美国通过外交努力包括双方领导人见面最终达成某些重要的成果的尝试；但坦白讲，川、金会后，朝鲜事实上赢得了某种美国事实上的承认这种巨大的利好，而美国从中到底又获取了什么，实在是值得讨论的一件事。

笔者认为，尽管有其具体背景，特别是美国在伊拉克和阿富汗战争后社会对参与外界事务的厌倦，08 年金融危机造成的诸多后续问题、美国的外交利益限制等因素，但今天看来，奥巴马任内在某些外交问题上还是犯有一些战略性失误（如在叙利亚问题的处理上）——在其现发表的回忆录中有关处理叙利亚问题的描述含糊、避重就轻（4）。事实上，笔者当初就认为，叙利亚事件是二十一世纪以来最重要的大国地缘政治博弈之一；是西方特别是美国在关键时刻的退缩，给俄国以其特有的方式重返世界舞台，扩张其影响提供了条件。小布什仓促打击伊拉克造成诸多后遗症是错误的；但以此为教训，反过来关键时刻对叙利亚缩手其实也不见得就是正确的选择。此外，就以“伊朗协定”来讲，签署的协议也有些仓促和不完善，比如说对相关导弹问题以及对伊朗在中东地区的某些角色本应做进一步的相关约束规定。不过，特朗普本应采用的最好的补救方式是以取消协定、制裁和军事行动的双向威胁，胡萝卜加大棒，加诸新的条件而不是轻易取消协议本身。轻易取消协定会严重伤及美国的国际信度，同时又去会见挟核自重的金正恩，结果自然会刺激伊朗及其他国家不惜代价追逐核武的企图。世界范围内应对这个问题包括将来必然会面对的各种棘手的因技术发展所带来的类似挑战，从长远看，依然还是需要软硬手段并用，大国的协调尤其是美国的领导以及国际相关机构的配合才可。

特朗普的“美国优先”政策服务于其“让美国再次伟大”的目标，是有其逻辑的。但需要指出的，美国的外交政策从来就不是“美国不优先”，一直都是“美国优先”的；这也是各国外交的准则。只是作为全球头号大国，民主自由世界的领袖，自二十世纪经两次世界大战，一次冷战，美国自然地赢得一种当之无愧的世界霸主地位，事实上也无法不扮演某种角色，提供某种世界安全的公共品。这不仅是符合世界的利益，当然也是符合美国的利益的。迄今为止美元的关键性地位就是一个例证。且不讲其他，仅就经济讲，美国经济自战后七十多年来就是一种“全球性经济”，在高科技将世界连带日益强化的今天，世界经济的交织更加深刻互嵌，美国绝对无法自外世界。

二十年前在“911”事件后笔者在一篇评论文章中讲到，“那隔断旧大陆与新大陆的海洋已不再是美国安全最可靠的保障，它们只是需要更多一点时间跨越的密西西比河流”（5）。此次新冠疫情的大爆发也再次证明这一点。我们当然知道，美国的“孤立主义”传统有其根深蒂固的文化历史渊源与社会心理支持，也理解今日许多美国人的Nostalgie（怀旧）。从现实看，我们也可以理解美国需要做出些外交政策上调整的必要，比如要求盟友做出更多安全费用的承担、适当撤回某些驻外部队，更好地控制非法移民，这些完全正常也符合理性的原则，特朗普做些调整自然也是有其符合美国利益的道理。但美国再不可能在那种“孤立主义”造就的梦幻中生活下去，这也是一个不争的事实，这不仅是一个意愿的问题，是一种必须面对的选择。世界领袖与孤立主义两者是无法兼容的。特朗普外交上的混乱最根本的问题肇因于此，特朗普的支持者在国际问题上的认识上悖论也是因此。美国的未来，需要其在一种新的国际格局下在孤立主义意愿与理想的国际主义之间再次找到符合时代的新平衡，动态的平衡。

因此，美国需要对未来做全新的探讨，事实上美国的战略界这些年的相关讨论也是不断。特朗普的内外政策有很强的Nostalgie色彩，对五、六十年代的美国的怀旧，那也正是其成长的时代。而这种怀旧因各种人口与社会结构、经济与文化、全球化的冲击等原因也是美国当下相当一部分民众的心理。也是从这个角度，我们可以理解美国的某些思潮以及特朗普的当选。但显然面对这样一个新的世界，这种怀旧最终是于事无补且无法达成美国人要达成的目的也无法捍卫美国的利益。特朗普在外交上一如在内政上在打破旧的既有格局上是有其作用的，因为诸多问题已经累积到需要一个突破，即便是这种突破像历史上许多大转型时期的突破那样都可能是带有某种破坏性，但它将问题凸显暴露出来，为未来美国直面内外问题做了铺垫。

不过，就形塑未来的新的世界秩序来看，特朗普显然是缺乏整体的战略考量，显得杂乱、无章。特朗普是介于两个时代中的一个过渡人物。这是笔者的一贯看法。美国需要面对未来的整体性的对内对外战略思考，实施具有协调性的策略才能迎接二十一世纪面临的挑战。美国至少仍有数十年无可撼动的国际地位，但前提是美国要做出正确的选择，为其自身也为世界。笔者几年来不断重申这样一个观点：我们在经历一个时代的尾声，一个新时代的开始。特朗普执政四年以及新冠的大流行，加速了这个新时代的到来。

特朗普外交的遗产与拜登的对华政策

如果说整体上看特朗普的外交并不成功的话，其对华政策的方向可能就是被承续的最重要的外交遗产。此外，中东以色列与一些阿拉伯国家的关系调整也是其另外一个比较重要的成果。这两个方面之所以获取成果且会得以延续，其实恰恰是因其镶嵌在某些历史与政治的发展逻辑之中，有着某些逐渐成熟的先期条件，是有其必然性的。

以阿拉伯世界某些国家与以色列关系的改善来看，因阿拉伯伊斯兰世界内部的矛盾、中东地区这方面发生些变化也已酝酿多年，特朗普外交团队的推动才得以水到渠成。而对华政策的调整，是与美国多年来对华政策的转变一脉相承的。从奥巴马时期的“亚太再平衡战略”开始，美国的战略中心已经开始针对中国转移到亚太，事实上，如果不是“911”及反恐，这种转移或许还要早。而 2014 与 2015 年左右美国战略界对华政策的相关讨论已经预示着美国左右势力对北京政策新的共识在形成。是北京领导人与一些所谓智囊所谓“中美关系好不到哪里去也坏不到哪里去”盲目的自信，傲慢地以为强大的经济连带与利益可以对冲掉安全、意识形态与制度的根本分歧，才导致北京发生严重的战略误判。当然，特朗普商人总统的特点以及在对华关系上对经贸问题的偏重，相信也是北京发生这种误判的一个重要原因。

历史进程是一个参与其中的行动者互动的结果，而不是什么人预先设计出来的。华盛顿对北京的态度相当大程度上也是后者行为的结果，这一点笔者曾多次在各种场合提及，但许多朋友似乎不这样认定，以一种非历史性的、意识形态的视角将某些变化简单地归结为某人或某一党派，这显然是很值得讨论的。当北京在香港、新疆、南海、台湾问题上采取一些列强势动作之后，在内部法治国家建设发生全面倒退及修宪后，在国际上进行带有军事性、意识形态及经济的战略扩张之后，因此刺激，美国乃至整个西方对华政策的反弹也进入一个全新的阶段，这完全是可以预见的事。特朗普团队中一些主张对华采取强硬立场的观点得以被广泛接受就势所必然。

尽管特朗普本人或出于某种考虑一直高调赞扬习近平是“伟大的领导人”他的“好朋友”，但去年春天疫情后的一些变化也让其彻底变换表述的语言与立场，将其先前多半限制在与中国的经贸矛盾的论述全面升级到意识形态与制度的竞争话语。他商人的经历，让他直感到打击北京的经贸与科技的重要，这是有他的敏锐的；至于贸易战这种方式是否像他设想那样成功，那是另外一个讨论话题。某种程度讲，是其外交与安全团队，包括以博明、余茂春这些对北京政权的性质与运作有植根于个人经验的深刻体认的成员的推动，特朗普对华政策在相当一部分才具有精准打击的特征，让北京陷于很大的被动。

但这些团队成员的对华政策的效果整体上看因受特朗普孤立主义外交政策的影响而打了相当的折扣，使得北京在承受来自美国的压力的同时，却可以通过在其他区域与领域的外交拓展对冲这种压力。如在全球气候问题，世界贸易等问题上，北京占据了相当的主动，赢得一些掌声，使得其在美国的传统盟友那里打楔子的工作也更加具有机动性与可利用的形象资源。如果不是近些年那种骄狂的战狼式外交风格引发各种反弹，北京如巧妙地加以掩饰，这些年或许还能有更多的外交斩获。随美国过去一段疫情处理上的不力，中国疫情得到控制以及因此带来的外贸出口破纪录的增长，美国内部的一些纷乱以及正经历某种类似越战后的困惑与信心低迷，让北京在与华盛顿的博弈中又重获某种信心。与相当多的民主国家的领导人对特朗普的反感相反，一些威权主义倾向的国家领导人希望看到特朗普连任，除了欣赏其强人施政风格外，一个重要理由就是，或许他们认定一个由特朗普领导的美国及世界局势会给他们提供更多可供转寰施展的空间。

重夺外交高地与拜登对华政策

以对华政策来看，也许一些中国人对美国的对华政策做了过多依据自身意识形态好恶的想象性的解读。其实，在民主、共和两党，左右两翼中都有亲中派与反中派，只是各自的背景与出发点不同，很难用某一党派、左右某一翼整体来判断。左派中的一些人可能是出于某种左派对非西方制度的幼稚想象，一种对发展中国家本能的同情而盲目亲中，对某些问题视而不见或者忽略；右派中一些亲中的人或出于一种实际利益的考量，尤其加上些傲慢的、高人一等对中国人的鄙视，认为这样的民族只配威权统治，自由是无必要的奢侈品，由此与北京的政治人物及许多内外政策气味相投，成为北京的座上宾、说客。而右派中那些反中的人则是长期坚持美国的传统价值，也对美国的国家地位、安全状况高度敏感，因此对北京政权的内外政策都保持严厉的批评及警觉；左派中那些批评北京的人士则基本上是从一种理想价值的普世原则角度出发，关注中国的民主自由与人权。两党、左右在对华政策的重心偏好只是相对而言的。以党派、左右来整体地判断其对华政策是有很大偏差的。因地缘政治、经济、意识形态等诸多原因，尤其是上述提及的北京自身的种种作为，在强大的民意支持与压迫下，近些年，民主、共和两党、左右两翼反中派汇集，而同时双方各自的亲中派都逐渐失去动力，失声。新的对华共识形成。

拜登在入主白宫前他的外交取向尤其是对华政策，观察家有过各种猜测，笔者去年 11 月中旬美国大选后于一个讲座中也曾做过如下预估：

“特朗普的对华政策造成对过去几十年中美关系的架构的激烈冲击，起到将旧的框架彻底打破的功效，但尚没有形成一个更加完整的新的全球性长期的对华战略。因此，对这样一种大国博弈，显然是不够的，只是现在已经没有特朗普的第二任期了，即便是有，不做更周详的调整显然最终也是难以达成其目的的。美国很难在没有盟友协助下赢得全球性博弈的胜利。拜登任期内中美关系不可能有什么大的改善，某些方面或许会让北京感到更大的压力，这是大势使然。除上述提及造成中美关系恶化的结构性因素外，美国社会对中国急剧恶化的观感最终会传递到政治上，影响美国对华政策。两党在对华政策上是少有的具有高度共识的领域。下台后的特朗普包括共和党更会对华持鹰派立场，由此在许多对华议题上两党会相互比狠。拜登会更以国际结盟的方式对中国进行全方面施压。

在环境、气候、原子武器扩散，防疫等有限的领域会恢复合作交流。在经贸问题上：基本上会是自由贸易加战略管制，符合经济本身的规律的运作加上政治引导，高科技全面监控，不留死角。在学术文化交流上会在非敏感领域有所恢复，但不会回到重前。美国社会整体对中国的敌意会继续，美国的右翼选民包括左翼选民对中国的不信任会持续下去，对来自中国的移民、游客、投资者都会继续抱怀疑甚至是敌视。政治上最大的不同是西方民主阵营的重新集结，以民主人权为旗帜也就是意识形态上的压力会大大强化。特朗普在对待中国的政策上单边路线色彩浓厚，尽管吸纳了安倍所倡议的印太战略，但即便是亚太这几个国家，对特朗普政权依然信心不足，生怕特朗普生变。拜登上台后，与亚太国家的联盟不仅不会弱化，只会强化。在世界范围内，按拜登的计划召开民主峰会后，两大阵营的态势会显明化：俄国被迫要做调整，进一步靠拢中国，在欧洲适当降低侵略性，缓和欧洲对俄国的敌意，印太战略同盟会更加强化甚至升级，因为现在还是军事，情报、政治领域为主，如果美国重新强化经贸联系，以某种形式再回 TPP，将会形成对中国全方位从政治、军事、经贸的围堵，事实上，在包括美国重要亚太盟友日、韩、澳等都签署了 RCEP 之后，美国注定要设计出一种新型的经济介入方略应对中国了。至于重要的美台关系，其强化的趋势会继续，但暂不会做出更极端的刺激北京的举措。

现在大体看，拜登领导下的美国对华政策基本上是如此发展的，只是比预想的还要快，力度更强，范围更广。一方面重新加入巴黎气候公约，将应对气候变化这个关系到人类未来的严峻挑战作为美国内政与外交的最重要议题之一，组织了此次全球四十国峰会，迫使中、俄等本不愿为拜登捧场的领导人也不得不出席，以免在国际舞台上被动，让其客观效果上为美国的领导地位做了背书，拿回此议题上的话语权。其次，重新高举起特朗普执政期间相对淡化的民主、自由、人权的旗帜，以此整合价值相同的世界盟友，为美国的世界领袖地位争取了道义资源。一个议题攸关人类整体的生存、未来，年轻人的幸福；另一个议题关乎每个人的尊严与权益，此两议题上双管齐下着力，让美国一举重夺国际外交道德高地。

在与盟友的关系上，照顾到盟友的安全与经济各方利益，迅速重建盟友对美国的信任，我们只要看看日本最近的表现就明了：美国无论是公开还是私下肯定都是做出了让日本安心的安全保障。而有拜登亚洲政策"亚洲沙皇"之称的坎贝尔有关中方需要改善与澳大利亚的关系为中美关系改善的前提条件之一的说法，相信也会极大地增强澳洲在对华博弈上的底气，也给其他的盟友国家传递了相关信息。印太四国领导人峰会的举行，将此协调机制升级，迅速地在向一种同盟式的合作架构发展。

至于欧洲，布林肯的欧洲行、与欧洲盟友、北大西洋公约组织成员的会面也极富成果，在许多议题上以一种尊重理解欧洲立场的态度初步修复跨大西洋的双边关系。特朗普时期，其对待俄国的态度一直有些说不清的暧昧，是俄国自身在诸多地缘政治议题与美国的对抗以及对美国内部事务的干涉，造成美国政界与民众的反感，才让美国传统上对俄国就抱有敌意的那些力量对特朗普保持压力，维系了特朗普时期对俄国的某种强硬措施。但特朗普的这种暧昧显然也让直接面对俄国威胁的欧洲不放心。拜登对俄的强硬立场，相信欧洲自会乐见，也是有助于修复伙伴关系的一个极重要的因素。最近，拜登与普金通话后，俄国军队从战事一触即发的乌克兰边境撤回，这显然也更会让欧洲感到美国的力量与其紧密合作的必要。

北京做出些重大让步而达成的"欧中双边投资保障协议"（事实上对欧洲来讲不外是为欧洲在华企业争取到类似美国企业的相等权益），被视为是一种北京的战略突破。但鉴于其审批机制和欧洲对华恶感的普遍急升，在笔者看本就有无法最终通过的可能，现在，由于北京对欧洲一个就新疆问题相对温和的制裁而做的高调恼怒反击，该协议有很大可能彻底流产。这也客观上替大西洋两岸关系的恢复互动扫清一个小障碍。欧洲一些人所希望的那种与中国打交道政、经分离的模式的幻想，面对中国这种政经绝不可能分离的运作模式，最终难免不破灭。特朗普的政策极大地刺激了欧洲在今后寻求某种外交独立性的企图，但欧洲人无论是在价值的共享以及传统上，显然都有与美国极大的利益共同点，也清楚其在面对今后世界格局能力上的局限。在通过视频与欧洲领导人已做过良好的沟通后，六月份拜登将有欧洲行，相信会进一步升温、全面修复美欧关系。拜登在白宫第一个迎接的客人是日本首相，第一次国外后疫情的访问是欧洲，这一切传递的信息都再明显不过。

在推动拜式“王道”的同时，拜登政府也强化了其“霸道”的面向，强化军事能力的存在：在南中国海连续调动数个航母战群巡航，演习，在国防部成立“应对中国小组”，维系军费上高额支出，强化各种针对中国的军事部署与准备；从阿富汗撤军，集中整合资源对付中国；安全、情报部门高调宣示中国为美国的最大威胁，……

此外，参院不久将会通过注定会影响深远的与中国“战略竞争法案”。尽管美俄互恶，驱除外交官，但拜登却与普金通话，达成进行首脑会面的约定，其目标显然也在尽可能地间隔中俄。竞选期间，拜登一方曾有“俄国是美国主要敌人”之说，但美国清楚，俄国只能是以一种笔者称之为“负面搅扰”的方式，也就是说无法正面攻取占据全球和一些区域事务的主导权，但以对美国主导的现存秩序的搅扰来获取外交存在，外交战略资源，其对美国的网络攻击、在欧洲、中东以及其他一些地区的作为，对中国的支持，也都出于这同一逻辑。拜登当然明白，一个人口衰减、经济高度依赖自然资源的输出，GDP 不足中国一个富裕省份的国家，显然是无法与美国抗衡的。美国真正的对手只能是中国。最近，过渡期已过，从拜登到各主要官员的讲话已不再掩饰这一点。以协助抗疫为标志，各种信息显示，在亚洲、非洲、拉美等地区，在各种国际组织中，与中国的博弈，美国外交活动也开始全面升级。

渐已成型的拜登主义与“新冷战”或“温战”

我们且暂搁置对拜登国内政策的评价，仅就外交领域看，一种我们可以称为拜登主义的路线在其执政仅仅三个月后已渐成型。上面提及的不再重复，这里只就其大体现已呈现的以及可能具有的轮廓略作归纳，也算是个大胆预言吧。

拜登的外交政策将围绕一个根本目的：维护并再造美国新时代的世界领袖地位，奠基二十一世纪美国主导的国际格局。因此，经济上将修正上一波全球化的偏颇，其给美国尤其是美国中产阶级及下层带来的负面结果；固本强基，完成美国基础设施与教育的更新再造，强化美国的高科经创新，保持此方面的主导权。外交要服务于此一目的。如与以往的一些立场有别，今年试图达成一种发达国家国际性的企业基本税收协定显然是其中重要一环，这也可视为是旨在配合拜登要在美国国内推出的基建重建计划的举措。政治上重新确定一种美国占主导地位的多元主义国际架构，承认多元主义的必要，并不排斥多元主义，照顾到相关方尤其是盟友的利益，但将由美国主导这种世界架构。这其中，气候问题与人权问题将是其外交的旗帜。重返并从分利用国际机构，在其中与中国等国家博弈，掌握主导权。美国将提升更新必要的军事能力，尤其是海权，太空、战略武器以及高科技信息技术对垒方面的能力，再建其绝对优势。

美国将日益明晰地确定中国或准确说中共政权（这种特朗普时代由蓬皮奥团队等刻意做出的区隔会被承接下去）将是美国的主要威胁，主要对手；美国将与中国展开全方位的竞争、对抗，同时不排斥在某些议题如气候问题上的合作。这种战略对手的确立，对内有利于整合，弥补因各种纷扰造成的政治与社会分歧；对外，将有助于阵营的划分，国际力量的动员。年底前如拜登按其进竞选纲领中设计的那样成功召开世界民主峰会，影响今后相当长时期的世界格局将就此形成。中方那个在笔者看来多少是作为一种对“重返亚太战略”回应的西进战略、综合了陆权与海权思路的“一带一路”扩张策略，将面临拜登主导的一种从东向西（西太平洋）、从西向东（大西洋、欧洲），从南向北（印度、澳洲、东南亚等）的全球性的围堵。二十世纪影响巨大“心脏地带理论”（Heartland），“边缘地带理论”（rimland）等传统地缘政治理论，虽早显现出其局限性，具有争议，但在新的时代我们也会看到其某种新形式的理论复活及相关实践，事实上，它们的影响也一直或隐或显地存在着。从朝鲜半岛到日本、台湾、菲律宾、越南、澳大利亚、印度……诸多不利北京的因素会迅速累积。北京将强化其军事支出以应对，进入某种代价高昂的新的军备竞赛，其可能对中国的经济与社会造成的后果也将在今后慢慢浮现。

大概率是北京将逐步进入一种日渐被动、全面受到战略挤压的局面。而越被动，更多地是服务于内部整合、权力博弈以及官僚利益自保需要的“战狼”式外交也有可能越演越烈，与民族主义情绪的高涨相匹配。这反过来会给外部对华的强硬政策提供某种合理性论证。拜登这经过冷战的外交老手，正在参考冷战的经验，面对新的历史情境对华做整体、长期的部署；包括在经济上如何采取各种手段维持美国的利益，重组有利于美国世界的产业链、国际经济合作与区域格局。现在看，这个让人觉得有些木讷，口吃的高龄政治家，政治操作娴熟老道，其对外对内施政力道之强远超其先前的老板奥巴马，在美国的历史地位也将高于后者。

借用北京近几年习惯使用的宣传话语“新时代”来说，中国进入了“新时代”，世界也进入了“新时代”。一个在相当多的层面会与我们过去经历的几十年不同的时代，人们日渐以“新冷战”来冠名的时代。1948 年，法国已故政治思想大师雷蒙·阿隆（RaymonAron）在其出版的“大分裂”，（*Le grand schisme*）一书中用“和平不可能，战争也难以发生”（Paix impossible, guerre improbable）来做第一章的标题，这个表述后成为描绘冷战状态的一个经典说法。

但在笔者看来，我们今日所处的处境或许更加复杂。与冷战相比，因各种利益的交织，意识形态色彩相对淡化，相互之间互动接触频密，某些重大议题如气候问题的利益相关性，冲突要承受的代价具有难以预测、控制的特点等等，这可能是一个相对安全的时代；不过，反过来，这也可能是一个比冷战更危险的时代，因为与冷战时代惯常见的代理人冲突不同，最主要的竞争者中美之间存在许多发生利益与地缘直接冲突的难题，尤其是在西太平洋地区，无法轻易化解，且没有那种柏林墙式的物理乃至于一些双边的战略协定做安全间隔与约束。因此，笔者曾在一篇法文文章中简单尝试着将其称为一种可能的"温战"时代，一种紧张不断，因各种因素可促使冲突向上升级为直接的热战，也可能因各种脱钩再度滑向以往的旧式冷战的状态，有相当的不确定性。我们现只是处于这个时代的初始阶段，其形态还有待观察。

只是，中国人乃至世界上的许多人做好了准备吗？而这个"新时代"会以怎样的方式演变且终结呢？这只有将来的历史才会给我们答案了。不过，这答案也牵涉、取决于一个很关键的问题，一个只能由中国人自己给出回答的问题：那就是，中国人到底想要一个怎样的未来中国，未来中国的文明形态。

注释：

1. https://www.capradio.org/articles/2020/09/14/watch-president-trump-visits-sacramento-for-update-on-destructive-california-wildfires/

2. https://share.america.gov/zh-hans/u-s-relies-on-innovation-to-reduce-emissions/

3. "火箭男"与"糟老头"：特朗普金正恩嘴仗全记录（BBC 中文）https://www.bbc.com/zhongwen/simp/world-43348934

4. Barack Obama, *A promised land,* New York, Viking, Penguin Random House, 2020, pp. 652-653.

5. 张伦，"让爱、理解和理智照亮人类生存之路：恐怖主义与 21 世纪的人类面临的挑战——对"九一一"恐怖袭击的几点思考，现已收入，"巨变时代——中国、两岸与世界长短集"文集，香港，溯源书社，2021，页 286。

北京战略性退让换取中欧投资协定

（自由亚洲电台“大国攻略”专栏 2021 年 1 月 8 日）

北京战略性退让换取中欧投资协定

法国赛尔奇—巴黎大学教授、人文社会学家张伦从中国、欧盟和美国三方面分析中欧投资协定。从中国观点来看，张伦说这协议能达成是今天整个国际局势，特别是中方面临严峻局势使然，一方面中美关系走到历史节点，很多人归因于特朗普政策，但他七、八年前已看出中美关系不可能好，是结构因素使然，奥巴马第二任已经开始推动重返亚太战略、跨太平洋伙伴关系协定（TPP）、南海巡航等举措，只是特朗普以疾风暴雨的方式来撼动中美关系所谓压舱石的经贸关系，使问题更突显，加上疫情，特朗普连任受阻，美国各方面民意对中国反感急剧升高。在这种情况下，美方调整战略特朗普也变调，从 2020 年春天开始对中国批评转趋更加强烈，政治上的压力急剧升高，中国承受很大压力。此外欧洲最近这几年对华政策批评的声音也愈来愈强，这主要跟中国自己的作为有关，中国对台、香港、新疆、南海，和“一带一路”扩张政策，都触及整个西方世界的利益，在人权问题上的种种表现都刺激了整个西方世界的敏感神经，使得批评的声音都起来了。尽管北京通过强硬手段控制，让新冠疫情缓和，经济表现一枝独秀，但这可能只是暂时，将来整个西方经济回暖之后，如何对待中国，鉴于拜登上任在即之后如何处理中国议题，西方对中国的战略未来可能会让北京处于极大的被动局面，于是北京接受了欧盟许多要求，做了重要让步达成协议，但能落实多少还要观察。如果要拿中国入世没有兑现承诺，说北京这次一定不会兑现承诺，可能话说得早，历史是变化的，西方人吃亏之后也不会永远吃亏，欧盟会盯上你，当然以北京政权过去的做法看到底能落实多少，有怀疑很正常，北京一定会想方设法赖帐，但是西方社会以前浪漫幼稚的做法可能一去不复返，欧洲人不会那么傻。面对当前的整个国际局势，北京一定是在想办法突围，要保持一定的国际市场，如果把欧洲弄丢，那整个中国面对发达国家市场的收益来源会断掉，所以北京无论如何要维持跟日本和跟欧盟的基本关系，北京要做战略性收缩和退让来换取欧盟的贸易协定，成为逻辑上的必然。

张伦指出从欧盟的逻辑来说，欧洲这些年希望内部整合、更上台阶，在国际事务中更有独立性。一方面因为二战后，欧洲一直跟随着美国，但是这过程中，欧洲的某些利益也受损，特别是特朗普的政策让欧洲自尊利益受损到极致。他举例特朗普在去年春天因为疫情决定禁止欧洲航班时，并没有事先通知欧盟，让欧盟非常反感。加上特朗普也跟欧洲打贸易战，要撤出驻德美军得罪德国，这都不是恰当的对待盟友的方式，伤害了欧洲人，所以欧洲人在寻求自主的方面，不可能没有表现，欧盟这时达成中欧协定有它的逻辑。而且，欧洲与中国除非经贸彻底脱钩，否则签这种协议的必要性就存在。

张伦还指出欧洲企业在中国的地位不如美国企业所享有的地位，欧洲当然不愿意做小媳妇儿、二等公民。此外，德国从中国赚了很多钱，从默克尔的利益出发，也希望拓展中国市场。欧盟和中国基于这些共同利益，达成协定。

美国当然不希望这时出现这种局面，但是张伦指出，这是特朗普留下的负面遗产。让欧洲增加了对美的不信任，在此问题上缺乏协调。**不过，这份协定还没有十分确定，在欧洲议会可能翻船，以往欧洲议会否决协定的例子不多，但今后会不会有，很难说，欧洲议会对中国鹰派的声音很强，这协议是否能如期真正落实仍有变数**。

张伦指出，特朗普对中国打贸易战有其道理和意义，因为以传统的方式，无法阻止中国不兑现诺言、又搜括资源向外扩张，威胁美国利益，特朗普的贡献是把问题都掀开了，但能不能达到效果是另一问题，在大国博弈中，仅靠程咬金三板斧是行不通的。

张伦强调美国需要有整体大战略，有持续、宏观的战略，又有细致操作的战略，才可能达到美国想要的结果。否则没处理好，可能这边赢，那边输掉。希望拜登上台后的整体策略更加完整周详精细处理对中关系，重新做好世界老大，做好民主国家的灯塔堡垒。美国对中共政权能施压的能力取决于美国自身如何在经济和军事等方面发挥作用，如果做不好，就只能等着中共攻城略地、扩张势力，美国要检讨。

欧洲在人权议题上会对中持续施压

张伦认为中欧签的投资协定是关于经贸问题，欧洲在人权上不会放松对中国的批评施压，欧洲对中将采政经分离，中方希望用经贸当成润滑剂，但除非民主人权不再是欧洲人的价值根本，否则中欧之间这种人权民主的价值上的歧异这种紧张会持续下去。这也是欧洲人要显示自己独立自主的一个组成部分。欧盟内部也敦促成员国尊重人权，不可能对中国反而不讲人权。不过，欧洲确实需要警醒，欧洲与中国遥远，利益冲突并不直接，因中方因素对民主的威胁破坏还没有显现，不像美国直接面对太平洋，中国也在美国下了大力气，收买各种人才和机构，美国感受中国的威胁更直接，欧洲因为遥远，使一部分人持绥靖态度。

张伦说，对中国的经贸问题，美国也在谈，若反过来要求欧洲不能跟中国谈经贸并不合适。九月中欧峰会时，欧盟已给中方下了最后通牒，意思是年底如果不签就遥遥无期，再说中共政权在面对重大危机时，总能想方设法求生存，在重大问题上做调整，签署此协议也是一种应对举措。在美欧关系方面，张伦相信欧洲会修补对美关系，在拜登上台后和美国保持合作。

（说明：这个由陈美华撰稿，许书婷责编的采访是在中国与欧盟于 2020 年 12 月 30 日完成中欧投资协定谈判，高调宣传这成果后于

1月6日做的，因时差，当日华盛顿冲击国会事件还尚未发生。记者事先还采访了其他一些台湾的专家学人，涉及关于中欧关系上的人权，军事、与美国的关系等议题，这里只择取其中本人的言论部分，尤其是涉及中欧投资协定的看法。在此采访中，本人与一些人的看法不同，多次强调即便谈判结束，尽管中欧双方政界一些人都为此显得很兴奋，甚至是得意，但最终能否得以被批准，落实，还是有很大变数，事实上这最后得到证实。本人的这个判断是基于对欧洲对华的民意以及政情态势的观察做出的。这里对些上下文缺乏连贯，含义有些含混的地方的文字做了点微小的改动，以便让读者理解本人原来的本意）。

现代文化散论篇

记忆、文化与认识

为自由的祖国与祖国的自由

——约瑟芬·贝克入先贤祠杂记

（FT 中文网 2021 年 12 月 24 日）

对于热爱法国文化，来过法国旅游的人们，“先贤祠”不是一个陌生的去处。那里葬着法国历史上一些震古烁今、名扬四海的人物。“先贤祠”正门上方镶嵌的那些大字“Aux grands hommes la patrie reconnaissante”（献给祖国感念崇敬的伟人们），彰显着其重要与神圣。每年，来自法国本土，世界各地众多的游客去那里访问，盘桓，怀着敬意，重温着那里祭奠的名人们的故事，伏尔泰、卢梭、雨果、左拉、居里夫妇……遥思过去，联想未来。

11 月 30 日，在总统马克龙亲自主持下，法国政府举行庄严的仪式，迎接一位特殊的历史人物、出身美国的黑人女歌手约瑟芬·贝克（Joséphine Baker）入祠。这是这座安置历史人物承载历史记忆的历史殿堂的一个重要的历史时刻。

先贤祠：历史与先贤

1774 年，在梅斯（Metz）忍受严重病患折磨的国王路易十五许下一个诺言：如果痊愈，他将重修圣日内瓦 Sainte-Geneviève 教堂，祭奠巴黎庇护者圣女 Geneviève。然而只是在 15 年后，建筑师雅克·苏弗洛（Jacques Soufflot）才开始着手按一种新古典的方式在其近旁建筑一座新的更大的教堂。大革命后，1791 年国民议会决议将此教堂改为国家墓地，像英国西敏祠那样，纪念那些民族的伟大人物。是年伏尔泰入祠，三年后是他的论敌卢梭……那之后历经拿破仑第一帝国，路易十八复辟时代，随历史事件几经周折，在有“资产阶级国王”之称的路易·菲利普时代，该建筑最终去除其宗教职能，确立为国家公墓。

那时，在正门上端，雕塑家大卫·德·安格尔（David D’angers）雕置了祖国女神。她的脚下，象征共和的雄鸡与标志皇家的雄鹰标志合为一体组成皇冠，右下是马勒舍布（Malesherbes）、米拉波（Mirabeau）、蒙日（Monge）、费内隆（Fénelon）这些法国历史上的政治、学术、文化巨擘，伏尔泰与卢梭在那里并肩而坐；左下是伸手从女神手中接取桂冠的拿破仑以及跟随其身后的普通士兵，稍远是那些为国奉献功勋卓著的军事学院的学生们。这彰显着19世纪30年代法国寻求社会和解的企图与文化氛围，那个时代的精神。

历经一个相当漫长的沉寂，先贤祠迎来一个引发各界关注的高峰。1981年社会党密特朗当选总统，他就职时一反常规，独自一人手持玫瑰进入先贤祠，向让·饶勒斯（Jean Jaurès），那位一战爆发前被暗杀的民主社会主义、和平主义者，被纳粹杀害的抵抗运动领袖让·穆兰（Jean Moulin）以及前法国政治家、海军部副部长、一生致力解放奴隶有“奴隶解放之父”之称的维克托·舍尔歇（Victor Schoelcher）致敬，画面传遍世界。那之后，在他任内，七位著名人士入祠先贤祠。勒内·卡森（René Cassin，1987），抵抗运动最早的参与者之一，戴高乐的助手，著名法学家，“世界人权宣言”起草者，诺贝尔和平奖得主，参与组建教科文组织的活动家。政治经济学家、外交家、欧盟之父让·莫内（Jean Monnet，1988）。为纪念法国大革命两百周年时入祠的三位重要人物：大革命时期加入第三等级，主张取消贵族特权与奴隶制、实行普选的主教阿贝·格雷瓜尔（Abbé Grégoire）；大革命时代的海军部长、数学家、微分几何之父、巴黎理工学院创办者加斯帕尔·蒙日（Gaspard Monge）；中国人熟悉的哲学家、政治家、大数学家孔多塞（Condorcet），他在大革命时期就主张给女性与男性平等的财产权、工作权、投票权和教育权。密特朗任期最后，接受右派部长西蒙娜·韦伊（Simon Veil）女士的建议，又迎葬入祠居里夫妇（1995年）。

而作为这提议者的西蒙娜·韦伊本人，作为一位犹太裔纳粹集中营的幸存者，著名的女权活动家、政治家、欧洲议会前主席，欧洲建设极其重要的推动者，也在去世一年多后，在马克龙的提议主持下，于 2018 年入祠。她属于那些历史上相对较少的去世不久就入祠者。比如，在希拉克主政期间入祠的两位作家，一位是法国大作家、前文化部长马尔罗（André Malraux，1996）是在去世后 20 年入祠，而另一位大仲马（Alexandre Dumas，2002）则已经去世 132 年了。

这座历史建筑也随历史演进着，最显著的例证就是这几年女性入祠者明显增多，也从一个侧面映衬着时代的变迁。第一位入祠的女性事实上是妇随夫荣：索菲·贝特洛（Sophie Berthelot），马赛兰·贝特洛（Marcellin Berthelot）的妻子。也许对中国人来讲，马赛兰·贝特洛略显陌生，但他在法国历史上却近乎家喻户晓，用其名字命名的建筑、街道、校园比比皆是——笔者住处附近每日乘车的公共汽车站就是以他的名字命名。贝特洛是法国 19 世纪中后期的大科学家，我们迄今仍在使用的仪器与应用的一些科学发明与原理，如弹性热量仪、乙烯、聚合生成笨等，都与他的研究成果有关。他在有机合成、物理化学、农业化学、科学史方面都有极其卓越的贡献，热力学上的那个“汤姆森-贝特洛原理”就是以他的名字冠名的。他还曾任法国的公共教育与艺术部长，外交部长。他与其妻子情深意笃，育有六位非常出色的儿女。生前多次与儿女讲，“我不能离开你们的母亲而存活”。1907 年妻子去世后几分钟，他便因痛苦带来的心力衰竭而随即去世。他被迎葬入祠时，其子女提出的一个条件就是夫妇不能分离而被法国政府接受。顺便说一句，西蒙娜·韦伊入祠时，其子女的希望也是去世的父母不能分离，故她的丈夫，法国政治家、高级公务员安东尼·韦伊也作为丈夫同葬入祠。

至于另外几位入祠女性则全部是以自己的功勋而赢得的这种荣誉。居里夫人且不讲，2015 年，在奥朗德主持下，两位前抵抗运动的著名参与者日尔曼尼·蒂利雯（Germaine Tillion）与热内维尔瓦·安东尼奥兹-戴高乐（Geneviève de Gaulle-Anthonioz）入祠。前者是著名的民俗学家，民俗大师莫斯的学生，纳粹入侵之初便成了的著名抵抗组织“人类博物馆网络”创立者之一。后被盖世太保逮捕，与母亲一起被押往德国关在Ravensbrück集中营，母亲牺牲在那里。战后她一直从事研究工作，并积极参与人权活动，与加缪等一起支持阿尔及利亚独立。后者出身名门，是戴高乐将军的侄女，1943年被逮捕，也曾被关在那座集中营，战后曾在文化部工作，后辞职专门从事在法国及世界消除贫困、帮助儿童的事业，十数年持续推动法国“反贫困法”案的形成与最终通过。担任民间慈善组织“ATD第四世界”（ATDQuart-Monde）主席几十年。1997年她成为法国国家最高荣誉勋章“大十字勋章”历史上第一位女性获得者，两年后日尔曼尼·蒂利雯也获得此殊荣。

与上述各种法国历史上的伟人英豪相比，此次入祠约瑟芬·贝克大为不同。如果说她不是第一位入祠的黑人，她却是第一位入祠的黑人女性，且出生于国外，后才入籍法国。——这里，且提及一句那位被迎入祠的第一位黑人费利克斯·埃布埃（Félix Éboué）。他出身海外省法属圭亚那（Guyane），祖父是被解放的奴隶。因学习工作出色，费利克斯·埃布埃成为法国高级公务员，海外领地总督。二战时的1940年，在第一时间冒着极大风险，带领所管辖地区乍得宣誓效忠戴高乐，组织力量参与二战打击德军，极大地支持了戴高乐的自由法国运动。他政治立场倾向社会党左派，但直至1944年在埃及去世都一直是戴高乐的坚定支持者。1949年5月大革命160周年即将到来之际，他与19世纪第二共和时的政治家，做过海军副部长、有“废奴之父”之称的维克托·舍尔歇（Victor Schoelcher）同时入祠先贤祠；为解放黑奴而奋斗一生的白人维克托·舍尔歇与参与为白人为主的法国的自由奋战的埃布埃一起长眠在祖国的圣殿里。

约瑟芬·贝克的传奇：自由、艺术与爱

约瑟芬·贝克是一名歌手，艺术家，一生是个传奇，充满艺术色彩的故事。出身在美国圣路易斯一个黑人家庭的她，生父都难以确

定，童年常常在饥饿与贫困中挣扎，为生存，13 岁结婚，离婚，再婚，是那种决心把握自己生命的意志与勇气，让她用跳舞挣钱谋生，走乡串户，16 岁前往纽约百老汇争取更大的发展。深感美国那个时代种族歧视对黑人的窒息，她抓住机会飘扬过海，1925 年在法国香榭丽舍剧场参演歌舞剧“黑人狂欢”，大受欢迎。接下来她那些独具异域色彩和风格，大胆狂野精彩的演出，包括带着一只饲养的豹子登台，惊艳巴黎；出演电影，唱歌，美丽、才华和热情，让她迅速成为在法国乃至欧洲的大明星，成为那“狂欢年代”（Années folles）的象征代表人物之一。到各大洲巡演，举世闻名，从平民到大艺术家毕加索、海明威……许多人为之倾倒。

二战来临，法国情报系统看中她的关系网，试图招聘她为法国情报部门工作。她一口承诺，称“巴黎人、法国给与了她爱与一切，她愿意为其毫无保留地奉献”。作为衣食无忧的明星，本可以清闲地享受一切，不问世事，或依旧过都市的歌舞升平日子，或在法国西南多尔多涅乡间 15 世纪的她的美丽古堡里岁月静好地过她的日子，等待战争过去。但正如她自己后来在接受记者采访询问她因何加入抵抗运动时所说，“为捍卫法国、我的理想、人的尊严”。从此她冒着生命危险，利用战前结识的欧洲各界包括德国、意大利的名流，穿梭交际其间，收集敌军各种情报，军队部署，防御设施等。用密写药水将情报写在胳臂上，乐谱里，在胸罩里藏匿列有德国间谍名单的微型交卷，将自己的古堡作为秘密电台发射点，掩藏抵抗运动成员、武器、犹太人，其伴奏小组也多是抵抗运动成员。她穿梭法国与北非，以演出为名传递各种信息，她随行的所谓秘书经纪人，正是法国情报工作的一位负责人，也是她的直接上线领导。

后来，危险在即，她撤往北非，加入戴高乐将军领导的自由法国部队，正式成为法国空军少尉，为法国的自由而战，学会驾驶飞机，乘着吉普车，穿越沙漠，为军队在法国登陆做准备。她将戴高乐亲自发给她的一枚十字金勋章拍卖，换取一笔钱用于抵抗运动。盟军登陆后她随法国第一军团在欧洲战场做劳军与救护服务，因此战后获过诸多勋章。这位出身贫寒、受种族主义歧视之苦的艺术家，深具人道情怀。早在战前的1938年便加入反对“排犹主义”的国际组织。上世纪30年代大萧条时，成名不久的她每日购买食物到街上分发给需要救助的饥饿的人们。作为Christian Dior、Pierre Balmain等时装香水巨擘的好友，也曾为法国高级时装的推广者之一，却不曾忘记世界贫弱之人的苦难。战后她收养了法国、日本、阿尔及利亚、韩国、科特迪瓦、委内瑞拉等世界各国的12个弃儿，组成一个“彩虹家庭”，不仅是人道救济，弥补她因流产生病不能为母的缺憾，更是希望能将他们培养成真正的世界主义者。今天这些孩子都已经成长为艺术家、银行家、作家……生活在世界各地。而当时为维持开销，她曾四处奔波演出，直至破产，失去她居住多年喜爱的古堡，她的朋友摩纳哥大公的夫人、美国著名女演员格蕾丝·凯利（Grace Krelly）将她接到摩纳哥居住，在她去世后，又代她抚养关爱那些未成年的孩子。渴望爱情，维护女权，她一生有过许多曲折多彩的爱情故事，却也遭遇数度失败的婚姻。

破产后的她，以她的坚强在她曾经贡献许多服务的红十字协会帮助下，1968年再登舞台，巡演各国。1975年春，在戴高乐女婿二战英雄阿兰·德·布瓦西厄将军以及索菲亚·罗兰、阿兰·德龙、让娜·莫罗、英国歌手米克·贾格尔等诸多国际巨星好友支持下，她举办了庆祝她艺术生涯五十年演出，4月9日演出落幕后回到住处，突发脑溢血于次日去世，以艺术终结了这艺术的一生。

成名后她在几十年间几度返美演出，但都不理想，更糟糕的是上世纪50年代在纽约一个著名的俱乐部，因其肤色，她遭到被拒绝提供服务的屈辱经历，成为轰动一时的事件。这更激发她关注自己故国的人权状况，参与风起云涌的民权运动，成为马丁·路德·金的朋友，穿着服役时的法国军服，佩戴多枚勋章，1963年在那场马丁·路德·金组织的著名的华盛顿集会上，她站在他身旁发表演讲以示支持。因在南美的观察以及亲身遭受的种族主义歧视的不快经历，她对那些腐败的南美政权深恶痛绝，因此对古巴革命以及卡斯特罗等人报过一种理想主义的同情，但当1968年一些同样以切格瓦拉、卡斯特罗为崇拜对象的左翼青年搞起运动时，她又走在巴黎街头支持戴高乐的百万人大游行队伍前。

祖国与自由："两个爱情"

1930 年，作曲家 Vencent　Scotto 为约瑟芬・贝克创作了一首歌曲"我的两个爱情"(mon deux amours)，一经她演唱立刻轰动，成为伴随她一生的名曲，她走到哪里，常常有乐队会自发奏起那歌曲的前奏……"我的两个爱情，我的故乡与巴黎，心总是被它们幸福激动"。那是一首有关爱、故乡，对象征着梦想的巴黎的向往与对故土的依恋歌曲。贝克的一生伴随这首歌，这首歌也道尽她一生的心声。

女人、黑人、艺术家、歌手、舞蹈家、演员、谍报员、抵抗运动的成员与军人、女权主义者、反种族主义战士、社会活动家、慈善家……她 1936 年获得法国国籍，去世时，法国政府及各界曾为她举行过隆重的葬礼，今天，这个给了她一切且她也为之英勇奉献奋战的共和国将再次赋予她永远的荣光：入祭国家公墓先贤祠。

……

仪式开始，从卢森堡公园到先贤祠那以先贤祠的建筑师雅克・苏弗洛命名的路上，铺着红地毯，夜色降临，人群在街道旁簇拥，六位她战时所属的法国空军的军人在一位女兵的引导下，抬着那象征性的棺椁在灯光照耀下徐徐前行，后面是另一位捧着上面系嵌着贝克所获的五枚勋章的红色绒匣随行。街道上播放着她所唱过的歌曲，间或穿插着介绍；军队合唱团演唱那著名的"抵抗运动歌"。一群孩子，在先贤祠前合唱，表演，向这位特殊的母亲致敬。"我的两个爱情"再次响起，那是贝克的原唱，由现场的法国军乐队伴奏，男声伴唱。这穿越时空，生死的合作，天衣无缝，仿佛约瑟芬・贝克就在台前，带着她那有美国口音的法语为人们歌唱。先贤祠正面在红蓝白三色的底色上，像一幅巨大的屏幕，投放回顾了约瑟芬・贝克的过往。共和国卫队持剑敬礼，马克龙发表演讲，回顾其一生及其意义：显然，这个入祠决定是有高度政治意涵的，在一个不同的政治力量、社会思潮为法国未来的方向激烈争辩的时刻，是否依旧要坚持一种普世的价值、共和精神，他想传递的信息应该是明确的。如果说这祠墓安息着许多如雨果、左拉、舍尔歇那样的法国伟大的前流亡者，那么今日，它将迎葬一位生于异国、将法国认定为祖国的归化儿女。

儿不嫌母丑，子不厌家贫，自然是一种美德。但将其不加任何条件地认定与类比，则是非常不当且危险有害的。儿应不嫌母丑，但如她自不认丑，且告示世人自称美妇，且强迫他人包括自己的儿女只能赞颂其美，儿不讲事实地认可其作为，且帮腔宣播，则母子两者的作为显然都是不恰当甚至是某种道德上的颓败与虚伪；子可以不厌家贫，然本已家贫的父亲或为沽名钓誉，向四邻抛洒仅有的家财，或淫奢挥霍却不允其子略有微词，子嗣的反抗批评也绝对就是合理正当的行为。事实上，告别传统的相关规则，今日所有稍文明一点的国家都以法律具文规定：即便是父母也无权随意迫害虐待自己的儿女。这是文明的进步，普世的标准：承认公民包括孩童作为主体应有完整的权利。将儿不嫌母丑，子不厌家贫推延到政治领域作为一种政治哲学加以认定，要求公民无条件认可权力的合法与作为，那说到底只是一种权力压迫的逻辑，奴隶顺从的哲学。康德称，人要脱离自己那种不成熟的心智状态，用理智进行选择与判断。对一个现代人来讲，对祖国的爱与认定应该是有条件的；权利与责任也是该对称的。人对自己生长过，生活过、生活所在之地应该保有某种责任感，热爱，但前提是要以那里的自由，人的尊严的状况做判断衡量标准；永远去争取、捍卫人的自由与尊严，这是人类一种永恒的需要不断警觉、努力、时时更新的事业。现代人的价值准则是自由与权利；对他来讲萦绕于怀关于祖国的最重要的思虑与理想也只该是关乎——自由的祖国与祖国的自由，人们在祖国的自由选择与选择祖国的自由。

从美国到法国，从舞台到战场，约瑟芬·贝克用她传奇的一生，演绎了一个爱的故事：为人的尊严，对自由的爱与爱的自由，为祖国的自由与自由的祖国。

小视频、大世界

——我们怎么认识今天的世界

（FT 中文网 2019 年 9 月 11 日）

很久以来便想写篇小文，谈谈我怎么看现在十分流行的小视频这种现象。这种现象因“抖音”以及类似的网络产品日益强化，成为很多人日常生活的一种信息消费习惯，一种认知世界的途径。

首先申明一句，本人绝不是一个文化上的浪漫的乡愁怀旧者，尽管对文化上蜕变有诸多保留，也不是一个拒斥技术更新的极端保守主义者，对那种海德格尔式对技术现代性的批判一直也持有保留。这里，笔者只想借此文指出一种现象，以及这种现象在提供给人们一种新的获取信息、认识世界的途径的同时，也可能带来的认识上的碎片化、片面化的危险，就此做一番提醒。

近几年来，不断有朋友传给笔者许多小视频，长则两三分钟，短则十数秒，在一些微信网络群组里也常见这类作品。除有些属玩笑之外，好多小视频涉及当今世界的社会、政治、经济与文化现象，有的关乎中国，有的涉及世界，对笔者了解、感认中国与世界也有些帮助，且因笔者人在法国，也收到过许多关于当今法国的这类视频，传送者有时也让笔者就其真伪评论一二。其中，尤其有好些是关于在法国的穆斯林生活状态的。同时，也见到有好些群组里、网络上一些人在传那些片子。在给朋友们略作解释后，常又觉得不足，写这样一篇短文，也算是一并略就此再做一个较系统的回复，稍详尽点的说明。

在这些有关穆斯林的小片子中，有一个传播最广，直到前一段仍有朋友来就此询问。那是一个前些年美国 CBN 电视台拍摄的有关巴黎近郊十八区穆斯林当街祈祷的新闻报道。需要说明的是，本人以在法国近 30 年的生活经验，坦白说，从未在任何一个城市见到过这种穆斯林当街祈祷的场面，或许是因笔者的生活节奏、工作性质，与这种现象没有交错，但从未见过绝对是事实。笔者就此询问一些朋友后得知，那拍摄场景的场面确有其事，但有几点需要说明的是，那是近十年前的事，当时因该地只有两个小的祈祷场所，导致一些穆斯林信众当街祈祷，此事也成为法国那时极右派“民族阵线”发难的口实，当时执政的右派政府也曾就此发布过些关于这些行为不符合相关规定的指令。后来因为找到一个较大的旧的弃用消防队场地，以及又开辟了一个伊斯兰文化中心，其中设立了一个祈祷场地，这问题基本就解决了。

在这里，问题不仅是巴黎是否存在这种现象的问题，也存在一个如何看待、解释这类片子、场景的问题。或许传播这小视频的朋友是想以此证明法国移民尤其是穆斯林移民问题的严重性，这笔者暂不去评价，待以后有暇，专门就此再另详做介绍。笔者写此小文要加以讨论的是与这种小视频相关的一些认识论上的问题。人的认识具有局限性、主观性，就这点，且不去讲自康德以来哲学上这方面的相关探讨，仅就现代心理学的研究来讲，也多有说明。如果说法国存在穆斯林少数族群所带来的社会与文化整合问题，包括其中一些极端分子带来的对国家安全的威胁，那是事实，但问题是否就可以等同于法国或者巴黎已被伊斯兰文化全面占领，像有些人所说的那样，那就是另外一个问题。

举个例子，华人社群大概是法国、巴黎少数社群成长最为迅速的一个社群之一。20 多年前，外出巴黎，街头听到讲汉语的人少之又少，中文标识也没有今日如此众多。今日，显然已今非昔比，外出一日，如果不在街道上碰到几个讲中文的倒是奇怪了。这当然跟中国人与外部日渐增多的交往，到法访问旅游者日多有关，也与日益增长的华人侨民数目相联。如果我们派一个摄制组跑到巴黎一些华人聚集区去拍摄，然后展示给一些中国人或者是他国人士，就像七十年代拍摄过的那部法国有名的讽刺喜剧片《中国人在巴黎》那样宣称“巴黎已被中国人占领”，那显然不是事实。顺便说一句，也曾在网上看到有人截取影片中一段在巴黎歌剧院跳《红色娘子军》芭蕾舞的片段来证明红色中国文化在法国当下的影响！这显然是个误解和笑话。

就中国来讲，笔者也曾看到过一些网络上传播的据说是回民占满街道在上海和西安街头祈祷的影像场面，我们难道可以因此得出结论说中国或某一城市已伊斯兰化了吗？如果外国记者跑去韶山拍摄一些民众崇拜毛、祭拜毛的场面，然后冠以名称为“中国人疯狂崇拜毛”，相信许多人也不能接受，认为那只是局部甚至是个别事实。文学地讲，一叶可以知秋，但一叶之落不见得是秋，也不会是秋的全部。中国人因庄子有了“坐井观天”的“井底之蛙”之寓（这里仅就人们惯常所用的含义来讨论），西方人因罗马大学者老普林尼知晓了那只总是面向土地，从未见过天空色彩的怪兽卡托布莱巴斯（Catoblépas）。从古迄今，智慧的人们多知晓天地辽阔，宇宙浩渺，视野的褊狭会导致对事务的误判带来灾难性的后果。因此，多倡导广知兼听。但事实上做真做到这一点也确实不易。

八十年代中在北大读研时，学习统计学，书很少，用过一本刚刚翻译出版的美国学者写的统计概率论论著；名字记不得了，但对那开篇一句“人的认识都是抽样的结果”印象却十分深刻。是的，人的认识都是依据某种对信息主动或被动的“抽样”结果完成的，因此，样本结构的合理，样本足够的数量，是保证我们对事物有一个相对更完整、准确的把握的条件。也是因此，我们才可以理解为什么一个信息开放的社会对形成一种健康的、宽容的社会心态，对做出真正具有开创性的研究的重要性。即使我们可以认为某媒体对某事报道不公，但多几个不同的媒体，至少就有更大的可能接近事实真相。

而因现代的技术发展和信息的广泛，今天在这方面又出现了一些新的挑战，比如，在司法上，对一些与技术手段相关的证据都设一些严格的规定，有严格的鉴定过程，何者可以为证据，何者可能为假造。十几年前，法国电视台 5 台以及后来德法共同创设的电视台“Arté”每周曾有一个很有意思的节目“L’arrêt sur l’image”，笔者有时间会看看。每次由主持者择选几张照片或一段新闻视频进行“解构”分析，看看那些图像、影片都是在什么背景下，由何人，怎样拍摄的。记得有一次，一个抗议的场景被分析发现，事实上不外乎几十位抗议者，但因为那摄像的镜头摆设，就给人以众多的印象。就这个问题，去年法国黄背心抗议运动高潮时，曾有一张在网络上传播非常广的照片也可以拿来做一个很好的说明：那是一个背景为凯旋门、火光冲天、烟雾迷漫的照片，给人以冲突异常惨烈的感觉，凯旋门岌岌可危，但有人（很可能就是摄影者本人）随后向人们以一张对比的照片做说明，揭开谜底：那只是几枝枯枝被点燃，镜头从贴近地面斜向上穿过这些燃烧的枯枝拍摄而成，给出那样的效果！

或许，在现代社会，产生一个像传统时代那样确定的认识并不是一件容易的事。眼见不见得为实，耳听也不一定就是虚，认识应该是经过一种审视、批判的过程而达成的，这是一个经过现代认识论革命的现代人所应有的基本态度、素养，某种意义上讲也是现代人的标志。就如何对待这些小视频，笔者自己实践的，也曾是给些年轻朋友建议的做法就是：第一，要有这种审视、批判的习惯，不妨在看这些东西的时候自问几个问题——这是谁做的，在什么情景下做的，做来是要干什么的等等。第二，最好有些尽可能多的相关的背景知识，或许就会对这类作品有个更好的判断。如果从这个标准我们回头再来看一下上面谈到的那个关于巴黎穆斯林祈祷的小视频的话，可以看到，那是截取于一个美国 CPS 电视台的报道，一家取基督教福音派立场传统的电视台；我们可以尊重其报道的权利以及所采的立场，再注意其他报道的看法，或许对事情的认识就更全面。

再举两个相关话题的小视频。一个是前些日子网上到处传播笔者也同样收到几次的一个题为“穆斯林巴黎街头砸雕像”的小视频，笔者非常遗憾，那么多朋友相信此事，乐此不疲地传播，也许是想发泄一下对伊斯兰极端分子的愤怒。但稍微注意、了解一下背景、细节，大概就不会相信那是巴黎：那画面上赶来制止的警察就不是法国警察，本人从来就没见过穿那种灰色制服的警察；其次，那些愤怒地用各种棍棒抽打那位打砸裸体女神雕像的极端分子的人们、以及警察所操的语言根本就不是法语！……以那种天气、人众、警察服饰来看，很像是东欧的某国——抱歉笔者也不懂那语言，上网查询见到有网友讲是发生在阿尔巴尼亚的事件。如果愿意谴责这种行为，当然可以继续，但不在法国却是确定的；然而网上还有大量的言论就是认定此为巴黎街头的一幕！

另一个例子，巴黎圣母院着火之际，许多人有各种猜测、怀疑，那是每个人的权利，也很正常，这是在这种事件发生时常常会伴生的现象。但有朋友传给我一段小视频，在圣母院两个塔楼之一上面，火灾时似乎有人在跑动，以此证明是有人为在纵火破坏的证据。那段短频似乎来自某一电视台现场直播的截取。但问题是，如果我们对圣母院的长度多些知识，对火灾发生的过程多点了解就会知道，火灾发生在圣母院另一侧顶楼，烟火蔓延到塔楼这边已经是两三个小时之后，现场内外早已清场、控制，重要文物都已转移，纵火者如何能滞留如此长时间，在塔楼上任意奔跑？事实上，那是消防队员冒着生命危险在控制火势，割离火向塔楼的蔓延……

这里，有一个让笔者有些困惑的问题。作为知识分子、学者，本应在认识问题上不仅自己应抱更冷静、理性的态度，也应该引领社会大众更好地理解世界，做分析批判、介绍或者自己去做了解些相关知识背景的工作，但事实上却好像有些相反，许多人乐此不疲地传递这些小视频。这让笔者想起本人十分尊崇的法国 20 世纪后半叶最重要的思想家雷蒙·阿隆曾就法国五六十年代一些左派知识分子的认识盲点所说过的话：“二加二等于四，为什么这些人就不认为是呢？”在批判左翼极端意识形态方面，战后他写过那经典的“知识分子的鸦片”名著。但笔者想说的是，在意识形态对认识的遮蔽、过滤问题上，是不是这也是一个永恒的、各种意识形态立场包括左右都必须要面对、注意的问题呢？要避免“二加二不等于四”的错误将是一个持久的努力。人类的激情、偏见、利益或许都会不断遮蔽人们的认识，制造出像卡西勒（Cassirer）所说那样向新的神话的坠落。所以，在这一点上，启蒙时代的精神去掉其偏颇之处，依然是宝贵的，我们仍然需要批判的理性与理性的批判，经过审视检验的知识积累，以支持人生，创造一种更宽容的社会。

我们不必抹煞小视频的功用，但为了不让我们对世界的认识破碎、支离甚至扭曲，或许，我们在看小视频时是不是该有点这种意识：小视频是短而小的，世界却是大而复杂的？至少，这是笔者个人的看法。

法国队、世界杯与现代性

——世界杯观感上篇："法国的夺冠之路"

（FT 中文网 2018 年 7 月 18 日）

四年一度的世界杯结束了。法国队经过一番鏖战，时隔二十年后再次捧回大力神杯，举国欢庆。各国球员、球迷或怀着遗憾，或带着喜悦，收拾行囊各自归国，一场世界性的嘉年华暂时落幕。不过人们还会继续津津乐道地谈起此届世界杯的种种，观察家们也会继续分析谈论此次世界杯显现的趋势、特点、影响，直到新的赛季、欧洲杯、乃至下届世界杯。

是的，全世界几乎没有任何运动项目、任何事件如足球、世界杯这样，能如此大规模地吸引不同层次、不同国别、不同文化的人们如此高度一致的关注、喜爱，激发起如此澎湃的情感波澜，失望、兴奋、愤怒、狂喜。与其说这是一种运动，倒不如说是一种世界性节日狂欢，其中透露出有关我们生活的时代的文明的一些基本信息，有些甚至关系到一些国家的变化，乃至我们这个星球的未来。

法国—克罗地亚之战：青春的胜利

法国队此次夺冠，事先却并不是众口一辞地看好，夺冠后也有些喜欢克罗地亚球队的球迷迄今不爽，觉得是法国队的运气，而且裁判决定值得商议。是的，"足球是圆的"，足球比赛也永远具有偶然性。但如果我们仔细回顾一下就会发现，法国队得冠也实在是自有逻辑；法国队赢得的这场决赛与历史上许多决赛比也绝不逊色。

首先，法国队队员年轻，是平均年龄倒数第二的一个团队，如去掉几位年纪稍长的队员，可能就是此次世界杯最年轻的球队。队员充满活力，个人球技过人，且心理素质甚佳，这对年轻球员来讲，尤其难能可贵。球员临大战不怯场，经验亦不乏。七场比赛，整体趋势逐场上升，愈战愈好，只与丹麦一战打平，其他每战皆胜，且无加时赛，体能保持甚佳，以逸待劳，这都是最后战胜比利时、克罗地亚的重要因素。而相反，比、克两队都经苦战、加时、点球，最后进入半决赛、决赛，体能、心理消耗巨大，负担甚重，加之年纪偏高，伤病，都必然影响发挥。高手对垒，最后对决，各种优劣因素的加减法中，只要一两个因素相对较弱，最终便可能败北。

世界杯后，很多人替克罗地亚队遗憾。这一方面是缘于人们天然的同情弱者的心理，希望这样一个小国能胜出，创造一个奇迹；另一方面，也是本届世界杯开赛以来，虽也有运气的成分，但更重要的是克罗地亚队以其顽强的拼搏精神感动了许多球迷，一路九死一生杀进决赛，让克队的人气大涨。这两天中文网络上有一篇关于克罗地亚队的文章“屠杀、炸碎、灭门、逃难、流血，你无法想象克罗地亚球员们经历过什么”，广为流传，引起人们的感叹、同情与支持，很好地说明了这些。

事实上，前南斯拉夫解体后各族群、共和国之间爆发的冲突、战争是个复杂的话题，但这些球员从童年、少年时代从苦难中走来，砥砺了他们的意志，抱有强烈的为国争光的意愿却是显而易见的。那是他们斩关夺隘、逆境反转、打败其他强队的最宝贵的精神资源；这在半决赛与英国队的对垒中展现的最为明显。许多克罗地亚球迷在事后解释这场胜利时都说：我们克罗地亚队是在用心来踢球！

但毕竟，仅用心还是不够的，足球的胜败最后的较量还是综合性的。在与法国队的对垒上，正如赛前许多专家分析的那样，法国队整体上还是略占优势。克队的体能、技能在连续鏖战超水准发挥后，毕竟给人有些消耗过度的感觉，与法国交战失败的概率就大增。二十年前，克罗地亚队败于以德尚为队长的法国队，拿下难得的第三名；今日再败于为教练的德尚执掌的法国队，也算是一种历史的际会循环。但克队却已迈上新台阶，成为亚军，离冠军一步之遥。如保持这种风格，持续努力，假以时日，终有一天会如愿以偿的，至少，这是笔者的一个衷心的祝愿。

德尚——一个传奇的教练

谈到德尚，就不能不提及引领法国队迈向胜利的这一重要原因：教练的特质与其确定的恰当的战略战术。此次法国队的征战，除了对阿根廷那场被交口称赞外，许多场事实上都有人非议，认为以法国队的潜力和才华，应该打得更主动漂亮。这话当然有其道理，但德尚却不为所动，坚持按照自己的计划一步步推进，采用一种实用、有效，既依靠自己出色的后卫防守队员严密防守、又利用姆巴佩等天才的前锋迅猛突击的战术，让他赢得一场场艰难的战役，最后胜出。

这位法国西南比利牛斯山脉巴斯克地区出身的优秀运动员与教练，做事为人很有些那个地区文化的风格，言语不多，不求虚华，待人真诚，敢于坚持己见。顶着世界冠军、欧洲冠军、法国多个著名球队教练、最佳教练称号的德尚，自 2012 年执掌国家队以来，在巴西世界杯上打进八强，却被上届冠军德国队淘汰，2016 在法国本土的欧洲杯上率队又打进决赛，却功亏一篑，屈居亚军，因此几年来一直受到各种批评、压力。

但这位 20 岁时失去在事故中去世的、仅年长自己两岁的亲爱兄长的德尚，内心坚毅，正如他极少与人谈起那场悲剧对他意味着什么，他多年锻造了承受了各种压力的能力，不为批评所动。几年来，他整饬队员的行为不端、丑闻和傲慢，成功重建法国队的队风，树立一种价值与理想，将自己谦和的态度，以及对祖国荣耀、团队精神的重视，传递给年轻的球员。他要求所有球员都要真诚对待球迷、支持者，维护国家队的社会声誉，坚拒那些有丑闻争议的球员，哪怕是其能力超众。同时，启用、重用新人，像格里兹曼、博格巴、姆巴佩等。

他像一个父亲那样关怀这些球员，这些年轻人也不负其望。除了在各自效力的足球队迅速成长外，在作为国家队球员的生活、集训、比赛中，他们尽管球艺超人、各为明星，场下却亲如兄弟、互相鼓励；场上彼此信任支持，没有丝毫妒忌，不独耍个人风头。星期二晚，法国电视一台播放了跟随法国国家队从集训开始到夺冠整个过程的该台记者记录编辑的一部片子，从中我们可以清楚地感受到这一切——像一群自小在一起长大的好伙伴一样的氛围，队员们对德尚发自内心的尊重。想想 2010 南非世界杯时法国队的那种混乱，让人不胜感慨。这样的球队，又如何能不取得某种超人的成就？影片中，还在 5 月法国集训营集训期间，博格巴等好几位球员就说：我们要争取为教练赢得光荣。这种想法伴随了他们整个的征程。第一场与澳大利亚队打得并不理想，影片中展示了德尚赛后如何严词批评球员，要求他们更努力地拼搏，不断地去取得胜利。我们可以清楚地感受到球员们受到的震动与激励。

“非洲雇佣军”？——为共和国而战的移民后代

法国夺冠后，有些人讥讽法国队为“非洲雇佣军”。这种说法可能是缺乏对背景的了解，也不排除是有些嫉妒的心理作祟，甚至有些人就是以一种种族主义的偏见来发此论。事实上，在 23 名球员中，只有乌姆蒂蒂（Samuel Umtiti）出生于喀麦隆，两岁随父母来法；另一位球员曼丹达（Steve Mandanda）出生刚果金沙萨，也是两岁来法。其他人皆出生在法国，是父辈、祖辈来法的移民的后代，相较其他一些参赛国家后来入籍效力的球员，可谓是“地地道道”的法国队员。或许只因肤色长相与许多人想象中的传统高卢人不一致，才有如此说法。事实上，即使是白人球员，此次为法国队夺冠立下汗马功劳的核心球员格里兹曼也是一个父亲原籍德国、母亲原籍葡萄牙的移民后代。

我们稍了解一下法国队的历史就会知道，移民的后代成为国足球员、为国效力，在法国早已历史悠久，例如，名闻世界的著名球星教练普拉蒂尼，就是一位意大利移民的后代。而 1998 年夺冠的那支队伍中虽只有几位是黑人，但如果去查就会发现，齐达内、德约卡夫、伊普拉辛·巴等相当大一部分球员，要么是移民的后代，要么是少小来法。就这点讲，与本届队伍实在是没有什么大的差别。

这里，我们或许可以顺便做一点介绍。笔者几年前读过的材料显示，与许多人想象的不同，今天至少四分之一强的法国人是两、三代之内的移民后代。只是，过去因历史原因，这些移民多来自东欧、中亚、南欧、北非、东南亚、拉美，而近几十年，随着全球化的拓展以及那些前法属非洲殖民地国家的变动、移民的增加、法国海外省人口的移动、黑人在法国本土的比例上升，加之一些文化、社会的原因，足球不仅仅是一种让人喜爱的集体性运动，也是一种社会流动上升的渠道，黑人孩子参与这种运动者甚多，其中涌现很多优秀的队员也就很正常了。

事实上，移民后代出身的球员增多这种现象不仅在法国，而且从这些年欧洲各国球队来看，都是大趋势。且不讲英国等传统上具有接受移民历史的国家，就以上届冠军德国队来讲，好几位也是土耳其移民的后代。只要全球性的移民趋势在继续，大概这种趋势在未来的岁月只会强化。

以往，移民们多成功地融入法国社会，成为地地道道的法国人、欧洲人，甚至像成为国足队员那样，在各行各界成为精英，为国效力，为国争光，成为做出重要贡献的优秀公民，甚至有像萨科奇这样第一代移民子弟当选总统的例子。那么，未来的移民整合会不会继续很好地做到这一点？虽然，因为文化、经济因素及移民来源地差别，今天这种整合面临着一些新的挑战，我们还不能轻易断言未来，但是，全然武断地下负面结论显然是不当的。过度浪漫主义、理想化地处理移民问题显然会遗留下诸多问题，也会给极端保守势力提供口实，但简单排外地对待移民，也从来就不是一个国家自信、开放性的体现，最终也不会有助于一个国家的强大。

法国队就给人们提供了一个新例证。尽管他们也常在赛场下显示出年轻人的顽皮，但在几十天的世界杯赛期间每场球赛后记者的采访中，在法国电视一台播放的那些回顾的片子中，人们常常能听到球员们提及“要给全法国人带来欢乐”的愿望。他们知道，给几年内经历数次恐怖袭击、正在经历改革阵痛、尝试迈向重新振兴道路上的人们带去欢乐的意义；在他们的讲话中，也能罕见地听到他们作为球员高频率地提及“共和国”一词。我们能感受到他们的真诚，那种发自内心要为法国赢得荣光的决心。他们一直为两年前未能取得欧洲杯冠军抱恨，憋下一口气此次要捧回金杯，这也是他们在每场胜利后尽管为此兴奋却能很快保持一种冷静的重要原因。决赛前几分钟，博格巴在更衣室语调庄重地向伙伴们说：“弟兄们，时候到了，我们要去拿获金杯，让今天的法国人和我们的子孙永远记住我们！”

7 月 16 日晚，法国队队员从莫斯科返回法国，香榭丽舍大街上几十万人狂热地欢迎。到达总统府后，在马克龙总统欢迎他们的仪式上，在欢唱其他自编自娱的庆祝曲子后，前锋吉鲁自发地带领大家在爱丽舍宫前的台阶上高唱起国歌《马赛曲》——那这些天法国大街小巷、地铁火车上到处听到、被人以最高频率唱起的歌曲。听着那有些五音不全的球员们的歌声，我们或许能从另一个角度窥见他们的情感，这些移民的后代，对法国、对共和国的情感，也从另一角度理解了他们的胜利。

“我爱法国，我的国家”，因在与阿根廷队那场对垒中以一记漂亮射门稳定军心而横空出世的明星、22 岁的后卫帕瓦尔这样对 BFM 电视台记者说。这或许也是其他球员想说的话吧！

法国队、世界杯与现代性

——世界杯观感下篇：“足球、政治与文明”

（FT 中文网 2018 年 7 月 20 日）

作为一种运动，现代足球 19 世纪中叶诞生于现代性的发祥地英国。自诞生起，它事实上就绝不仅仅是一种体育运动那么简单。它不是政治，却与政治密切相联；它不是现代性的全部，却因现代性而产生，且随现代性的扩展而得以扩展，体现、承载着现代性的许多特征。

足球与认同——历史、民族身份与全球化

就身份认同这个现代性的核心问题来讲，从一开始，足球就与其息息相关。先是体现在一种作为英国民族内部社会阶层差别的标识与象征上：足球不是绅士的运动，只是下层“约克郡小民”的游戏；在许多地方被禁止；先是在英国得以发展，后伴随英国影响力在全球的扩展而传遍全球，成为殖民者与被殖民者、外来文化与本土文化、各民族内部阶层之间、各国之间竞争、冲突，妥协与协作，沟通、学习与借鉴的一种特殊的途径与现象。

以拉美为例，要理解其足球为何如此兴盛，不将其置于与旧大陆的竞争，寻求自己作为一个新兴大陆的定位、以及拉美内部各民族追求各自的身份认同的这种背景中，是很难理解其中的逻辑的。足球既是拉美作为整体面对外部世界的一种认同资源，也是各个国家彼此

之间强固自己民族认同的极其重要的途径。许多社会学家与历史学家早已指出，足球在拉美如巴西、阿根廷的发展是与这些国家要凸显、声张其作为新兴的独立国家的身份密不可分。早在 1916 年，阿根廷足球协会就联络巴西、智利和乌拉圭等国家的足球协会，倡议以阿根廷为纪念其独立一百周年举行的循环赛为模式，组织“拉美杯赛”（Copa América）。而欧洲类似的东西（欧洲冠军联赛，Uefa）却要到 1955 年才出现。

就社会层面讲，19 世纪中后期拉美那些大家族或巨贾常常送他们的孩子去英国的或在当地设立的新型学校 public schools 读书，在那里，这些孩子学会并喜欢上足球。而稍后，那些来自英国的担负各种职务的技术和商业人员，因工作在拉美各地的活动，将这种游戏带向当地社会各处。不过，他们只是扮演了这种运动的传递者的角色，并没有赋予其一种意识形态上的功能。相反，倒是那些当地的精英如阿根廷人，从一开始就意识到足球在民族身份塑造上所具有的潜力，很快便积极地在这方面着力。学会英国人的足球并战胜他们，这是再自然不过的一种心理，再好不过的一种心理补偿方式。研究这方面的问题的法国历史学家阿尚波勒特（F. Archalbault）在一篇文章中认为：“足球运动在南美成为构建民族认同的一关键性要素，造就一种归属感，一种作为民族国家整体的成员的意识”。（“Un autre continent du football”，“另一个足球大陆”，in Cahier des Amériques Latins “拉美研究文稿”杂志 2013 年 74 号）。

就这点来说，这次在进入四分之一决赛过程中被法国淘汰的足球强国乌拉圭可谓最好的例证。这样一个小国，不仅从 1920 年代开始就不断赢得足球竞赛上世界与拉美的最高荣誉，于 1930 与 1950 年两次拿下世界杯冠军，更曾倾举国之力推动举办过 1930 年第一届世界杯，为此建造当时世界上最好的竞赛场地之一。而两次决赛夺冠，也恰恰分别对垒其两个强邻阿根廷与巴西，第一次甚至恰逢其与阿根廷有边境争执之时。这些球场上的胜利，大大强化了乌拉圭在世人面前作为一个成功的民主的、现代化的国家形象。

也因此，我们或许就不难理解为什么这次俄国世界杯会有如此众多的拉美球迷。讲一个有趣的小故事：1970 年，当后来被誉为“最精彩的世界杯”的墨西哥世界杯的决赛在巴西与意大利之间展开之际，纽约著名的麦迪逊广场花园（Madison Square Garden）老板们装上大屏幕准备吸引意大利族裔的人们来看球，结果他们却目瞪口呆地迎来两万多汹涌而来支持巴西队的拉丁裔球迷！

通过举办与参与竞赛，用足球强化国家身份认同，此次俄国世界杯所展现的一个重要逻辑依然如此。以克罗地亚队为例，这个因历史、文化、地缘的因素造就的具有很强的民族主义意识的国家围绕足球、体育所发生的一切，国家在其中所扮演的角色，事实上都是历史上曾有过的类似故事的延伸。只是，与上个世纪相比，历史已发生巨大的变化，新一轮全球化在新的通讯与交通技术的推动下，正在造就一个真正带有“共时性”特点的全球共同体：就以世界杯来讲，动辄几亿人，上十亿的不同文化的人在地球的不同区域共同观看同一场比赛，心绪在随球员的奔跑、球的移动而起伏，担心、激动，依据各自的喜爱和偏好，用社交媒体直接交流相关信息与感受，共享着同一种体育文化，显然，这已是一个全球现象，一个全球性节日。

一方面，全球化会强化人们共享的共同体意识；但另一方面，也会在相反的方向造成某种认同上的焦虑与危机，刺激个体、群体追求、强化认同意识。虽然世界上局部战争、冲突依旧，但整体趋势上看，战争相对弱化，缩短。这种情形下，体育日渐凸显，成为一种展示个体、群体尤其是民族国家存在，获取个人和集体地位、国家影响力的重要形式。这也是为什么后冷战时代近 30 年来，体育在世界范围内的影响日重的一个重要原因，甚至被纳入地缘政治研究的领域。

而显然，因其受到关注的广泛与参与，特别是其作为一种对抗性的集体项目，足球也就在这种全球化的认同危机时代更加引人注目，其本就在不同地区与国家那里所具有的形塑集体认同方面的功能，现在更被人们强化，被人们赋予更重的意涵。四年一届的世界杯就成为民族身份认同展示、更新、碰撞、强化的周期性的机遇与场所。这只要我们看一眼赛场上支持者的衣着、装饰、包括面部的化妆就可以一目了然：那种借鉴于传统部落的脸部涂抹标示，非常清晰地向人们展示着“我者”与“他者”的区别，让人联想起久远前的部落战争。

正如笔者敬佩的德国大哲学家卡西勒（Ernst Cassirer）所提及的那样，人类是绝不可能彻底脱离神话的认知方式的，每次理性的认知的进展都事实上预备了一种向神话认知方式的回落。不仅限于认知，现代足球可能也是最易引发集体野蛮暴力冲突的体育项目这种事实本身，似乎也在给卡西勒的思想提供另一种人的行为上的证明：现代的文明运动方式可以在一瞬间诱发原始的野蛮冲突。这提醒着我们文明与野蛮之间界限的脆弱。

不过，足球可以强化认同，却也可以作为一种世界性的“语言”，帮助人们彼此认识，沟通，增进交流，甚至具有弱化冲突的可能。那些在各国俱乐部、联赛中日渐增多的流动的不同国籍的球员、教练，那些以新的国籍披挂上阵为国效力的国家队球员们，往往也不经意间扮演淡化了身份认同上的紧张的媒介者，在实践着一种“足球的全球化”进程；尽管经济与政治的全球化受阻，一个浪漫期在结束，但足球上的全球化速度似乎没有丝毫放缓的迹象，这或许也会有助于缓解因经济与政治的全球化的退潮带来的某些负面的效果。

足球与政治——体育、权力与多元

此外，因“小球推动大球”而有助于敌对国家关系缓和的例证也多有。且不讲 1998 年世界杯伊朗以 2：1 赢了美国的那场球赛给双方民众所带来的一些对对方国家的正面看法，2010 年南非世界杯预选赛期间亚美尼亚与土耳其的比赛，也给两个世仇国家关系的改善提供了润滑剂。“体育不是政治，政治却不离体育”，20 多年前在一篇有关奥运主办权问题的文章中笔者曾作此说。但现实中如何保持、维系这两者间的平衡，又确实不是一件简单的事。

不过，其中有一点可能是关键，就是社会与政治、运动员与观众选择上的多元。一个国家的媒体、各项制度、体育的组织与实践越能多元化，越对体育抵制政治的侵蚀、维护体育运动的健康发展有帮助；甚至也有助于民众养成一种合理健康的对待体育运动、竞赛的文化。而一个国家的体育能否保持相对的独立、多元化，也往往是观察一个国家政治是否健康的指标。极端的政治势力与政治立场，常常会有一个有关体育的极端看法。权力的集中与体育的健康发展是成反比的；权力越集中，体育发展越不正常、越不健康。当初东德体育发展的畸形人所周知，而墨索里尼也曾宣称要“让足球运动员成为民族的战士”。

在西方，传统上某些极左派认为，足球就是大众的鸦片；而对某些极右派来讲，足球又从来就是一个服务国家权威、排斥社会异己的工具。从 1930 年代起黑人球员作为国家队队员在欧洲各国（英、法、瑞、荷等）参赛所受到的攻击的历史来看，极右派从来就没有放弃利用足球宣扬种族主义立场的机会。不过，此次有众多黑人球员参加的法国队赢得冠军，极右派却保持沉默，显然是出于策略的选择：对这场有三分之一（2000 万）的法国人观看了直播、几百万尤其是年轻人在街头狂欢的国家盛事做负面的表态，将会严重伤及自己在公众中的形象。同样，极左派或许认为夺冠与普通民众生活的改善无关，只给马克龙主政“忽悠”民众提供了资源，但却也不能明确地表示，目的也是不想得罪选民。可见，从极左到极右，双方对社会主体对此次夺冠的看法还是有个评估。

体育、足球无法全然摆脱政治，但当一个运动员、球员、社会大众既可以从政治的角度也可以从非政治的角度看待体育，有自愿接受与不接受政治的直接干预与强制的可能，更多地将其视为生活的一部分的时候，政治与体育的关系就可能近乎正常了。同样，任何政权在对待体育尤其组织大型赛事上都不可能没有功利考量，没有政治与经济的计算，但如果这种工具主义的体育观超过某种限度，体育就不可能不受伤害，最后也一定会在某种程度上反过来伤及政权。

以这次俄罗斯主办世界杯，对财政与经济状况并不理想的俄国来讲，是付出极高的成本的（事先估计是 28 亿美元，但据专家估计事实上可能达到 66 亿美元）。当然，在因吞并克里米亚，支持乌克兰东部分裂分子导致西方对其制裁，在英国动用化武搞暗杀被西方驱除大批外交官的国际环境不利的情况下，也因在叙利亚支持屠杀自己人民的阿萨德，国内的威权统治、言论控制日甚导致国家形象日渐负面的今天，能成功举办世界杯，当对缓和俄国与西方的关系，提升俄国的形象有益。这当是一直雄心勃勃想重振俄国在世界上大国地位的以普京为首的俄国执政精英的举办这次世界杯的基本考量。由此，也可在内政上增加执政合法性资源。

但这种过强的工具性政治考量也会有其内外的软肋，如经济下滑，民生艰难，这种花费高昂的体育盛事搞不好就会对经济的正常运作、民众对权力及领导人的看法产生负面效果。同时，不以一种平常心、真诚处理赛事的组织，让形式与内容、精神相匹配，稍不小心，也会产生与主办者工具主义的设想事与愿违的后果：决赛上化妆警察冲进赛场的四位著名异见朋克群体“暴动小猫”（Pussy Riot）的一次要求言论自由、释放政治犯的行动，就给俄罗斯要精心打造的社会和谐、人民幸福的形象大打折扣。而稍后那场大雨中服务人员给普京独自撑伞，却让国际足联主席、法国及克罗地亚总统淋雨颁奖，尤其是后者还是一位女士，让全世界见识了在普京领导下一个威权文化是怎样与世界杯该有的文明氛围格格不入。俄国的许多努力至少部分一瞬间付诸东流。

不过，我们或许也可从中看出，俄国毕竟还是有了些基本的社会空间，换在某种维稳体制下，这类事或许压根就不会出现了。因此，如果俄国政府足够聪明，其实也可以从另一个侧面借此向世人解释其具有的宽容。事实上，这也是俄国此次能够相对来说算是成功举办此次世界杯的一个重要原因：毕竟，去俄国观赛的人们还是被允许享受到了某些该有的自由。

足球的魅力——力量、美感与现代性

任何体育运动都自有其魅力，但足球的魅力的特殊或许首先来自于其所动用的身体的部分——腿与脚。人的腿与脚可能是人体最具力量的部分，甚至是某种野性、攻击性的象征。以研究文明进程名闻遐迩的已故大社会学家诺贝特•埃利亚斯（Norbert Elias）一直将体育运动的发展与文明的进步相联，认定体育发展有助于削减人的冲突、攻击的能量，将其纳入一种文明的规范。他以及他的学生丹宁（Eric Dunning）对运动社会学包括足球的研究，也是集中在这一方面。

足球将人的攻击能量转化为一种遵循规则的文明竞技，让博弈显得剧烈，具有阳刚之气；野性的美感与具有一种需要经长期训练才能具备的技巧美感共生。此外，如果实力不是相差悬殊，任何一场足球比赛都具有不确定性，因为每场球赛都与人的心理状况、人的意志与勇气相关；场上也可能瞬息万变，一点误差或不佳的运气可能就会造成结局的翻转。这种不确定性恰恰也构成足球的一种魅力，这尤其对一个日渐生活在一种确定的、理性化了的日常生活环境中的现代人来讲，就更具吸引力。

也正因此，在这个所谓的大数据与人工智能来临、有人开始谈论智能足球的时代，笔者却坚信，无论那些已经在从事这类工作的工程师们如何努力去制作有朝一日可能会参赛、精致到极点的机器人球员，他们最终无法替代只有富有个性的运动员才能踢出的那种精美、细腻、千变万化的比赛。足球是依据规则来游戏的，但足球的本质却不是规则，它是变化。智能足球可能会出现，但却无法代替人与人之间博弈的足球，因为，那是人的能量、情感的直接、综合性的释放、撞击、外化，无法轻易代替与模仿。

足球是一种人的解放的形式，一种个性与集体的协调；没有个性的凸显，难有精彩的集体展现；球员有才华的不同，但场上又彼此是平等的，要靠协作才能完成的。它是一种集体的运动，又是以个体的运动为基础的。从这个角度，我们或许可以理解为什么它诞生在英国。在 19 世纪中叶，那是许多现代政治与社会原则确立的时代，是规则、公平游戏（Fair play）精神开始成为一种确定的社会原则的时代。托克维尔曾预言，一种平等意义上的民主社会是不可抗拒的历史巨潮，而足球这种最具平民特征的大众运动在全世界的扩散似乎也从另一角度证明了他的预言。

当然，历史中的大英帝国也并不总能在对待他者的时候一视同仁地落实这些精神与原则，但需要指出的是，正是蕴藏于足球中的魅力最终让世人广泛地接受足球，包括那些反对、讨厌英国人的人们。与足球相伴诞生的这些现代性的原则与精神也是具有普遍性意义的，超越英国的框架本身，事实上也已经被人们广泛地、程度不同地接受。也许，那些喧嚣着叫嚷世上没有普世的东西、没有普世的规则与共享的价值的人最好闭嘴，只要你下回还想看球！——因为，你喜欢踢、观看的足球游戏是有规则的，而这规则的背后，事实上又是有关公平、对权利、对他人的尊重等价值、精神与原则在支撑的。一部足球规则确定的历史，就是如何更好地体现这些价值、精神与原则的；没有这些，没有一个作为这些规则的代表与守护者的裁判，足球还能称其为足球？全世界如此众多的人接受、认可这种游戏包括它的规则及代表的精神，你又能拿什么来拒斥普遍性原则与精神的存在？搞一个中国式、土耳其式足球自己踢？

传统时代，人们的生命意义在于服务于一种超验的、来世的神圣。现代生活将重心移往现世，人的欢愉、激情，生命的冲动与真实感受获取了应有的合法性。你不必也不能强加他人你的信仰，但生活中却不能没有共享的规则和尊重他人的价值。足球给这些做了个很好的诠释——胜败固然重要，但最重要的、最具审美感的其实是竞技过程本身，而不是什么超然的抽象的目标；竞技的球员可以有自己不同的信仰，不同的喜好，对垒的球队甚至可以归属于正在交战的双方，但没有人有权不尊重比赛规则、比赛对手，这不仅有裁判在判断，事实上所有观众也在某种意义上扮演着一种裁判的角色，看这些球员是否很好地体现了这些精神，遵守了规则。场上是激烈对抗的对手，场下却是可以互动的朋友或至少不是你死我活的敌人，而这不恰恰是人类未来如果要共同生活在这个星球上所必须要遵守、要培育的文明吗？

正因此，我们或可做个夸张的陈述：人类的未来就是某种足球意义上的未来。也许，足球可能永远也无法避免被赋予超出其自身之外的政治与社会功能与意义，但如何维护其作为一种现代运动的本质，坚持其精神与原则，这似乎也应永远是每个足球爱好者所不应忘记的。发明足球的那个时代、那个大英帝国已经在历史的尘埃中远去，但作为现代性的始作俑者，英国的光荣却不会轻易消失，只要足球依然在世界上风行，这就是英国人留给世界的令人喜爱、最宝贵的东西之一。

（说明：在整理这上下两篇关于足球世界杯观感之时，新一届的世界杯在沙漠之国卡达尔举行，围绕这场世界杯已经展开的争议，可能发生的事情，或许给本篇文章做了一个四年后的新注解，不过，还是要祝这场世界杯圆满举行。在经过三年肆虐的疫情，乌克兰战事正炽，世界面临诸多危机挑战之际，希望这世界杯能给人们带来些欢娱，增加和平的氛围）。

欧洲杯结束，现代文明不止步

（搜狐 2016 年 7 月 11 日）

欧洲杯结束了，一个月的激情、欢乐、失望、企盼，惊喜，球迷间的冲突与友谊，恐怖主义袭击的阴影，英国脱欧的冲击，几家欢乐几家悲，一切都归于安静。最终葡萄牙胜出捧走奖杯。

一夜未得安眠！倒不是因为法国失去得冠的机会。确实，这个结果让人遗憾。法国队在本土比赛，且整体水准还优于葡队。但正如足球界形容球赛的不确定性时常说的那句老话：足球是圆的！最后鹿死谁手，在水准相差不甚巨大的队之间，因发挥和运气，结果会有很多不确定性。这也正是足球迷人之处。其实，就法、德两队来讲，德国队还是稍强，但依然败在法国脚下，也未尝不是一例。此次轮到法国人最终败北，尽管梦灭，英雄泪洒，也还是要接受结果，祝贺葡萄牙。如果说这次欧洲杯有什么让人印象深刻的话，那就是好几个从来没有或很少出现的结果爆出：葡萄牙胜法国，小小冰岛胜大不列颠英国，德国胜意大利……，历史没有终结，足球的历史也在继续！

此次欧洲杯有些小国队，靠其精诚团结，有效协作，给强队造成极大威胁甚至战胜强队，某种意义上讲，恢复了这些年有些被职业球星，金钱，商业侵蚀了的足球运动。这些都是在欧洲杯落幕时让人回顾此届欧洲杯最让人感到欣慰的一些地方。法国队能之所以取得这个成果，跟现教练迪商剔除一些自大、为我独尊的明星球员重建团队精神有很大关系。此次最终败北，或许跟这些年轻球员们与德国大战体力精神消耗甚大有关，更可能因其心理不够放松，热切希望捧回奖杯为法国人增添欢乐心理压力过大发挥不好有关。当然也是运气有些不济，几个该进的球都没能破门。不过，他们是尽力了，也恢复了人们对法国足球的信心，这或许已够了，值得钦佩。

最让笔者感触，钦佩的，也是让笔者未能安眠，引发笔者某些感想却既不是球员，也不是未能夺冠的失望，而是球迷和法国普通人在失败后的表现。整整一夜，到处能听到鞭炮，汽车的鸣笛，欢呼声，是因此喧闹笔者没能安睡：那是在法国长期居住的近 150 万葡萄牙人到处在庆祝葡萄牙队前所未有的历史性胜利。如果不明缘由，外国游客或许以为法国胜出，一定是在庆祝。在一个失败者的土地上、家中，直接面对失败者去欢呼、庆祝自己的胜利，而失败者不以为忤，视之正常，且欣然以对。这不可不谓是现代运动最宝贵之处，也是长期文明的养育所成就的胸怀和合理的态度。仅此，法国人就当得起“虽败犹荣”四字，值得人们发出某种钦佩，对一个社会来讲，这种态度事实上是远比赢得某场球赛或某个奖杯来得更为重要。

现代足球与现代体育都发源欧洲，跟现代文明一起发展成长。如果我们对其稍有了解便会明了：现代运动的精神其实就是现代文明的精神。“费厄泼赖”Fair-play，遵守共同的规则，尊重对手，接受判决与竞赛结果，不是你死我活，其实这不仅仅体现在体育，也是所有领域包括政治都需要遵守的精神准则。现代运动因此而得以发展，受到世人的喜爱和欢迎；现代文明能在世界范围内扩展并得到人们的认可，也莫不是与此有关。一个不讲这种精神的地方，社会多不会健康正常；一个这种精神脆弱、受到破坏的国度，往往弱肉强食、倾轧阴谋也会多见。竞争之心为人之本性，现代文明的一个特质便在于试图在承认这种现象的同时发展出一套符合人性、正义原则的竞赛规则。这种精神的实质，其实是一种对公平和正义的追求。因此，我们也可以理解，为什么在世界范围内，人们对各种侵蚀体育精神的造假和谎言不能容忍，要持续斗争揭露的必要，因为，那不仅仅关系到体育的存亡，也关系到现代文明的精神根基能否稳固。

近些年，越来越多的中国人参与体育，中国也渐渐成为一个体育大国，但这种体育精神是否真正在中国文化中扎根，为中国人理解并很好地加以实践，这却是一个值得讨论的问题。只要看看中国各领域的混乱以及带来的问题，就不能说不是与这种精神的阙如有关。鲁迅曾有一杂文“费厄泼赖应该缓行”主张痛打落水狗，文革时期曾是中小学生的必读。想来，所有从那个时代过来人大概会知道那文章精神与那时代的某些现象之间的精神关联。鲁迅的某些作品和精神遗产值得肯定和继承，但这文章所提倡的却绝不是国人该继续认同的。为一个和平、和谐、人道、文明的中国，笔者多年来便主张费厄泼赖应该速行，培养一种国人健康地对待他者，竞争者，自己与他人的成败理性的态度。这也是在这个因葡萄牙队支持者的喧闹整夜未眠的夜里再次想到的。

昨日开赛前，在前往埃尔菲铁塔下球迷聚集的地方时，在塞纳河岸恰巧路过一座雕饰 Truce（休战）描叙 1914 年圣诞，在比例时交战双方的年轻人自发休战，组织了球赛。前几年曾有过电影讲述过这个故事。因这种和平倾向，威胁到双方士兵的斗志，后来被官方阻止。有历史学家认为，如果当时这种状态维持下去，大概大战就不会继续三年，造成千百万人更多的死亡。足球不一定能阻止战争，但和平却需要足球等种种体育运动来参与营造。一战的历史已经过去百年，但欧洲留给我们的启示却是常新的，需要永远汲取。

欧洲杯结束了，足球竞赛的精神却不应休止，应该贯彻我们的生活。

作者介绍

张伦，法国 CY 赛尔奇——巴黎大学教授，Agora 研究所研究员，法国“人文社会科学之家”（FMSH）兼任研究员，“中国现代性与转型”研究项目网络负责人，曾任该机构下属“全球研究院教授”（现该单位裁撤），法国国家发展署（AFD）学术委员会委员，中文思想学术网站“中国：历史与未来”主编，法国“人文社会科学之家出版社”（Éditions de la MSH）即将出版的“亚洲丛书”主编。为 BBC、FT（金融时报）、DW（德国之声）等多家国际媒体中文评论撰稿人，其外文的评论、采访散见于“世界报”“解放报”“纽约时报”“朝日新闻”“读卖新闻”等国际报刊。为多家国际媒体经常性邀约的时政评论员。学术研究方向为中国的现代性、制度与文化转型、东亚地缘政治、中欧关系、可持续发展等问题。有法文、中文的著作、文章多种。

Milton Keynes UK
Ingram Content Group UK Ltd.
UKHW010927231123
433129UK00001B/220